2024年版 イチから身につく

賃貸 不動産経営 管理士

合格の トリセツ

テキスト&一問一答

JN111869

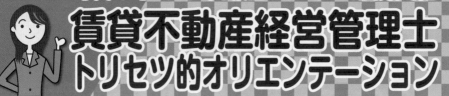

時代が求める不動産ビジネス必携資格
賃貸不動産経営管理士
トリセツ的オリエンテーション

1 賃貸不動産経営管理士とは？

　賃貸住宅は、以前はオーナーが自ら管理していました。しかし、オーナーの高齢化や管理業務の複雑化などにより、管理業者に委託をするオーナーが多くなってきました。そして、賃貸経営を管理業者に一任するサブリースの形式も増えてきました。

　賃貸住宅管理業者やサブリース業者が適正な業務を行うことができるよう、2011年に「賃貸住宅管理業者登録規程」（以下、「旧法」）が成立しました。何度か改正をしてきたものの、オーナーと賃貸住宅管理業者やサブリース業者との間のトラブルが続出していました。

　そこで、より適正に業務を行えるよう、2020年6月に「賃貸住宅の管理業務等の適正化に関する法律」（以下、「新法」）が成立しました。新法では、一定以上の賃貸住宅管理業を営もうとする場合には、賃貸住宅管理業の登録を受けることが義務化されました。また、旧法時代では「民間資格」であった賃貸不動産経営管理士も、新法の下で「国家資格化」されました。

　国家資格化に伴い、試験の難易度も上昇し、年々合格は難しくなってきています。ぜひ一刻も早く試験に合格し、賃貸不動産経営管理士になりましょう。

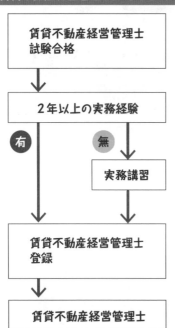

賃貸不動産経営管理士になるまで

賃貸不動産経営管理士
試験合格
↓
2年以上の実務経験

有　　　無
↓
実務講習
↓
賃貸不動産経営管理士
登録
↓
賃貸不動産経営管理士

2 業務管理者とは？

　前述の通り、一定以上の賃貸住宅管理業を営もうとする場合には、賃貸住宅管理業の登録を受けることが義務化され、その営業所または事務所ごとに、業務管理者を1名以上配置しなければならないとされました。賃貸不動産経営管理士は、この業務管理者になることができる者と規定されています。

　現在は宅地建物取引士も業務管理者となることができますが、これが一時的な措置か否かはわかりません。まだ賃貸不動産経営管理士の数が少ないため、暫定的に「業務管理者」を設定し、賃貸不動産経営管理士の数が多くなった段階で「業務管理者」制度を廃止し、「賃貸不動産経営管理士」に一本化するということも十分考えられます。したがって、現在宅建士試験に合格しているという人も、今年賃貸不動産経営管理士試験に合格することが最も安全です。

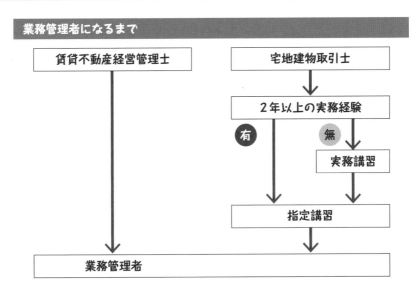

業務管理者になるまで

賃貸不動産経営管理士		宅地建物取引士

2年以上の実務経験

有　　　無

実務講習

指定講習

業務管理者

3 他資格試験との重複は？

　賃貸不動産経営管理士試験は、広い範囲からの出題となります。しかし、他資格で学習しているという方は、重複する範囲がありますので、勉強は有利となります。そこで、賃貸不動産経営管理士試験と、宅建士試験・管理業務主任者試験との試験範囲の重複を確認しましょう。

合格のトリセツ テキスト&一問一答		宅建士試験	管理業務主任者試験
1編	民法・借地借家法	○	○
2・3編	賃貸住宅管理業法	×	○
4編	消費者契約法	×	△
4編	個人情報保護法	×	○
4編	宅地建物取引業法	○	○
4編	不動産登記法	○	○
4編	会計（簿記）	×	○
4編	未収賃料の回収手段	×	○
4編	税金	○	○
5編	建築基準法	○	○
5編	建物の構造	△（免除科目）	○
5編	設備	×	○
5編	維持点検	×	○

※範囲の重複があっても、出題されるポイントが若干違っている場合もありますので、重複範囲を全く勉強せずに試験に行くことは避けましょう。

　上の表が重複の一覧となります。宅建士試験で民法・借地借家法・宅建業法等を学習済みの方は、その範囲の学習は重複しているので、そのぶん有利に、短期間で試験学習をすることができます。また、どちらも管理業であるという共通性からも、管理業務主任者試験とは重複範囲も多いことがわかると思います。

　2で、宅地建物取引士も現在では業務管理者になれると述べました。しかし、いつ賃貸不動産経営管理士に一本化されるかわかりません。それならば、学習内容の重複があるので、今宅建士試験を学習している方は、今年同時に取得するのが最も効率的です。

　宅建士試験とのダブル受験を考えている方は、宅建士試験までは宅建の範囲に

集中し、宅建士試験後の1カ月で賃貸不動産経営管理士試験の対策をとることをオススメします。また、管理業務主任者試験とのダブル受験を考えている方は、両方の学習を並行して行うことをオススメします。

　1年間に2つの資格を狙うことは、難しいと思う方もいらっしゃるでしょう。しかし、範囲の重複があるので、十分に狙うことが可能です。特に、賃貸不動産経営管理士試験のメインである「民法・借地借家法」が重複していることは大きいです。また、「賃貸住宅管理業法」は、宅建業法と似ている部分もあるため、比較しながら学習するとマスターしやすくなります。

4 免除講習と5問免除について

　一定の要件を満たすと、試験問題のうち5問（問46～問50）が免除となります。この制度は、他の不動産系資格にもあるものです。

資格名	免除の要件
賃貸不動産経営管理士	講習を受講すること（講習の受講資格は特になし）
宅地建物取引士	講習を受講して修了試験に合格すること（講習の受講資格は宅建業の従業者のみ）
管理業務主任者	マンション管理士試験に合格していること
マンション管理士	管理業務主任者試験に合格していること

　宅地建物取引士試験では宅建業に従事する者のみが講習を受講できるのですが、賃貸不動産経営管理士試験では誰でも受講することができます。試験で5問解かなくてもよいというメリットはかなり大きいので、時間的余裕と金銭的余裕があれば、ぜひ免除講習を受講することをオススメします。

　ただし、他の資格試験の免除制度と大きく異なる点があります。それは、免除対象の問題（問46～問50）に何が出題されるかわからないという点です。宅建士試験・管理業務主任者試験・マンション管理士試験では、問46～問50に何が出題されるかは毎年固定しているため、免除対象者はその部分の学習をしなくてよいというメリットがあります。それに対して、賃貸不動産経営管理士試験では、免除対象者であっても全範囲の学習をしなければならないという点が大きく異なる点となります。

5 2023年の出題にみる今後の学習指針

　賃貸不動産経営管理士試験は範囲が広く、さまざまな分野から出題されます。賃貸不動産の管理に関わる資格なので、賃貸借や借地借家法は当然出題されます。賃貸不動産の管理をする際には「賃貸住宅管理業法」が適用されるので、当然その分野からの出題もあります。管理業務には金銭の取扱いも頻繁に行われることから、会計分野の出題もあります。さらに、建物の管理をする仕事なので、建物に関する出題も多くみられます。つまり、資格取得後に賃貸不動産の管理業を行えるような実務的な知識が問われている試験ということができます。

　過去には統計のデータの出題もあり、さらに 2022 年は簿記の分野からも出題がありました。本書で勉強しながら、2024 年新たに出題が予想される分野においても、下記専用サイトで情報を確認しておきましょう。

最新情報で学習をサポート

　発刊後も、統計や新たに試験範囲になるであろう分野の情報を、専用サイトに掲載します。

「2024 年度賃貸不動産経営管理士　合格のトリセツ　情報提供サービス」
PDF を下記の URL からダウンロードできます。

`URL`

https://www.lec-jp.com/chintai/book/member/torisetsu/ichimonittou_2024.html

---

はじめに

『2024年版 賃貸不動産経営管理士 合格のトリセツ テキスト&一問一答』を手に取っていただき、ありがとうございます。

賃貸不動産経営管理士は、賃貸住宅の管理を行う専門家として期待され、2020年（令和2年）6月12日に可決成立した「賃貸住宅の管理業務等の適正化に関する法律」（以下、「賃貸住宅管理業法」といいます）に基づき、営業所または事務所ごとに1人以上の配置が義務付けられる業務管理者になれる者とされ、国家資格となりました。

本書は、「賃貸住宅管理業法」に完全対応していることはもちろん、賃貸不動産経営管理士試験の合格を目指す方が、少ない時間でも最大の学習効果を得られるように作成したテキストです。

昨年度の本試験合格率は28.2%と低く、今後も同程度の合格率か、やや下がる可能性があります。毎年、過去問で出題されていない分野からの出題もあるため、皆さまは「膨大な範囲の学習をしなければいけない」と思うかもしれません。

しかし、合格点をとるには、過去問で出題された部分をしっかりと学習していれば十分可能なのです。

本書では、過去問で出題された論点と、未出題ですが今後出題の可能性が高い論点に絞り込んで記述しております。

また、知識の定着には、ぜひ姉妹書である『2024年版 賃貸不動産経営管理士 合格のトリセツ 過去問題集』も合わせてご利用ください。

本書を活用された方が、本年の賃貸不動産経営管理士試験に無事合格され、不動産業界における賃貸不動産管理の専門家として一翼を担われることを心より祈念しております。

※本書は、2024年4月1日現在施行されている法令に基づいて記載されています。

2024年4月吉日

LEC専任講師　友次　正浩
株式会社　東京リーガルマインド
LEC総合研究所　賃貸不動産経営管理士試験部

本書の使い方

第 **1** 編 テキスト
賃貸借関係

第1編　賃貸借関係

第 **1** 章
賃貸借契約の成立と有効性

重要度 **B**

学習ポイント

契約はいつ成立するのか、その契約は有効に成立するのか、有効に成立したものでも取り消すことはできるのか、しっかりと学んでいきましょう。

1 契約の成立

Aが土地や建物などを「貸します」という意思表示をして、Bがそれを「借ります」という意思表示をしたときに、AB間の賃貸借契約が成立します。★1このように、両者の意思表示の合致により成立する契約を諾成契約★2といいます。

そして、賃貸借契約において、貸す人を「賃貸人」、借りる人を「賃借人」といいます。

図解

賃貸借契約

❶「貸します」申込み
❷「借ります」承諾★3
賃貸借契約成立！

賃貸人　　　　賃借人

契約は意思表示の合致で成立するため、契約書は必要ありません。しかし、トラブルの防止を図ったり、第三者に対して契約内容を説明したりする場合、契約書は役立ちます。そのためにも、わかりやすい契約書の作成に努める必要があります。

出題
2015 2016 2020 2023

チェック

なお、契約が成立しないうちは、権利義務が発生しないので、撤回可能です。そのため、契約に費やした費用は、原則として請求できません。しかし、契約成立に強い信頼を与えるに至った後に打ち切りをした場合には、契約成立を信じて支出した費用を損害として賠償しなければなりません。

★2
チェック

申込みと承諾の意思表示だけでは成立せず、目的物の授受があってはじめて成立する契約を「要物契約」といいます。

★3
チェック

この承諾は、明示的な〜
黙示〜

テキスト

効率的に知識が身につけられるよう
いろいろな工夫がつまった基本書です。

図解

［ますの仕組み］

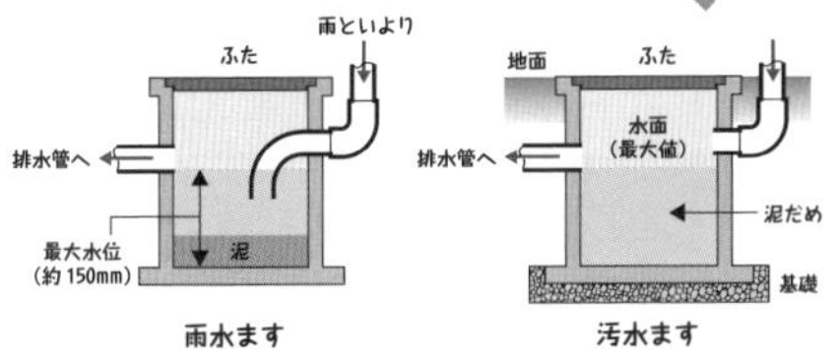

ふた
雨といより
排水管へ
最大水位
（約150mm）
泥
雨水ます
地面
ふた
水面
（最大値）
排水管へ
泥だめ
基礎
汚水ます

第4章 設備

2 排水(はいすい)トラップ

排水トラップとは、下水管から虫や臭いがこないように、水で封をしておくことです。また、封水深は 50 ～ 100mm とされています。浅いと水がなくなってしまい、深いと自浄作用がなくなるからです。

1つの排水系統に2個以上のトラップを直列に設置したものを二重トラップといいます。排水トラップは、臭気・害虫の室内への侵入を防止するための設備ですので、一見すると、二

なお、賃貸人の修繕義務は賃貸物件である貸室のみならず、共用部分（廊下・階段等共同で使用する部分）においても生じます。

一部の滅失により使用できない部分がある場合、賃料は、その使用および収益をすることができなくなった部分の割合に応じて減額されます。★2さらに、残存している部分だけでは目的を達成できない場合、賃借人は契約を解除できます。

★2 講師からひと言
当然に減額されるので、減額請求などは必要ありません。

3 必要費(ひつようひ)・有益費(ゆうえきひ)

1 必要費

賃貸人に負担義務のある費用を賃借人が支出した場合、賃借人はその費用（必要費）を直ちに請求することができます。賃貸人が必要費を支払わない場合、賃借人は留置権★3を行使して、明渡しを拒むことが可能です。ただし、留置権を行使している間も賃料相当額の金銭を支払う必要があります。

なお、必要費償還請求権を排除する旨の特約も有効です。

★3 Keyword
留置権
他人の物を占有する者がその物に生じた債権を有する場合、弁済を受けるまで他人の物を占有し続ける権利。

東京リーガルマインド　2024年版 賃貸不動産経営管理士 合格のトリセツ テキスト&一問一答

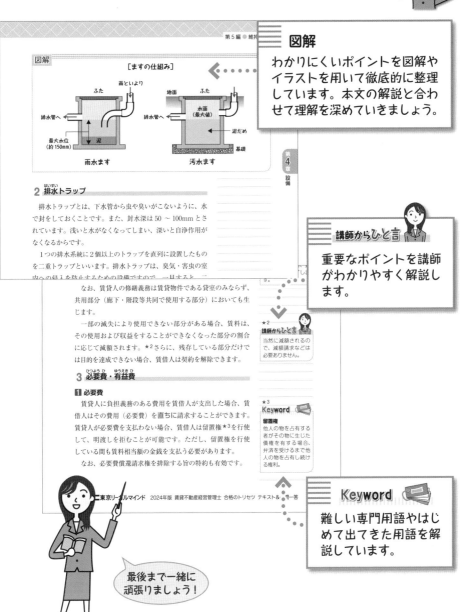

図解

わかりにくいポイントを図解やイラストを用いて徹底的に整理しています。本文の解説と合わせて理解を深めていきましょう。

講師からひと言

重要なポイントを講師がわかりやすく解説します。

Keyword

難しい専門用語やはじめて出てきた用語を解説しています。

最後まで一緒に
頑張りましょう！

(10)

講義動画のご案内

● 無料講義動画で『合格のトリセツ』がもっとわかる！

本書の執筆者で LEC 専任講師の友次正浩が『合格のトリセツ』を使ってポイント解説。テキストにオリジナルの書き込みをすることでより理解が深まります。

動画を見ながら学習できる！

二次元コードからのアクセスはこちら！

URL https://www.lec-jp.com/chintai/book/member/torisetsu/ichimonittou_2024.html
※動画の視聴開始日・終了日については、専用サイトにてご案内いたします。
※視聴の際の通信料はお客様負担となります。

●『合格のトリセツ』シリーズでイン ◆━━▶ アウトの学習効果UP！

『合格のトリセツ』は、学習しやすいよう「テキスト＆一問一答」と「過去問題集」の項目立てを揃えています。インプットとアウトプットをシリーズで合わせてご利用いただくと学習効果が高まります。

くり返しの学習で知識定着！

過去問題集は無料解説動画付き！

※デザイン・内容等は変更となる場合がございます。

アプリの利用方法

◆ 利用期間

利用開始日　2024 年 6 月 1 日
登録期限　　2024 年 11 月 17 日
利用期限　　登録から 6 ヶ月間

◆ デジタル学習ができる問題

各編末に掲載しています「一問一答」問題の演習ができます。

◆ 動作環境（2024年3月現在）

【スマートフォン・タブレット】
● Android 8 以降
● iOS 10 以降
※ご利用の端末の状況により、動作しない場合があります。OS のバージョンアップをされることで正常にご利用いただけるものもあります。
【パソコン】
● Microsoft Windows 10、11
　　ブラウザ：Google Chrome、Mozilla Firefox、Microsoft Edge
● MacOS X
　　ブラウザ：Safari

◆ 利用方法

1 タブレットまたはスマートフォンをご利用の場合は、GooglePlay または AppStore で、「ノウン」と検索し、ノウンアプリをダウンロードしてください。

2 パソコン、タブレット、スマートフォンの Web ブラウザで下記 URL にアクセスして「アクティベーションコード入力」ページを開きます。次ページ**8**に記載のアクティベーションコードを入力して「次へ」ボタンをクリックしてください。

[アクティベーションコード入力ページ]
https://knoun.jp/activate

3 「次へ」ボタンをクリックすると「ログイン」ページが表示されます。ユーザーIDとパスワードを入力し、「ログイン」ボタンをクリックしてください。
ユーザー登録が済んでいない場合は、「ユーザー登録」ボタンをクリックします。

4 「ユーザー登録」ページでユーザー登録を行ってください。

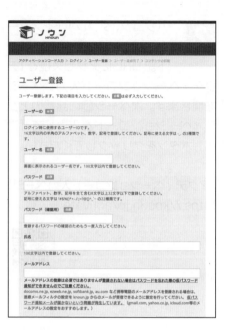

5 ログインまたはユーザー登録を行うと、コンテンツが表示されます。

6 「学習開始」ボタンをクリックすると、タブレット及びスマートフォンの場合はノウンアプリが起動し、コンテンツがダウンロードされます。パソコンの場合はWebブラウザで学習が開始されます。

7 　2回目以降は、パソコンをご利用の場合は下記の「ログイン」ページからログインしてご利用ください。タブレット及びスマートフォンをご利用の場合はノウンアプリから直接ご利用ください。

[ログインページ]
https://knoun.jp/login

8 　アクティベーションコード

LECv-2024-Tori-wGrS

[ノウンアプリ　お問い合わせ窓口]
ログインやアプリの操作方法のお問い合わせについては、以下の方法にて承ります。
なお、回答は、メールにてお返事させていただきます。
○ノウンアプリのメニュー＜お問い合わせ＞から
○ノウン公式サイト　お問い合わせフォームから
　URL：https://knoun.jp/knounclient/ui/inquiry/regist
○メールから
　お問い合わせ先アドレス：support@knoun.jp
お電話でのお問い合わせはお受けしておりませんので、予めご了承ください。

※「ノウン」は NTT アドバンステクノロジ株式会社の登録商標です。
※記載された会社名及び製品名は、各社の商標または登録商標です。

目次

賃貸不動産経営管理士試験の概要

　賃貸不動産経営管理士試験は、毎年1回、11月（2024（令和6）年は11月17日（日））に全国で実施されます。試験形式はマークシート50問、試験時間は120分です。

● 過去8年間のデータ

年度	申込者数	受験者数	合格者数	合格率	合格点
2016（H28）	13,862人	13,149人	7,350人	55.9%	28点/40点
2017（H29）	17,532人	16,624人	8,033人	48.3%	27点/40点
2018（H30）	19,654人	18,488人	9,379人	50.7%	29点/40点
2019（R1）	25,032人	23,605人	8,698人	36.8%	29点/40点
2020（R2）	29,591人	27,338人	8,146人	29.8%	34点/50点
2021（R3）	35,553人	32,459人	10,240人	31.5%	40点/50点
2022（R4）	35,026人	31,687人	8,774人	27.7%	34点/50点
2023（R5）	31,547人	28,299人	7,972人	28.2%	36点/50点

※2020年より50点満点に変更されています。

● 賃貸不動産経営管理士試験の概要

試験日時	令和6年11月17日（日）13:00～15:00（120分間）
試験会場	北海道、青森、岩手、宮城、福島、群馬、栃木、茨城、埼玉、千葉、東京、神奈川、新潟、石川、長野、静岡、岐阜、愛知、三重、滋賀、奈良、京都、大阪、兵庫、島根、岡山、広島、山口、香川、愛媛、高知、福岡、熊本、長崎、大分、宮崎、鹿児島、沖縄（全国38地域）
出題形式	四肢択一、50問 ただし、令和5年度及び令和6年度の賃貸不動産経営管理士講習（試験の一部免除）修了者は45問です。
受験資格	年齢、性別、学歴等に制約はありません。どなたでも受験できます。
受験料	12,000円
受験申込期間	令和6年8月1日（木）～令和6年9月26日（木） ※願書請求期間は令和6年9月19日（木）PM12:00まで
合格発表	令和6年12月26日（木）（予定）

● **免除講習**　※2023年度の免除講習に基づくものです。本年度については、各自でご確認ください。

学習内容	①事前学習（おおむね2週間、令和6（2024）年度版『賃貸不動産管理の知識と実務』を使用した自宅学習） ②スクーリングによる講習（1日、令和6（2024）年度版『賃貸不動産管理の知識と実務』使用、確認テスト含む）
日　程	例年7月下旬～9月中旬
時　間	9：00～17：30（8：50受付開始）
会　場	全国47都道府県138会場
受講料	18,150円〔税込〕
受講要件	どなたでも受講できます。ただし、受講申込方法については、実施団体の定めがあります。
テキスト	令和5（2023）年度版『賃貸不動産管理の知識と実務』
修了の証し	本講習の修了者は、賃貸不動産経営管理士試験を受験した場合、知識を習得した者の証しとして、出題50問のうち5問が免除（問46～問50）されます（修了年度より2年間有効）。

5問免除の出題範囲は、年によって異なります。したがって、5問免除をもっている人であっても、全範囲の学習が必要となります。

● 賃貸不動産経営管理士とは

　賃貸不動産経営管理士とは、主に賃貸アパートやマンションなど賃貸住宅の管理に関する知識・技能・倫理観を持った専門家です。賃貸住宅は、人々にとって重要な居住形態であり、その建物を適正に維持・管理することは人々の安心できる生活環境に直結します。そのため、賃貸不動産の管理業務にかかわる幅広い知識を有する賃貸不動産経営管理士の活躍が期待されています。

● 「業務管理者」として賃貸不動産経営管理士が行う業務

①法第13条の規定による説明及び書面の交付に関する事項（重要事項説明及び書面の交付）

②法第14条の規定による書面の交付に関する事項（管理受託契約書の交付）

③賃貸住宅の維持保全の実施に関する事項及び賃貸住宅に係る家賃、敷金、共益費その他の金銭の管理に関する事項

④法第18条の規定による帳簿の備付け等に関する事項

⑤法第20条の規定による定期報告に関する事項（オーナーへの定期報告）

⑥法第21条の規定による秘密の保持に関する事項

⑦賃貸住宅の入居者からの苦情の処理に関する事項

これらの業務等について、当該営業所または事務所の業務を管理し、他の従業者を監督することです。

● 特定転貸事業者が行うべき業務の管理・監督または実施

①広告に関する事項（誇大広告等の禁止の遵守）

②勧誘に関する事項（不当な勧誘等の禁止の遵守）

③特定賃貸借契約の締結前の書面の交付（重要事項説明）

④特定賃貸借契約成立時の書面の交付

⑤書類の閲覧に関する事項

● 賃貸不動産経営管理士になるには

賃貸不動産経営管理士試験に合格し、以下の登録のための要件を満たすことによって賃貸不動産経営管理士になることができます。

賃貸不動産経営管理士の登録の要件	賃貸不動産経営管理士試験の合格者で以下の①または②を満たす者 ①管理業務に関し2年以上の実務の経験を有する者 ②その実務の経験を有する者と同等以上の能力を有する者 ※②は実務経験2年とみなす講習の修了をもって代える者等を指す。
登録費用	6,600円〔税込〕
有効期間	5年間

● 賃貸不動産経営管理士の業務領域

　賃貸不動産管理業の業務は、家主との賃貸不動産の管理業務を受託する契約から入居者の募集、契約業務により希望者を入居させ、建物の維持管理や不具合の対応、原状回復工事などさまざまな業務があります（一部媒介業務などを含みます）。

管理業務受託契約	● 市場調査　　　　　　　● 管理業務受託契約の締結 ● 賃貸用建物の企画提案

入居者募集〜契約	● 入居審査　　　　　　　● 賃貸借契約締結[※] ● 重要事項説明[※]　　　● 鍵の引渡し ※宅建業に該当するもの

管理業務 （契約期間中）	● 建物維持管理・修繕　　● クレーム対応 ● 法定点検　　　　　　　● 契約更新 ● 建物清掃　　　　　　　● 賃料改定 ● 賃料等収納業務

管理業務 （契約終了）	● 退去立合い　　　　　　● 入居促進 ● 原状回復工事　　　　　● 空室維持管理 ● 敷金の精算

今年絶対に合格して、賃貸不動産経営管理士になりましょう！

学習戦略

どのように学習すればよいのでしょうか。今年度の本試験の範囲と本書の対応する箇所は以下の通りです。

● 試験出題範囲と本書について

出題範囲	本書の該当の編
管理受託契約に関する事項	2編
管理業務として行う賃貸住宅の維持保全に関する事項	2編、3編、5編
家賃、敷金、共益費その他の金銭の管理に関する事項	1編、2編、3編
賃貸住宅の賃貸借に関する事項	1編
法に関する事項	2編、3編
上記に掲げるもののほか、管理業務その他の賃貸住宅の管理の実務に関する事項	1編、2編、3編、4編

※年度により若干の差があります。標準的な出題範囲であると考えてください。

まずは1編の賃貸借関係をしっかり理解する必要があります。これは試験範囲全体を理解するのに必要となる知識となるからです。2編・3編は「賃貸住宅管理業法」に関する記述です。2023年では2編・3編から合わせて19題出題されています。つまり、全体の約4割がここから出題されています。4編は実務で必要となる知識を中心に学びます。5編は建物に関することを学びます。建物管理をする上で建物に関する知識は必須です。

それでは、次に各編のおおまかな内容を『分野別スタートアップ講座』でみていきましょう。

分野別スタートアップ講座

第1編●賃貸借関係 ━━━━━━━━━━ 出題数の目安：8〜10問／50問

不動産の貸し借りという賃貸借契約を中心に、民法や借地借家法等について学びます。

賃貸借といっても、Aの持ち物である不動産をBが借りたうえで、さらにBがCにまた貸しすることもあります。これを転貸あるいは転貸借といいます。

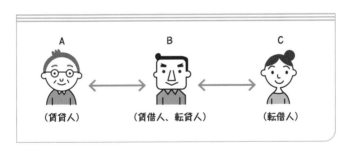

賃貸不動産経営管理士試験において最も重要な分野です。以降の単元の前提となる部分でもあります。まず、賃貸借契約がどのようなものかについて押さえていきましょう。

 堅苦しい法律の世界ですが、本書ではなるべく平易にわかりやすく説明しています。不安かもしれませんが、まずはここから学習を開始してください！

賃貸管理の中の「管理受託方式」について学びます。さきの図のAさん（賃貸人）の立場になって考えてみましょう。Aさんが、アパートとして貸し出すことができる建物を1棟持っているとします。しかし、Aさんは、アパート経営をすることに不安を感じていました。空き室があるけど新たな借り手が見つからない、廊下の蛍光灯を交換するのも面倒、賃料をどう管理すればいいかわからない中、賃料の不払いは困る等々。だったら、不動産の専門家にアパートの管理を任せてみたくなります。そこで、管理を任せることになるのです。

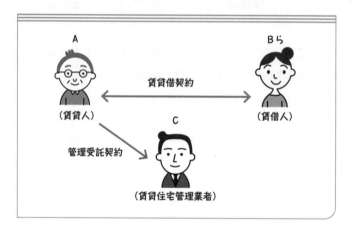

ここで登場する不動産の専門家こそが賃貸住宅管理業者です。賃貸住宅管理業者であるCはAさんから管理の委託を受けるので、「管理受託方式」といいます。2021年6月施行のため、過去問がまだ少ない分野ですが、出題されそうな論点について詳述しています。

Aさんは、Cに賃料の受け取りや、建物のメンテナンス等を委託します。Cは、Aさんから報酬をもらうことになります。

第3編●**サブリース** ═══════════════════ 出題数の目安：8〜9問／50問

　賃貸管理の中の「サブリース方式」について学びます。2020年12月施行のため、過去問がまだ少ない分野ですが、出題されそうな論点について詳述しています。

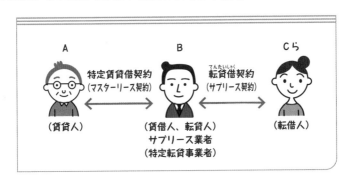

　この図を見ると、第1編で学習した転貸借のようです。しかし、ここではサブリース特有のことばが出てきます。例えば、Bは、Aからアパートを丸ごと一棟借り上げて、複数ある居室をCら転借人に転貸します。そして、BはCらから賃料を得て、さらにAに賃料を支払います。このようなBを特定転貸事業者とかサブリース業者といいます。AB間の契約を特定賃貸借契約、あるいはマスターリース契約といいます。BC間の契約は転貸借契約ですが、サブリース方式においてはサブリース契約ともいわれます。

　　貸主にとって空室はリスクです。そこで、管理業者がその物件を借りて、転貸をすることで、管理業者は収入を得ようとします。その形式が「サブリース方式」です。

第4編●管理実務・金銭管理等 ━━━━━━ 出題数の目安：９〜12問／50問

　実際に管理業者で行う業務の内容について学びます。具体的には、入居者の募集や建物の管理といった賃貸住宅管理業者の行う仕事内容や、業務を行う上で重要となる法令、さらには賃貸不動産経営にかかわる税金・保険等の実務的な分野について学びます。範囲が広いですが、出題されそうな論点に絞って詳述しています。

> 管理業者に勤務する場合も、貸主として賃貸不動産経営をする場合も、最も実務上使っていく知識を学んでいくこととなります。

第5編●維持保全 ━━━━━━ 出題数の目安：10〜12問／50問

　建物の構造や設備の知識は、業務をする上でも重要なものとなります。管理をする物件がどのような設備を備えているかを学ぶことは、設備のトラブルや修繕など、実務でも深くかかわっていくところであり、重要なことです。また、借主が退去する際の原状回復もここで学習します。過去問が少ないので、過去に出題された論点のみならず、出題されそうな論点についても学習できるように詳述しています。

> 設備は過去問だけでは網羅できないわりには、正解率が高い分野です。合否をわける問題となりがちですので、しっかり学習しましょう！

> 賃貸不動産経営管理士試験は、大きく分けると以上の5分野となっています。本書でしっかりと理解し、章末の一問一答で基本的知識の確認をしましょう！あわせて姉妹書『賃貸不動産経営管理士 合格のトリセツ 過去問題集』で過去問を学習すれば、2024年本試験に合格する実力をつけることができるはずです！

用語集

賃貸の専門のことばは、これでバッチリ！

あ

悪意 （あくい）
単にある事実を知っていること。「悪い」という意味はない。

遺言 （いごん）
死んだ人（被相続人という）が、自分が死んだ後、自分の財産をどのように処分するか、生きているうちに、一定の方式に従って書き残すこと。

意思表示 （いしひょうじ）
ある法律効果を発生させようとする気持ちを相手に伝えるなどして外部に明らかにすること。

違約金 （いやくきん）
約束違反（債務不履行）があった場合に債務者が支払う金銭。

遺留分 （いりゅうぶん）
遺言があっても侵害されない、兄弟姉妹以外の相続人が最低限の取り分として確保することができる一定の割合。

か

解除 （かいじょ）
契約が一度は有効に成立したが、売主や買主の約束違反（債務不履行）があったために、約束を破られた側が、この契約関係をなかったことにすること。

過失 （かしつ）
「うっかりしていたこと（落ち度があったこと）」。たとえば"善意無過失"という表現は、"知らなかった。さらに落ち度もなかった。"ことを意味する。

元金均等方式 （がんきんきんとうほうしき）
返済が進むにつれ返済額が少なくなっていく方式。当初の返済負担が重い。

元利均等方式 （がんりきんとうほうしき）
毎月の返済額が一定となる方式。借入金残高の減り方が遅くなる。

供託所 （きょうたくしょ）
お金を預けることができる場所。法務局・地方法務局など。

クロルピリホス
シロアリを駆除するために使われていた有機リン系化合物。建築材料にこれを添加してはならないとされている。

欠格 （けっかく）
財産目当てに親を殺したりした場合など。

原状回復 （げんじょうかいふく）
元の状態（＝原状）に戻す（＝回復する）こと。

公序良俗 （こうじょりょうぞく）
一般的な社会生活のルールのことであり、「公の秩序」「善良の風俗」を略したもの。これに反する契約は無効となる。

公正証書 （こうせいしょうしょ）
一定の事項について、公証人が作成し、その内容を証明する書類のこと。

さ

サイホン作用
水が吸引されて流れていく作用のこと。

債務不履行 (さいむふりこう)
正当な事由がないのに義務を果たしていないこと。約束違反。賃貸人がその物を貸さない、賃借人が賃料を支払わないなど。

指定流通機構 (していりゅうつうきこう)
通称レインズ。宅建業者のみが閲覧できる、物件の検索などを行えるシステム。

正当事由 (せいとうじゆう)
納得できる根拠。

善意 (ぜんい)
単にある事実を知らないこと。

善管注意義務 (ぜんかんちゅういぎむ)
「善良な管理者の注意義務」の略。自己のためにするのと同一の義務ではなく、これよりも重い。

た

対抗 (たいこう)
自分の権利などを相手に主張すること。

諾成契約 (だくせいけいやく)
当事者双方の意思表示の合致により成立する契約。売買契約も賃貸借契約も諾成契約である。

嫡出子 (ちゃくしゅつし)
婚姻関係にある男女から生まれた子。

直通階段 (ちょくつうかいだん)
避難階または地上に直通する階段。

賃貸不動産経営管理士 (ちんたいふどうさんけいえいかんりし)
皆様が今勉強している試験を突破するとなれる資格。現在のところ独占業務はないが将来的に活躍が期待されている。

定額法 (ていがくほう)
毎年の減価償却費を同額とする方法。

定率法 (ていりつほう)
初期に減価償却費を多くして、年が経つにつれて減価償却費を一定割合で逓減させる方法。

登記 (とうき)
土地や建物（不動産登記）、法人（商業登記）などのデータ。ここに氏名などを書くことを「登記する」という。以前は「登記簿」という紙であったが、現在は電子化され「登記記録」という。しかし、データ化された現在も慣例で「登記簿」ということもある。

特定賃貸借契約 (とくていちんたいしゃくけいやく)
転貸の形態をとる場合における、賃貸人と賃借人との契約。マスターリース契約ともいう。それに対して、賃借人と転借人との契約のことを転貸借契約（サブリース契約）という。

特定転貸事業者 (とくていてんたいじぎょうしゃ)
サブリース業者のことをいう。

取消し (とりけし)
契約に問題があり、この契約関係をなかっ
たことにすること。ただし、問題があって
も契約は有効に成立しているため、取消し
をしない限り契約は有効である。

ドレイン
排水設備。日本では「ドレン」ともいう。

な

内縁の者 (ないえんのもの)
婚姻届は提出していないけれど、事実上
夫婦と同様の関係にある者。

内容証明郵便 (ないようしょうめいゆうびん)
いつ、いかなる郵便を、誰が、誰に宛て
て差し出したかを郵便局が証明するもの。

は

媒介 (ばいかい)
二人の者をつなぐこと。仲介などともい
う。

配偶者 (はいぐうしゃ)
結婚相手。元配偶者や内縁は、配偶者と
して扱わない。

廃除 (はいじょ)
親を虐待などしていた場合に家庭裁判所
などに「この人を相続人にしないように」
と請求された場合。

PM フィー
プロパティマネジメント・フィーの略。対
象不動産の管理業務にかかる経費のこと。
具体的には入居者募集業務における図面
作成、賃料の条件設定などの手数料を指
す。手数料であり、収益ではない。

被相続人 (ひそうぞくにん)
相続される財産や権利義務の元の所有者。
つまり、亡くなった人のこと。

非嫡出子 (ひちゃくしゅつし)
婚姻関係にない男女から生まれた子。

避難階段 (ひなんかいだん)
直通階段に必要な防火措置を施した階段。

ホルムアルデヒド
家具や塗料などの建築資材、接着剤や塗
料等に含まれている物質。ホルムアルデ
ヒドの発散による衛生上の支障がないよ
うに、建築資材および換気設備について、
一定の技術的基準に適合することなどが
定められている。

ま

マスターリース契約
特定賃貸借契約。転貸借(サブリース)
契約において、原賃貸人と賃借人との間
で締結される契約。

無効 (むこう)
最初から何もない状態。

や

要配慮個人情報 (ようはいりょこじんじょうほう)
本人の人種・病歴・犯罪歴・犯罪被害を
受けた事実など、本人に対する差別や偏
見が生じる可能性のある個人情報のこと。

要物契約 (ようぶつけいやく)
意思表示の合致のみでは成立せず、目的
物の授受があってはじめて成立する契約。

ら

留置権 (りゅうちけん)
他人の物を占有する者がその物に生じた
債権を有する場合、弁済を受けるまで他
人の物を占有し続ける権利。

ロックウール
工場で製造された人造の鉱物繊維。アス
ベストとの違いは、結晶のような規則的配
列をもたない非晶質繊維で、発がん性が
ない点である。ただし、吹付けロックウー
ルには、アスベストが少量含まれていたこ
とがあった。

わ

和解 (わかい)
当事者双方がお互いに譲歩し、争いを止
め合意をすること。

第 **1** 編　テキスト

賃貸借関係

各章の重要度と本試験の出題傾向	重要度	本試験の出題傾向								
		2015 (H27)	2016 (H28)	2017 (H29)	2018 (H30)	2019 (R1)	2020 (R2)	2021 (R3)	2022 (R4)	2023 (R5)
第1章　賃貸借契約の成立と有効性	B	●	●				●			●
第2章　賃貸借の内容	A	●	●	●	●	●	●	●	●	●
第3章　譲渡・転貸	B	●		●	●		●			●
第4章　賃貸人の地位の移転	C						●	●	●	●
第5章　敷金	A		●	●	●	●	●	●	●	●
第6章　賃貸借の終了と更新	A		●	●	●	●	●	●	●	●
第7章　賃料の改定	A			●	●	●	●	●	●	●
第8章　定期建物賃貸借	A			●	●	●	●	●	●	●
第9章　賃貸住宅標準契約書	C	●								
第10章　サブリース住宅標準契約書	C									
第11章　抵当権付建物の賃貸借	C		●				●			●
第12章　破産との関係	C						●			
第13章　賃貸借と使用貸借	C					●			●	
第14章　保証	B		●	●	●		●	●	●	●
第15章　請負	C								●	
第16章　委任	B	●	●				●			●
第17章　工作物責任	C									
第18章　相続	B			●	●	●	●		●	●

学習ポイント

まずは賃貸借契約に関する部分から学んでいきましょう。そして、その周辺の知識もカバーしていきましょう。

第1章　賃貸借契約の成立と有効性

重要度 **B**

学習ポイント

契約はいつ成立するのか、その契約は有効に成立するのか、有効に成立したものでも取り消すことはできるのか、しっかりと学んでいきましょう。

1 契約の成立

出題
2015 2016 2020 2023

Aが土地や建物などを「貸します」という意思表示をして、Bがそれを「借ります」という意思表示をしたときに、AB間の賃貸借契約が成立します。★1 このように、両者の意思表示の合致により成立する契約を**諾成契約**★2 といいます。

そして、賃貸借契約において、貸す人を「**賃貸人**」、借りる人を「**賃借人**」といいます。

図解

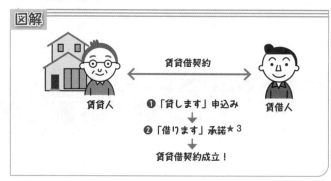

賃貸借契約

賃貸人　　　　　　　　　　　　賃借人

❶「貸します」申込み
↓
❷「借ります」承諾★3
↓
賃貸借契約成立！

契約は意思表示の合致で成立するため、**契約書は必要ありません**。しかし、トラブルの防止を図ったり、第三者に対して契約内容を説明したりする場合、契約書は役立ちます。そのためにも、わかりやすい契約書の作成に努める必要があります。

★1
チェック

なお、契約が成立しないうちは権利義務が発生しないため打ち切り可能です。そのために費やした費用は、原則として請求できません。しかし、契約成立に強い信頼を与えるに至った後に打ち切りをした場合には、契約成立を信じて支出した費用を損害として賠償しなければなりません。

★2

チェック

申込みと承諾の意思表示だけでは成立せず、目的物の授受があってはじめて成立する契約を「要物契約」といいます。

★3

チェック

この承諾は、明示的な承諾だけでなく、黙示的な承諾も含まれます。

2 詐欺による契約

　詐欺とは相手方をだますことです。だまされて契約した場合も、意思表示は合致しているため、契約は成立しています。しかし、「成立しているから約束を守れ」というのは、だまされた人がかわいそうです。そこで、**詐欺の被害に遭った人は意思表示を取り消すことができる**ようにしました。

図解

```
                    第三者
            詐欺
   表意者              相手方
```

　第三者が詐欺を行った場合、相手方がその詐欺について知っていたり（悪意）・知ることができた場合（善意有過失）であれば、表意者は意思表示の取消し★1ができます。しかし、相手方が詐欺について知らず、それにつき何の落ち度もない（善意無過失）場合、表意者は意思表示の取消しをすることができません。

★1
チェック

無効とは最初から何もないということ。それに対して、取消しは、取り消すまでは一応有効で、取消しをした瞬間に、契約した時にさかのぼってなかったことになるということ。

3 強迫による契約

　強迫とは相手方をおどすことです。おどされて契約した場合も、意思表示は合致しているため、契約は成立しています。しかし、「成立しているから約束を守れ」というのは、おどされた人がかわいそうです。そこで、**強迫の被害に遭った人は意思表示を取り消すことができる**ようにしました。

第三者が強迫を行った場合、相手方がその強迫について善意であっても悪意であっても取消しをすることができます。

図解

強迫

第三者

表意者　相手方

4 錯誤による契約

錯誤とは、勘違いのことです。錯誤による意思表示は、取消しができます。

錯誤には、①意思表示に対応する意思を欠く錯誤、②表意者が法律行為の基礎とした事情についてのその認識が真実に反する錯誤があります。そして、錯誤が法律行為の目的および取引上の社会通念に照らして重要なものであるときは、取り消すことができるものとされています。錯誤が「法律行為の目的及び取引上の社会通念に照らして重要なもの」であることが要件となります。簡単に言うと、その勘違いがなければ、表意者だけでなく、一般の人も通常は意思表示をしないであろうという事情のことです。

このうち、②は、動機の錯誤といわれるもので、法律行為の基礎とした事情について法律行為の基礎とされていることが表示されていたときに限って、取消しが認められます。

錯誤が表意者の重大な過失によるものであった場合には、原則として意思表示の取消しをすることができません。ただし、相手方が表意者に錯誤があることを知り、または重大な過失によって知らなかったとき、および相手方が表意者と同一の錯誤に陥っていたときには、取消しをすることができます。

5 心裡留保による契約

　心裡留保とは冗談のことです。基本的には信じてしまった人がかわいそうなので契約は有効です。しかし、何度も嘘をつかれていて少し注意すればその人が嘘をついていると気付くことができたような場合（善意有過失）や、嘘だと知っていた場合（悪意）には、保護する必要はありませんので、その場合は無効となります。

6 虚偽表示による契約

　相手方と示し合わせて、売買したように見せかける架空の契約を結んだ場合など、相手方と通じて虚偽の意思表示をすることを虚偽表示といいます。虚偽表示においては、売る意思も買う意思もないので、この契約は無効となります。

7 意思無能力者による契約

　契約を結ぶためには「意思能力」が必要です。意思能力のない人（意思無能力者）がした契約は無効となります。意思無能力者とは泥酔状態の人や就学前の児童などです。

8 制限行為能力者による契約

1 未成年者

未成年者とは18歳未満の者のことです。

　未成年者が単独で行った行為は取り消すことができます。しかし、未成年者であっても、以下の行為は取消しができません。

❶ **法定代理人（親権者）の同意を得ている場合**

❷ **営業の許可を受けている場合**

　→その営業に関するものは取消し不可

❸ **処分を許された財産（小遣い）を処分する場合**

❹ **単に権利を得、または義務を免れる場合**

2 成年被後見人

　成年被後見人とは、判断力のない者（＝精神上の障害により事理を弁識する能力を欠く常況にある者）で、家庭裁判所による後見開始の審判を受けた者のことです。後見開始の審判を請求できるのは、本人・配偶者・4親等内の親族・未成年後見人・未成年後見監督人・保佐人・保佐監督人・補助人・補助監督人・検察官です。

　成年被後見人には成年後見人という法定代理人がつきます。**成年被後見人が単独で行った契約は取り消すことができます。**また、成年後見人の同意を得た行為であっても取消しをすることができます。ただし、日用品の購入その他日常生活に関する行為については、取消しをすることができません。

3 被保佐人

　被保佐人とは、成年被後見人ほどではないにせよ、精神上の障害によって、事理弁識能力が著しく不十分な者で、家庭裁判所による保佐開始の審判を受けた者のことです。

　被保佐人は、ほとんどの行為について単独でできます。単独でできない行為は以下のものとなります。

❶ 元本を領収し、又は利用すること。

❷ 借財又は保証をすること。

❸ 不動産その他重要な財産に関する権利の得喪を目的とする行為をすること。

❹ 訴訟行為をすること。

❺ 贈与、和解又は仲裁合意をすること。

❻ 相続の承認若しくは放棄又は遺産の分割をすること。

❼ 贈与の申込みを拒絶し、遺贈を放棄し、負担付贈与の申込みを承諾し、又は負担付遺贈を承認すること。

❽ 新築、改築、増築又は大修繕をすること。

❾ 土地については5年・建物については3年を超える賃貸借をすること。

❿ ❶～❾の各号に掲げる行為を制限行為能力者（未成年者、成年被後見人、被保佐人、被補助人）の法定代理人としてすること。

　保佐人は当然には代理権を有しませんが、家庭裁判所は、特定の法律行為について保佐人に代理権を付与する旨の審判をすることができます。そして、家庭裁判所の審判があれば、保佐人は本人に代わって代理人として行為を行うこともできます。

4 被補助人（ひほじょにん）

　被補助人とは、被保佐人ほどではないにせよ、精神上の障害によって、事理弁識能力が不十分な者で、家庭裁判所による補助開始の審判を受けた者のことです。

　本人以外の者の請求により補助開始の審判をするには、本人の同意がなければなりません。

　被補助人は、ほぼすべての行為について単独ですることができます。そして、どの行為について補助人の同意を要するかについては、家庭裁判所の審判によりますので、被補助人ごとに異なります。

補助の審判に際しては、申立てによって、特定の行為について、補助人に、同意権や代理権が与えられることになっています。同意権や代理権が与えられた場合には、補助人がその権限を行使します。

9 公序良俗に反する契約

反社会的な契約などは当然のことながら守る必要はありません。そのような契約は最初から無効だとされています。殺人契約・愛人契約などがそれに該当します。さらに、賃料が不当に高額である場合や、違約金が不当に高額である場合なども、公序良俗に反する契約であるとして無効となる場合があります。

【判例において公序良俗違反と認められた行為】	
❶ 賃貸借	ア 「賃借人が賃借料の支払を7日以上怠ったときは、賃貸人は、直ちに賃貸物件の施錠をすることができる」との特約〈札幌地判平11.12.24〉 イ 「賃借人が賃料を滞納した場合、賃貸人は、賃借人の承諾を得ずに本件建物内に立ち入り適当な処置を取ることができる」との特約〈東京地判平18.5.30〉 ウ 住戸内の同居者を制約する特約について、賃借人の結婚や出産などを制約するような場合〈東京地判昭51.9.27〉
❷ 建築	建築工事が建築基準法による北側斜線制限、日影規制、および、容積率・建蔽率制限に違反するものであった請負契約〈最判平23.12.16〉
❸ 土地取引	認知症の影響により判断力等が相当程度低下していた売主との間で不当に安価でなされた売買〈東京高判平30.3.15〉

第2章 賃貸借の内容

重要度 **A**

学習ポイント

賃貸借契約について、どういう場合に借地借家法が適用されるのか、賃貸人や賃借人にはどのような義務が生じるのか、学習していきましょう。

1 賃貸借契約の締結

　賃貸借契約とは、賃料を払って物を貸し借りする契約のことです。DVDレンタルやレンタカーなど、日常でも行われています。土地や建物を貸し借りする契約も賃貸借契約です。

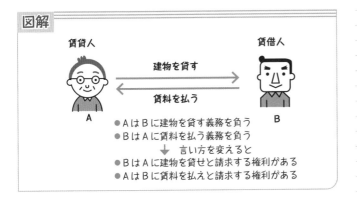

図解

賃貸人　　　　建物を貸す　　　　賃借人

賃料を払う

A　　　　　　　　　　　　　　　B

- AはBに建物を貸す義務を負う
- BはAに賃料を払う義務を負う
  ↓ 言い方を変えると
- BはAに建物を貸せと請求する権利がある
- AはBに賃料を払えと請求する権利がある

　賃貸借契約が有効に成立すると、賃貸人には賃借人に物の使用・収益をさせる義務が生じ、賃借人には賃貸人に賃料を支払う義務が生じます。このような義務のことを債務といいます。また、賃貸人は賃借人に賃料を請求する権利が生じ、賃借人は賃貸人に物の使用・収益をさせるよう請求する権利が生じます。このような権利のことを債権といいます。

2 賃貸借契約の内容

出題
2023

1 存続期間

　最長で **50 年**ですが、最短期間は民法上定められていません。たとえば、レンタル DVD などは１泊２日などの契約もありますし、レンタカーなどは２時間程度の契約になることもあります。

　50 年を超える期間を設定した場合、50 年に短縮されます。また、期間を定めないで契約することも可能です。

2 対抗力

　賃貸借契約における目的物の所有者が変わった場合に、自分の借りる権利を主張するためには、対抗力★1 が必要となります。対抗力がない場合、賃借人は新しい所有者に賃借権を対抗することができません。借りている人よりも買った人のほうが強いのです。民法では賃借権の登記が対抗力となります。したがって、借りている人があらかじめ**賃借権の登記**をしておけば、賃借権を対抗することができます。

★1
チェック

対抗力とは、すでに発生している権利関係を他人に対して主張できる法律上の効力をいいます。

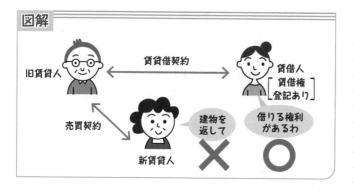

図解

旧賃貸人 ← 賃貸借契約 → 賃借人【賃借権登記あり】

売買契約

新賃貸人　建物を返して ✕　借りる権利があるわ ◯

3 借地借家法の適用

出題
2015 2016 2017 2018 2019
2021 2023

1 適用範囲

家を借りるときは、大家さんと借りる人とでは、どうしても大家さんのほうが立場は上になりがちです。そこで、対等な契約を結べるように借地借家法というものを定めました。ただし、家を借りるときには必ず借地借家法が適用されるとは限りません。貸別荘や選挙事務所として利用するといった**明らかな一時使用の場合には借地借家法は適用されず**に、民法のルールが適用されます。

2 存続期間

借地借家法では、存続期間は次のようになります。

★最長 ＝ 制限なし

★最短 ＝ 制限なし（ただし、１年未満の場合、原則として期間の定めがないものとされる）

---

3 対抗力

民法では、対抗するためには賃借権の登記が必要でした。しかし、借地借家法では、**建物の引渡し**があれば、賃借人は第三者に建物の賃借権を対抗できます。

4 解約申入れ

借地借家法では、**賃貸人からの解約申入れには正当事由が必要**となります。★1借地借家法の適用がない場合には、正当事由は不要です。

★1
講師からひと言

正当事由は建物の使用を必要とする事情や利用状況、立退料の申出など、さまざまな事情を考慮して考えます。よって、単に立退料を払うというだけで正当事由があるとはなりません。

解約申入れに
正当事由必要
賃貸人

解約申入れに
正当事由不要
賃借人

　期間の定めのない賃貸借契約の場合、当事者の一方から解約申入れをすることで賃貸借契約は終了しますが、どちらから申入れをするかによって終了時期が異なります。

賃借人からの申入れ	解約申入日から3カ月経過で終了
賃貸人からの申入れ	解約申入日から6カ月経過で終了

5 造作買取請求権
（そうさくかいとりせいきゅうけん）

　賃貸人の承諾を得てエアコンなどの造作を取り付けた場合、出て行くときに賃借人は賃貸人に買取請求ができます。これを造作買取請求権といいます。しかし、**造作買取請求権を認めないとする特約は有効となります**。なお、造作買取請求権については、賃借人が意思表示をし、それが賃貸人に到達すれば成立します（形成権）。そのため、賃貸人の承諾は不要です。★2

★2
チェック

賃貸人が造作の代金を支払わないときであっても、賃借人は賃貸物件の明渡しを拒むことができません。

4 賃貸人の義務
（ちんたいにん）（ぎむ）

出題
2015 2016 2017 2018 2019
2020 2021 2022 2023

1 使用収益させる義務
（しようしゅうえき）（ぎむ）

　賃貸人には、物の使用・収益をさせる義務があります。賃貸人は、お金をもらって物を貸している以上、使用に適した状態で貸さなければなりません。

2 修繕義務

引渡しの時だけではなく、引渡し後にも使用に適した状態を維持する必要があります。壊れたりした場合、賃貸人は修繕義務を負います。賃貸人が修繕義務を怠り、全く使用できなくなった場合、賃借人はその期間の賃料支払を免れます。また、賃貸人が相当の期間内に必要な修繕をしないときや、急迫の事情があるときには、賃借人が自ら修繕をすることもできます。

賃貸人に 修繕義務あり	● 賃借人入居以前からの欠陥 ● 地震や落雷等の不可抗力による損傷
賃貸人に 修繕義務なし	● 賃借人の故意・過失による損傷 ● 物理的に修繕不能（全部滅失等）★1 ● 経済的に修繕不能（莫大な費用がかかる等）

なお、賃貸人の修繕義務は賃貸物件である貸室のみならず、共用部分（廊下・階段等共同で使用する部分）においても生じます。

一部の滅失により使用できない部分がある場合、賃料は、その使用および収益をすることができなくなった部分の割合に応じて減額されます。★2さらに、残存している部分だけでは目的を達成できない場合、賃借人は契約を解除できます。

3 必要費・有益費

1 必要費

賃貸人に負担義務のある費用を賃借人が支出した場合、賃借人はその費用（必要費）を直ちに請求することができます。賃貸人が必要費を支払わない場合、賃借人は留置権★3を行使して、明渡しを拒むことが可能です。ただし、留置権を行使している間も賃料相当額の金銭を支払う必要があります。

なお、必要費償還請求権を排除する旨の特約も有効です。

★1

チェック
賃貸借の目的物が全部滅失した場合、賃貸借契約は終了します。

★2

講師からひと言
当然に減額されるので、減額請求などは必要ありません。

★3

Keyword

留置権
他人の物を占有する者がその物に生じた債権を有する場合、弁済を受けるまで他人の物を占有し続ける権利。

図解

［雨漏りの修繕］

賃借人

※賃貸人に修繕義務がある
↓
費用は賃貸人が負担すべき

2 有益費

　賃借人が物件をよりよくするために支出した費用（有益費）は、賃貸人の義務ではないにせよ、賃貸人にも利益があります。この場合、価格の増加が現存する場合に限り、**賃貸借契約の終了時に**、賃借人が支出した金額か価値の増加額のいずれかを、**賃貸人が選んで償還**することとなります。

図解

［くみ取り式トイレを水洗トイレに］

賃借人

くみ取り式トイレでも「使用に適した状態」ではあるため、賃貸人は水洗トイレにする義務がないが、水洗化により、賃借人にも利益がある
↓
価格の増加が残っていれば賃貸人に請求可

　賃借人が支出した必要費・有益費の償還は、賃貸人が返還を受けた時から1年以内に請求しなければなりません。

5 賃借人の義務

1 賃料支払義務

出題
2015 2016 2017 2018 2019
2020 2022 2023

1 支払時期

　建物の賃料は、原則として毎月末に支払わなければならないとされており、**後払いが原則**です。たとえば、令和4年5月分の賃料は令和4年5月31日に支払うこととなります。

第2章 賃貸借の内容

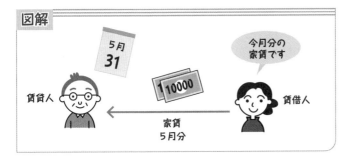

図解

5月 31

今月分の家賃です

賃貸人

10000

賃借人

家賃 5月分

賃貸借契約に遅延損害金の定めがない場合であっても、賃借人が賃料の支払いを遅延したとき、賃貸人は賃借人に対して法定利率により算定した年３％★1の遅延損害金を請求することができます。

2 支払場所

賃料の支払場所に関して、民法は、金銭債務の支払場所については、債権者の住所に持参して支払う、すなわち持参債務の原則をとっています。

振込手数料は、原則として賃借人の負担とされています。なお、当事者の合意により、支払時期・支払場所・振込手数料の負担につき、別段の定めをすることは可能です。

3 弁済充当

滞納賃料の一部を支払った場合、弁済の充当に関する合意があればそれに従って充当し、合意がない場合には、**費用→利息→元本の順番で充当**されます。また、合意がない場合には、**弁済者（賃料なので賃借人）が充当の指定をすることができ**ます。弁済者が指定しない場合、受領する者が指定することができます。

4 供託

賃借人の賃料の支払義務は、賃借人が賃料を支払い、賃貸人が受領したときに消滅します。よって、賃借人が賃料を支払いのため提供したところ、受領を拒絶された場合でも、賃貸人が賃料を受領していない以上、賃借人の賃料支払義務は

★1
チェック
法定利率は、原則、年３％ですが、３年を１期として、各期ごとに変動します。

消滅しません。★2★3

　賃貸人が賃料を受領することができない事情がある場合、賃借人は供託所★4にお金を預けることができます。預けることによって、支払ったことと同じ効果となります。債務者は、供託後遅滞なく、債権者に供託の通知をしなければなりません。賃貸人(債権者)は、いつでも供託金を受領することができ、受領に際して賃借人（供託者）の承諾は不要です。

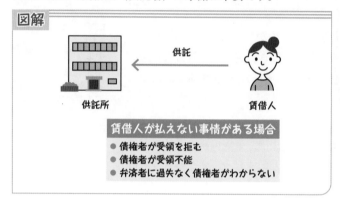

図解

供託

供託所　　　　　　　　　　　　　賃借人

賃借人が払えない事情がある場合
● 債権者が受領を拒む
● 債権者が受領不能
● 弁済者に過失なく債権者がわからない

★2
講師からひと言
支払いのため提供すれば、債務不履行責任は免れます。賃料支払義務を免れるためには、供託をする必要があります。

★3
チェック
賃料の支払方法が口座振込と定められている場合、賃借人が賃貸人の自宅に賃料を持参したにもかかわらず賃貸人が受領を拒絶したとしても、弁済の受領を拒んだことにはなりません。

★4
Keyword
供託所
お金を預けることにより支払ったこととできる場所。法務局・地方法務局など。

5 消滅時効

　消滅時効とは、一定の期間、権利を行使しないことにより、権利が消滅することをいいます。

　消滅時効の期間は、「**債権者が権利を行使することができることを知った時**」（主観的起算点）から5年と、「**権利を行使することができる時**」（客観的起算点）から10年のいずれか早いほうです。賃料については、賃貸人が権利を行使できる時を知らないということは考えられないため、支払日の翌日を起算点として、5年で時効により消滅すると考えます。

　時効は一定の期間が経過すれば自動的に効力が生じるものではありません。当事者が「援用する」という意思表示をしてはじめて権利が消滅するという効果が生じます。

2 保管義務

建物は賃貸人のものであるため、賃借人には**善管注意義務**★5が生じます。失火などで滅失させた場合には保管義務違反（債務不履行★6）となります。

3 用法遵守義務

賃借人は、賃貸借契約に定められた利用方法に従って使用しなければなりません。「居住用」として契約したのに店舗として使用したりすることはできません。

建物を勝手に増改築したり、迷惑行為を行うことは、用法遵守義務違反として、賃貸人から損害賠償請求を受けたり、賃貸借契約を解除されることもあります。賃貸人が用法遵守義務違反を理由に損害賠償請求する場合、**物件の返還を受けてから1年以内**にしなければなりません。

なお、契約で定められている内容のみを守ればよいというわけではありません。たとえば、ペット飼育の禁止が賃貸借契約で定められていない場合であっても、通常許容される範囲を超えたペットの飼育があった場合には、賃貸借契約の解除が認められることがあります。

4 通知義務

賃借人は、賃貸している物が修繕を要する場合であることを賃貸人が知らない場合には、賃貸人に通知しなければなりません。

★5
Keyword

善管注意義務
「善良な管理者の注意義務」の略。自己のためにするのと同一の義務ではなく、これよりも重い。

★6
Keyword

債務不履行
正当な事由がないのに義務を果たしていないこと。約束違反。賃貸人がその物を貸さない、賃借人が賃料を支払わないなど。

第**2**章 賃貸借の内容

5 修繕受忍義務

　賃貸人が保存行為（修繕など）をする場合、賃借人はこれを拒むことはできません。★7賃借人が賃貸人による賃貸不動産の修繕に伴う保守点検のための立入りに正当な理由なく応じず、賃貸物件の使用・収益に支障が生じた場合は、賃貸人は賃貸借契約を解除することができる場合もあります。

★7
講師からひと言

修繕は賃貸人の義務であると同時に賃貸人の権利でもあるので、賃借人はこれを拒むことはできないのです。

図解

所有権 → 建物
修繕する権利
賃貸人
賃貸借契約
修繕する義務 → 賃借人

　ただし、賃貸不動産の保存を超える行為については、賃借人は、これを拒むこともできます。

6 原状回復

　賃借人は、賃貸物件の引渡しを受けた後に生じた損耗について、賃貸借契約が終了した際に元に戻す（原状回復）義務を負います。

　ただし、以下のものは除きます。

❶ 通常の使用収益により生じた損耗（通常損耗）
❷ 経年劣化によるもの
❸ 賃借人に帰責事由のない損耗（第三者による損耗）

第3章 譲渡・転貸

重要度 **B**

学習ポイント

転貸のことをサブリースともいいます。この項目は、第3編の学習をする際にも重要な項目となります。この項目は試験でも頻出です。頑張って学習しましょう。

1 譲渡・転貸

出題
2015 2017

　賃借人が賃借権を他人に譲り渡すことを「賃借権の譲渡」といいます。また、賃借人が借りているものを又貸しすることを「転貸」といいます。

　賃借権を譲渡したり、転貸をする場合には、原則として**賃貸人の承諾が必要**となり、無断で行うことはできません。もし賃借権の譲渡や転貸が賃貸人に無断でなされた場合には、賃貸人は賃貸借契約を解除することができます。★1 しかし、**背信的行為と認めるに足りない特段の事情がある場合、賃貸人は賃貸借契約を解除することはできません。**★2

★1
講師からひと言

賃貸人が転貸借を承諾していなかったとしても、転貸借契約自体は有効に成立します。

★2
講師からひと言

個人の賃借人が同居している子に対して、賃貸人の承諾を得ることなく転貸した場合などは、「背信的行為と認めるに足りない特段の事情がある」と考えられます。

「背信的行為と認めるに足りない特段の事情があるとき」というのは、一言で言えば、裏切りとまではいえない事情があるときということです。

2 転借人の扱い

出題
2015 2017 2018

1 履行義務

　賃貸人が適法に賃借物を転貸したときは、転借人は、賃貸人との間の賃貸借に基づく賃借人の債務の範囲を限度として、

賃貸人に対して転貸借に基づく債務を直接履行する義務を負います。しかし、賃貸人が、転借人に対して修繕義務を負う旨の規定はありません。この場合、転借人に対して修繕義務を負うのは、転貸人です。

2 保管義務

転借人は、転貸人（賃借人）の履行補助者とされているため、賃貸不動産が転借人の過失により損傷した場合、賃借人は、賃貸人に対し保管義務違反として債務不履行に基づく損害賠償責任を負います。

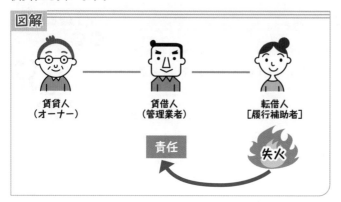

図解

賃貸人（オーナー） ─── 賃借人（管理業者） ─── 転借人［履行補助者］

責任 ← 失火

3 保護

転借人がある場合の元の契約（原賃貸借契約）における正当事由の判断にあたっては、転借人の事情が考慮されます。

3 賃料の請求

出題 2015 2017

賃貸人の承諾を得て転貸した場合、賃貸人は賃借人にも転借人にも賃料を請求することができますが、転借人へ請求する場合は、賃借料と転借料のうち**安いほう**です。

図解

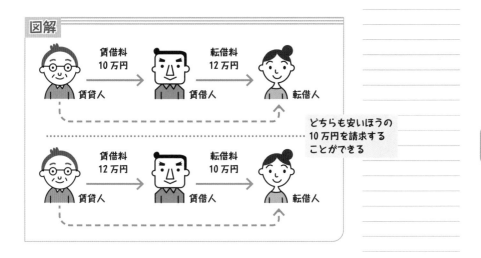

賃借料 10万円 → 転借料 12万円

賃貸人　賃借人　転借人

どちらも安いほうの 10万円を請求する ことができる

賃借料 12万円 → 転借料 10万円

賃貸人　賃借人　転借人

4 賃貸借契約の終了と転貸借

出題
2015 2017 2018 2020

　転借して住んでいる場合、元の契約（原賃貸借契約）が終了したとき、転貸借がどのように扱われるのかは、元の契約がどのように終了するかによって次のような違いがあります。

図解

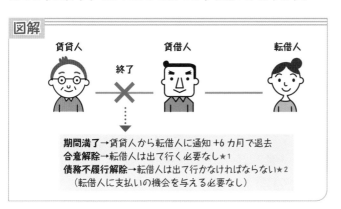

賃貸人　　　賃借人　　　転借人

終了 ✕

期間満了→賃貸人から転借人に通知 +6カ月で退去
合意解除→転借人は出て行く必要なし★1
債務不履行解除→転借人は出て行かなければならない★2
（転借人に支払いの機会を与える必要なし）

★1
チェック

合意解除の場合であっても、賃貸人が債務不履行による解除権をも有していたときは、転借人に対して対抗することができます。

★2
チェック

債務不履行解除の場合、転貸借契約は、原賃貸人が転借人に対して賃貸物件の返還を請求した時、転貸借契約も終了します。

第4章 賃貸人の地位の移転 重要度 C

学習ポイント

少々細かい内容ですが、しっかりと理解しましょう。焦らずにゆっくりと学習するほうがいい分野です。一つ一つ理解しながら丁寧に学習しましょう。

1 賃借権の対抗力

出題
2021 2022 2023

　賃貸人が、賃貸借の目的物（貸している家など）を譲渡する場合、賃借人の承諾は不要です。

　民法では、賃借権を登記したときには、その後、不動産につき物権を取得した者に対しても、賃借権は効力を生じるため、賃借権の登記があれば、賃借人は新所有者に対し、賃借権を対抗できます。

　しかし、借地借家法により、賃借権の登記がなくても、土地の賃借権については土地上の建物の登記、建物の賃借権については建物の引渡しがなされていれば、賃借人は新所有者に対し、賃借権を対抗できます。

2 賃借権に対抗力がある場合

出題
2021 2022

　賃借人が賃貸借の対抗要件を備えている場合に不動産が譲渡されたときは、その不動産の賃貸人の地位は、その譲受人に移転します。賃貸借契約における賃貸人の地位は、当然に旧所有者から新所有者に引き継がれ、その結果、新所有者と賃借人とが賃貸借の関係に立つことになるのです。★1

賃貸人の地位の移転は、賃貸物である不動産について**所有権の移転の登記をしなければ、賃借人に対抗することができません**。つまり、所有権移転登記をしていなければ、賃貸人は賃借人に対して賃料を支払うように請求することはできません。

★1

チェック

賃貸人の地位が譲受人（またはその承継人）に移転したときは、費用（必要費・有益費）の償還に係る債務および敷金の返還に係る債務は、譲受人（またはその承継人）が承継します。

3 賃貸人たる地位の留保

出題
2020 2021

第4章 賃貸人の地位の移転

賃借権に対抗力があれば、不動産の譲渡によって、不動産の賃貸人の地位は、当然に譲受人に移転します。しかし、不動産の譲渡がなされるときに、不動産の譲渡人と譲受人が、賃貸人の地位を譲渡人に留保する旨および不動産を譲受人が譲渡人に賃貸する旨の合意をしたときは、賃貸人の地位は、譲受人に移転しません。

この場合に、譲渡人と譲受人（またはその承継人）との間の賃貸借が終了したときは、譲渡人に留保されていた賃貸人の地位は、譲受人（またはその承継人）に移転します。

図解

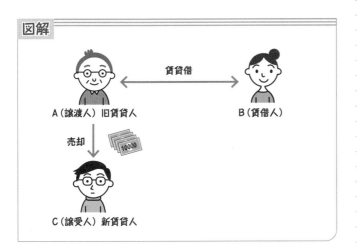

第5章 敷金 _{しききん}

重要度 A

学習ポイント

敷金とは、ざっくり言うと「賃貸人が、何かあった時のために預かっておくお金」です。それを踏まえて学習してください。

1 敷金の性質 _{しききん せいしつ}

出題 2016 2018 2019 2020 2021 2023

敷金とは、「いかなる名目によるかを問わず、賃料債務その他の賃貸借に基づいて生ずる賃借人の賃貸人に対する金銭の給付を目的とする債務を担保する目的で、賃借人が賃貸人に交付する金銭」と民法に定義されています。賃料債務のほか、賃貸借契約終了時に発生する原状回復費用に充当することも可能です。★1充当する際、賃貸人の承諾の有無は関係しません。また、賃貸人が、敷金の一部を賃借人の賃料債務に充当したときは、賃借人は、その分の賃料債務を免れます。敷金を賃料として充当しようという場合、賃貸人からの主張は可能ですが、賃借人からの主張はできません。

★1
チェック

充当は賃貸人が任意に行うことができます。したがって、賃貸人の意思表示も裁判の判決も必要ありません。

図解

2 敷金契約
しききんけいやく

　敷金契約は、**賃貸借契約とは別個の契約**であるため、敷金契約のみを合意解除することも可能となります。また、賃貸借契約後に敷金を預け入れることも可能です。

図解

賃貸借契約

敷金契約

賃貸人　　　　　　　　　　　　賃借人

別の契約なので
● 敷金契約のみの合意解除 OK
● 賃貸借契約と同時でなくても OK

3 敷金と建物明渡し
しききん　たてものあけわたし

　敷金の返還債務と目的物の明渡しは同時履行ではなく、**明渡しが先**となります。そのため、賃借人は敷金の返還を受けていないことを理由に目的物の明渡しを拒むことはできません。

第5章 敷金

4 敷金の承継

出題
2016 2017 2018 2020 2021
2023

賃貸人が変わった場合には、原則として敷金は新賃貸人に承継されます。

図解

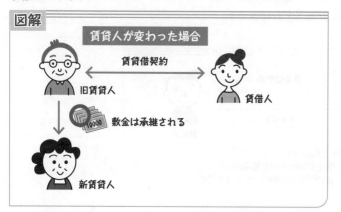

賃貸人が変わった場合

賃貸借契約

旧賃貸人 ⟷ 賃借人

敷金は承継される

新賃貸人

賃借人が変わった場合には、原則として敷金は新賃借人には承継されません。

図解

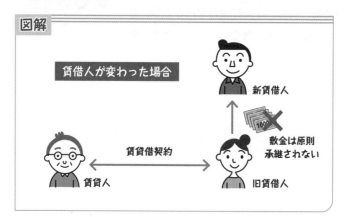

賃借人が変わった場合

新賃借人

敷金は原則承継されない

賃貸借契約

賃貸人 ⟷ 旧賃借人

5 敷金返還請求権の差押え

しききんへんかんせいきゅうけん　さしおさ

　敷金返還請求権を他人に譲渡したり、第三者である債権者が自己の債権を回収するために差し押さえることも認められます。

　賃借人の債権者が、賃貸借契約の継続中に敷金返還請求権を差し押さえた場合において、賃借人が建物を明け渡した時に賃料の未払があるときには、まず、賃貸人が敷金から未払賃料額を当然に充当できます。そして、敷金返還請求権は賃貸借契約終了後、賃貸人が建物の返還を受けた後に生じるものです。

　したがって、賃貸人は、差押債権者に対しては、賃借人の建物明渡し後に、未払賃料額を控除した後の残額の敷金を支払えばよいということになります。

第5章 敷金

図解

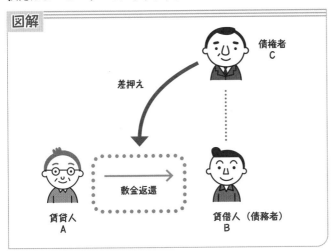

賃貸借の終了と更新　重要度 **A**

学習ポイント

期間の定めの有無で違いがありますので、そこを比較しつつ学習しましょう。また、解除に関する事項も頻出です。頑張りましょう！

1 期間の定めのある場合（期間満了）

出題 2015 2016 2017 2018

1 民法の賃貸借ルール

　原則として期間の満了をもって終了します。ただし、期間満了後も、賃借人が使用を続けていて、賃貸人がこれを知りながら異議を述べない場合、従前と同一の条件で更新されたものと推定されます。なお、期間の定めがある場合、その期間内は賃貸借契約を継続させなければならないため、中途解約は、期間内に解約できるという特約（期間内解約条項）がある場合や、双方が合意した場合（合意解除）を除き、することができません。

2 借地借家法のルール

　当事者が、期間満了の1年前から6カ月前までに、相手方に対して、更新をしない旨の通知をしなかったときは、契約を更新したものとみなされます（法定更新）。ただし、賃貸人がこの通知をするには、正当事由が必要です。

　賃貸人がこの通知をした場合であっても、期間満了後に賃借人が建物の使用を続けていて、賃貸人がそれを知りながら遅滞なく異議を述べない場合、契約を更新したものとみなされます（法定更新）。

図解

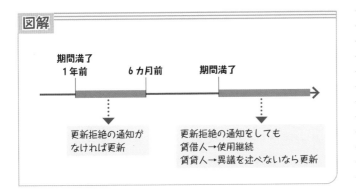

期間満了
1年前　　　　6カ月前　　　期間満了

更新拒絶の通知が
なければ更新

更新拒絶の通知をしても
賃借人→使用継続
賃貸人→異議を述べないなら更新

　法定更新となった場合、従前と同一の条件で更新したものとみなしますが、期間だけは、「期間の定めのないもの」となります。

2 期間の定めのない場合（解約申入れ）

出題
2017　2020

1 民法の賃貸借ルール

　当事者はいつでも解約の申入れをすることができます。解約申入れがあった場合、土地については1年経過後、建物については3カ月経過後に終了します。

2 借地借家法のルール

　解約の申入れをして一定の期間が経過すると、契約は終了することになります。ただし、賃貸人が解約の申入れをする場合、正当事由が必要です。

　また、賃貸人から解約申入れをした場合、解約申入れの日から6カ月経過後に終了します。

第6章 賃貸借の終了と更新

契約の一方当事者が自らの義務を履行しない場合には、他方当事者は契約を解除することができます。解除原因となる債務不履行としては、賃料不払い、賃借権の無断譲渡および無断転貸、用法遵守義務違反等があります。

賃貸人が債務不履行による解除★1を行うためには、賃借人に債務不履行状態を是正するよう催告しなければなりません。「無催告で即時解除する」などという特約を設定することは、原則としてできません。しかし、長期にわたって賃料を滞納するなど義務違反が重大であり、信頼関係を著しく破壊していると認められる場合★2には、例外的に無催告で解除することも可能です。

さらに、次に掲げる場合には、債権者は催告をすることなく、直ちに契約の解除をすることができます。

★1

チェック

契約の解除は、債務者に帰責事由がなくても可能です。したがって、賃貸人は、賃料の不払いにつき賃借人に故意・過失があったことについて立証する必要はありません。

★2

チェック

一度だけの賃料未払いの場合、それだけで信頼関係が破壊されたとはいえず、滞納理由の調査等が必要となります。

❶ 債務の全部の履行が不能であるとき

❷ 債務者がその債務の全部の履行を拒絶する意思を明確に表示したとき

❸ 債務の一部の履行が不能である場合または債務者がその債務の一部の履行を拒絶する意思を明確に表示した場合において、残存する部分のみでは契約をした目的を達することができないとき

❹ 契約の性質または当事者の意思表示により、特定の日時または一定の期間内に履行をしなければ契約をした目的を達することができない場合において、債務者が履行をしないでその時期を経過したとき

❺ 債務者がその債務の履行をせず、債権者が催告をしても契約をした目的を達するのに足りる履行がされる見込みがないことが明らかであるとき

　解除は、相手方にその意思表示が到達した時点で効力が生じます。解除の意思表示は口頭ですることも可能ですが、裁判の証拠になるのでなるべく書面でするのが望ましいです。なお、「期間内に支払わない場合には本書をもって解除することとします」などのように、催告と同時に解除の意思表示を行うことも可能です。★3

★3

チェック

賃借人の代わりに家賃保証会社が代わりに賃料を支払ったとしても、賃借人の債務不履行の事実は変わらないので、解除することができるとされています。

図解

催告書
期間内に支払いがない場合、改めて解除通知をすることなく、上記期限の経過をもって当然に賃貸借契約は解除されたものとする。

↓

催告が解除通知を兼ねる

↓

再度の解除通知不要

催告書
万一期間内に支払いがない場合、後日、契約を解除することとする。

↓

支払いがない場合、改めて解除通知をするという通知

↓

再度の解除通知必要

　賃貸借契約の解除については、**将来に向かってのみ効力が生ずる**ものとされています。つまり、契約がはじめから存在しなかったことにはなりません。また、解除の意思表示は撤回することができません。

「1カ月でも滞納すれば無催告で契約解除できる」などと契約書に定めがあっても、長期間の賃料滞納とはいえないので、これを根拠に無催告で契約を解除することはできません。

4 契約の終了

契約終了後、明渡しまでの間に、賃借人が建物を占有している場合、賃貸人は、賃借人に使用損害金の賠償を請求することができます。使用損害金の額は、賃借人が直ちに建物を明け渡したとすれば、賃貸人が自ら建物を利用し、または新たな賃借人に対して建物を賃貸するなどして、受けることができたであろう利益の額となります。ただし、これと異なる特約をすることも可能です。

5 契約の更新

出題

合意更新と法定更新の2種類があります。

1 合意更新

賃貸人と賃借人が意思確認をした上で行う更新です。

2 法定更新

更新拒絶の通知をしない場合や、期間満了後に賃借人が賃貸物件を使用継続し賃貸人が正当事由ある異議を述べない場合、法定更新となります。

法定更新の場合、従前の契約と同一の条件で更新したこととなりますが、期間のみ定めのないものとなります。

6 更新料

出題

更新の際には、契約書に更新料に関する条項が記載されている場合に限り更新料を請求することが可能です。ただし、更新料の額が（賃料の額や期間等を考慮して）高額すぎるなどの特段の事情がある場合は除きます。

第7章 賃料の改定

重要度 A

学習ポイント

借賃増減額請求について学習します。特約の部分を中心に学習してください。また、訴訟する前に調停を行わなければいけないという点にも注意しましょう。

1 賃料増減額請求

賃料について不相当であると思われる場合には増減額請求をすることができます。★1 賃料の増減額請求については、訴訟をする前に調停を行わなければなりません。★2

1 増額請求

建物の借賃の増額について当事者間に協議が調わないときは、その請求を受けた者は、増額を正当とする裁判が確定するまでは、相当と認める額の建物の借賃を支払うことをもって足ります。ただし、その裁判が確定した場合において、すでに支払った額に不足があるときは、その不足額に年1割の割合による支払期後の利息を付してこれを支払わなければなりません。

★1
講師からひと言
賃料増減請求権の対象は賃料であり、敷金や保証金などの預託金については、増減請求をすることはできません。

★2
講師からひと言
調停の申立てをすることなく訴えを提起した場合、その事件は調停に付されます。ただし、事件を調停に付することが適当でないと認められるときは、調停に付されずに、訴訟で審理されます。

第7章 賃料の改定

図解

家賃
上げるよ！

納得
できません

増額請求

賃貸人　　賃借人

2 減額請求

　建物の借賃の減額について当事者間に協議が調わないときは、その請求を受けた者は、減額を正当とする裁判が確定するまでは、相当と認める額の建物の借賃の支払いを請求することができます。ただし、その裁判が確定した場合において、すでに支払いを受けた額が正当とされた建物の借賃の額を超えるときは、その超過額に年1割の割合による受領の時からの利息を付してこれを返還しなければなりません。

図解

無理ですね…

家賃下げてください！

減額請求

賃貸人　　　賃借人

2 増減額請求の特約

出題
2015 2017 2019 2020 2021

　特約がある場合、増額しない特約は有効です。したがって、増額請求できない特約が設定されている場合には、賃貸人から増額請求をすることはできなくなります。しかし、減額しない特約は基本的に無効となります。★1したがって、減額請求できない特約が設定されていても、賃借人から減額請求をすることは可能となります。

　また、建物賃貸借契約の約定に「賃料の増減は協議による」との記載があった場合でも、当事者の協議を経ずに、増減額請求をすることは可能です。

★1

講師からひと言

後述する定期建物賃貸借契約においては、減額しない特約も有効となる点にも注意してください。

第8章 定期建物賃貸借

重要度 **A**

学習ポイント

毎年出題される分野です。普通の建物賃貸借との違いをしっかりと把握しておくことが大切です。また、終身建物賃貸借契約や取壊し予定の建物賃貸借もあわせて学習しましょう。

1 定期建物賃貸借契約（定期借家契約）

出題
2015 2016 2017 2018 2019
2020 2021 2022 2023

1 定期建物賃貸借契約とは

定期建物賃貸借契約は更新がなく、期間を1年未満とすることも可能なものです。（公正証書等の）書面または電磁的記録で契約する必要があります。

また、この書面とは別に、賃貸人は賃借人に対して「この契約は更新がなく、期間満了によって終了する旨」を、書面を交付してまたは賃借人の承諾を得て電磁的方法により提供して説明する必要があります。これをしなかった場合、通常の借家契約となります。

★1
講師からひと言

「重要事項説明書」は宅建業者に交付義務があるのに対して、賃貸人による説明書の交付は賃貸人の義務です。したがって、宅建業者の重要事項説明で賃貸人の説明の代替とすることは原則としてできません。ただし、宅地建物取引士が賃貸人を代理して行う事前説明を兼ねる旨を記載した重要事項説明書を交付し、かつ、賃貸人から代理権を授与された宅地建物取引士が重要事項説明を行うことにより、賃貸人の事前説明書の交付および事前説明を兼ねることが可能です。

図解

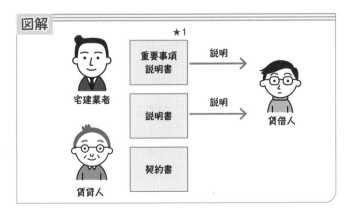

定期建物賃貸借契約では、一定の期間を定める必要があります。そのため、「賃借人が死亡するまで」など不確定な期限を定めたとしても、それによって定期建物賃貸借契約を結ぶことはできません。

2 終了通知

契約期間が1年以上の定期建物賃貸借の場合には、期間満了の1年前から6カ月前までの間に、賃貸人から期間満了による賃貸借の終了の通知をしなければ終了を対抗することができません。ただし、定期建物賃貸借の場合には、賃貸人の正当事由は不要です。

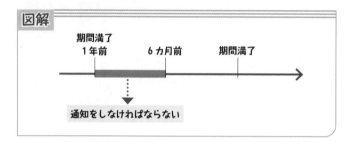

なお、契約期間が1年以上の定期建物賃貸借契約で、期間満了による賃貸借の終了の通知を忘れてしまった場合には、通知の日から6カ月経過後に終了したことを対抗することができます。

3 再契約と中途解約

契約期間が終わったら契約は終了しますが、再契約をすることも可能です。一度契約が終了してからの再契約なので、保証人がいる場合には保証も再契約が必要ですし、宅建業者の重要事項説明も再度必要となります。

また、定期建物賃貸借契約は、床面積200㎡未満の居住用建物で、やむを得ない事情がある場合には中途解約が認められます。

4 借賃増減額請求

定期建物賃貸借契約の場合、借賃の増減額請求をしない旨の特約があれば、借賃増減額請求はできません。普通の賃貸借とは異なり、定期建物賃貸借契約の場合は特約があれば減額請求もできない点に注意してください。

5 旧法との関係

平成12年3月1日の前（改正借地借家法の施行前）に締結された居住用建物の普通建物賃貸借契約については、賃貸人と賃借人が合意しても、当該賃貸借契約を終了させ、新たに定期建物賃貸借契約を締結することはできません。★2

★2

講師からひと言

居住用ではない建物（事務所、店舗等の事業用建物）の賃貸借については、普通建物賃貸借の契約の締結時期を問わず、定期建物賃貸借への切替えが可能です。

2 終身建物賃貸借契約

出題
2015 2016 2022

終身建物賃貸借契約も（公正証書等の）書面または電磁的記録で契約する必要があります。これは賃借人の死亡まで存続し、かつ賃借人が死亡したときに終了する契約です。原則として、賃借人は60歳以上である必要があります。同居できるのは配偶者（年齢不問）または60歳以上の親族のみです。

終身建物賃貸借契約の対象となる賃貸住宅は、高齢者住まい法が定めるバリアフリー化の基準を満たす必要があります。

終身建物賃貸借契約では、特約により賃料増額請求権および賃料減額請求権のいずれも排除することができます。

3 取壊し予定の建物賃貸借

出題
2015 2016

取壊し予定の建物賃貸借契約というものもあります。これは、法令または契約により一定期間経過後に建物を取り壊すべきことが明らかな場合において、建物を取り壊すことになる時に、建物賃貸借契約が終了する旨を定めた建物賃貸借契約です。この契約は、建物を取り壊すべき事由を記載した書面によってしなければなりません。

第8章 定期建物賃貸借

第9章 賃貸住宅標準契約書

重要度 C

学習ポイント

「標準〜書」とあったら、書面の「ひな型」のことだと考えてください。契約書を作成するといっても、どんな契約書にすればよいのか、という見本だと考えてください。

1 賃貸住宅標準契約書とは

賃貸住宅標準契約書★1というものがあります。これは、契約書のひな型ですので、この契約書を用いて契約しなければならないというものではありません。

なお、金銭関係で標準契約書に記載があるものとないものの代表的なものは、次の通りです。

★1

チェック

賃貸住宅標準契約書には、物件を居住のみを目的として使用しなければならない旨の記載があります。

[賃貸住宅標準契約書における金銭関係]

記載のあるもの	敷金・共益費★2
記載のないもの	更新料・敷引き・保証金 （定める場合は特約などで対応）

★2

チェック

共益費は、階段、廊下等の共用部分の維持管理に必要な光熱費、上下水道使用料、清掃費等（維持管理費）に充てられます。

また、中途解約できる旨の特約（解除権留保の特約）については、賃借人からの解約は可能であると定めています。一方、賃貸人からの解除権留保の特約については定めがありません。さらに、賃貸住宅標準契約書では、物件の全部が滅失その他の事由により使用できなくなった場合には契約が終了する旨が定められています。

2 標準契約書の見本

見 本

出典：国土交通省ウェブサイト（https://www.mlit.go.jp/common/001479824.pdf）

第9章 賃貸住宅標準契約書

第10章　サブリース住宅標準契約書

重要度 C

学習ポイント

こちらも先ほどと同様に「ひな型」です。あまり細かい部分まで学習したらキリがないですから、基本的な部分だけでもしっかりと学んでおきましょう。

1 サブリース住宅標準契約書

　「サブリース住宅標準契約書」とは、令和2年6月に賃貸住宅の管理業務等の適正化に関する法律（賃貸住宅管理業法）が成立したことを踏まえ、入居者と特定転貸事業者（サブリース業者）・建物所有者との間における紛争を未然に防止するため、国土交通省が作成した、入居者と特定転貸事業者（サブリース業者）との間の転貸借契約における契約書のひな型です。したがって、この契約書を用いて契約しなければならないというものではありません。

図解

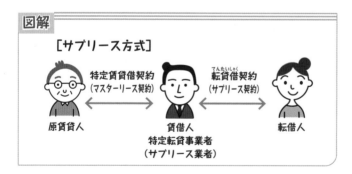

[サブリース方式]

特定賃貸借契約（マスターリース契約）　転貸借契約（サブリース契約）

原賃貸人　　賃借人　特定転貸事業者（サブリース業者）　　転借人

2 標準契約書の見本

見　本

出典：国土交通省ウェブサイト
(https://www.mlit.go.jp/common/001479833.pdf)

第11章

抵当権付建物の賃貸借

重要度 **C**

学習ポイント

まずは「抵当権」というものがどういうものかを理解してから学習するようにしてください。「1 抵当権とは」の部分を熟読し、理解してから2や3の学習にうつりましょう。

1 抵当権とは

お金を貸した人間としては、必ず返してほしいと思うものです。しかし、借りた人間が返せない状況になってしまう場合もあります。そのときに、お金を借りている人が所有する土地や建物を競売してそのお金で返済するという契約をしておけば、貸すほうも安心です。

そこで、お金を貸した際に土地や建物に抵当権設定の契約★1をしておけば、万が一、返済が不能となった場合、その土地や建物を売ってそのお金を優先的に回収できるのです。

たとえば、Aが建物を持っていたとします。Aがお金を借りるために自分の建物に抵当権を設定しました。この場合、Aがお金を返せなくなった場合、Aの建物は競売にかけられてしまいます。

★1

講師からひと言

土地や建物に抵当権をつけることを「抵当権を設定する」といいます。そして、抵当権に基づいて土地や建物を売る（競売にかける）ことを「抵当権を実行する」といいます。

2 抵当権の性質

抵当権には重要な性質があります。それは、抵当権が設定されている土地や建物を自由に貸したり売ったりできるということです。

先ほどの例で、Aの建物に抵当権を設定した後、Aがその建物をBに貸したとします。そうすると、Aがお金を返せなく

なった場合、Aの建物が売られることとなりますが、そこには Bが住んでいます。Aの建物を買ったCは、自分で使おうと思ったらBがそこに住んでいるという状態になります。当然、Bはそこに住んでいたいと思うでしょうし、Cは出ていってほしいと思うでしょう。

3 抵当権と賃貸借

出題
2016 2020 2022 2023

競売の場合、抵当権設定登記と建物引渡し（建物賃借権登記でも可）のどちらが先に行われたのかで結論が変わります。

抵当権設定登記が先であれば、賃借人は明け渡さなければなりません。なお、建物の賃貸借の場合、立ち退かなければならない場合であっても、直ちにというわけではなく、**6カ月**の猶予期間があります。ただし、買受人に対して、買受けの時より後に建物の使用をしたことの対価を支払わなければなりません。

この場合、買受人が賃貸人の地位まで承継するわけではないので、買受人には敷金返還義務がありません。したがって、賃借人は買受人に対して、敷金の返還を求めることはできません。

他方、**建物引渡しが先**であれば、賃借人は建物を明け渡す必要がありませんので、賃貸人が変わった場合、新賃貸人が賃借人に賃料を請求するためには、所有権移転の登記をする必要があります。

第12章 破産との関係

重要度 **C**

学習ポイント

賃借人が破産したら契約終了だとすると、破産した瞬間、住む家がなくなってしまいます。それはかわいそうですよね。賃借人が破産した場合と賃貸人が破産した場合では、当然のことながら異なります。

1 破産手続の流れ

破産とは、債務者が経済的に破綻して、すべての債権者に対して債務を完済することができない状態にあることをいいます。

破産の場合、手続は以下の流れとなります。

❶ 破産手続開始決定→破産管財人の選任（破産者の財産に属していた財産（破産財団）の管理処分権は破産管財人に専属）

❷ 破産財団に属する財産の換価

❸ 債権の取立て

❹ 手続開始決定前に行われた不公正な行為に対する否認権の行使等

❺ 配当

❻ 破産管財人が配当を完了して破産手続が終わると、破産者が法人の場合、法人は消滅する。破産者が個人の場合、破産財団から弁済できなかった債務について免責が検討され、免責されれば、決定時点の債務弁済の責任を負わなくなる。

2 賃借人の破産

出題
2020

　賃借人の破産手続開始決定は解除事由や解約申入れの理由とはなりません。

1 賃料

　賃借人につき破産手続の開始が決定された場合、破産財団の管理処分権は破産管財人に専属します。賃借人の破産管財人が、賃料関係の権利義務の主体となり、賃料を支払い、賃貸人との関係における催告・解除などの通知の相手方となります。

2 賃貸借の終了

　双務契約において、破産者およびその相手方が破産手続開始決定当時、未だともにその履行を完了していなければ、破産管財人は、契約の解除または履行のいずれかを選択することができます。賃貸借契約も双務契約であり、将来の債務は双方不履行であるから、賃借人が破産した場合、破産管財人は、賃貸借契約の解除または履行を選択することができます。

3 免責

　破産手続が終了するだけでは、破産者は賃料支払義務等の責任を免れません。免責許可が決定すれば債務を免れることができます。

3 賃貸人の破産

出題
2020

1 賃料

　賃貸人が破産した場合、破産財団の管理処分権は破産管財人に専属するため、破産管財人が賃料の請求や収受、解除などの意思表示の主体となります。

（欄外）
第12章 破産との関係

　賃借人の敷金返還請求権の保護を図るため、賃貸人について破産手続開始決定があった場合の賃料の支払いに関しては、敷金の額まで賃貸人の破産管財人に対して寄託を請求することができます。

　破産管財人は、賃借人から寄託請求を受けた場合、受領した賃料について敷金の範囲において寄託しておかなければなりません。

第13章 賃貸借と使用貸借

重要度 **C**

学習ポイント

賃貸借とはお金を払って物を借りる（お金をもらって物を貸す）こと、使用貸借は無償で貸し借りをすることです。当然、ルールにも違いがあります。

1 使用貸借契約とは

出題
2019 2022

使用貸借契約とは、**無償で物を貸し借りする契約**です。使用貸借契約も賃貸借契約と同様、**諾成契約**となります。

2 賃貸借契約との比較

出題
2016 2019 2022

賃貸借契約とは異なる点も多くあります。

[賃貸借と使用貸借の比較]

	賃貸借	使用貸借
存続期間	最長50年	制限なし
第三者に対抗	賃借権の登記	対抗不可
必要費	償還請求可能	借主は通常の必要費を負担
契約不適合責任	売主と同様の責任を負う	負わない※
貸主死亡	相続する	相続する
借主死亡	相続する	相続しない

※負担付き使用貸借の場合は、その負担の限度で売主と同様の責任を負う。

また、使用貸借の場合、借地借家法は適用されませんので、貸主が使用貸借契約を終了しようという際にも正当事由は必要ありません。さらに、建物使用貸借には法定更新の規定はありません。

第13章 賃貸借と使用貸借

第14章 保証

重要度 B

学習ポイント

お金を借りた本人が返せなかった場合、保証人に返済を迫ります。賃貸借契約の場合、賃料などを払ってもらえなかったときのために、保証人をたてることが多いです。

1 保証とは

出題
2016 2017 2018 2020 2022

　保証とは、借金返済や賃料支払ができないなど、その債務を履行できなかった際に、その人の代わりにお金を払うという約束をすることです。**保証契約は書面（または電磁的記録）ですることが求められます。**もっとも、賃貸借契約書に保証人の項目がある場合、そこに署名押印するだけで構いません。なお、保証契約は債権者と保証人の間で結ばれる契約なので、債務者が反対していたとしても保証人になることはできます。

　保証人は、賃借人の委託を受けて賃貸借契約上の賃借人の一切の債務を保証している場合、賃借人が賃料を滞納しているかどうかについて、賃貸人に情報提供を求めることができます。

図解

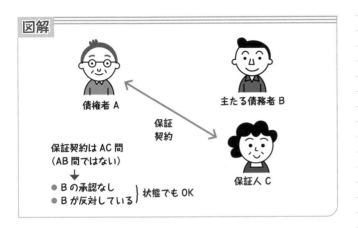

賃貸借契約が更新された場合には、継続に反対の趣旨をうかがわせるような特段の事情がない限り、更新後も保証債務を負うものとされています。また、賃貸借契約解除後に明渡しを遅滞した場合や、原状回復義務についても保証債務を負います。★1

★1
講師からひと言
保証契約に法定更新はありません。

2 保証の性質

出題
2016 2017 2018 2020

1 付従性

主たる債務が成立しないときには、保証債務も成立しません。主たる債務が消滅したときには、保証債務も消滅します。つまり、主たる債務があってはじめて保証債務が存在します。

図解

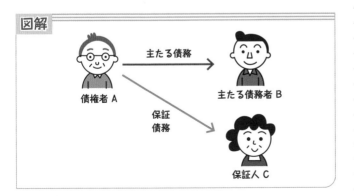

主たる債務者に生じた事由は保証人に及びますが、保証人に生じた事由は、原則として主たる債務者には及びません。Bの債務が消滅したらCの債務も消滅します。しかし、Cの債務が消滅したからといってBの債務は消滅しないのが原則です。主たる債務者の債務が軽くなれば、保証人の債務も軽くなります。しかし、主たる債務が重くなったとしても、保証人の債務が重くなることはありません。

2 随伴性

　債権者の主たる債務者に対する債権が移転すると、保証人は、上記債権の新しい債権者に対し、保証債務を負うことになります。たとえば、賃貸人が賃貸物件を第三者に譲渡した場合には、賃貸人の地位が当該第三者に移転することによって、保証人は新賃貸人との間で保証債務を負うこととなります。

3 補充性

　保証人は、あくまで主たる債務者が弁済できなくなったときに登場するものです。債権者が主たる債務者に請求せずに保証人に請求したのであれば、保証人は弁済を拒むことができます。これを催告の抗弁権といいます。主たる債務者に弁済の資力があり、執行が容易であることを証明すれば保証人は弁済を拒むことができます。これを検索の抗弁権といいます。

4 分別の利益

　保証人が複数いる場合を共同保証といいます。この場合、1人の保証債務は主たる債務の額を保証人の頭数で割った額についてのみ保証債務を負うこととなります。これを分別の利益といいます。

図解

[共同保証と分別の利益]

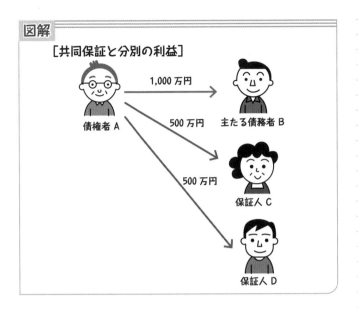

債権者 A　1,000 万円　主たる債務者 B

500 万円　保証人 C

500 万円　保証人 D

　上記の図の場合、保証人が C と D の 2 人いるので、主たる債務が 1,000 万円であったとしても、C も D も 500 万円ずつの負担となります。

3 連帯保証

出題
2016　2017　2020

　連帯保証も保証債務の一種ですから、基本的には保証と同じになります。違う部分を見ていきましょう。

1 催告の抗弁権なし

　主たる債務者に催告せずに、いきなり連帯保証人のところに請求に来たとしても、連帯保証人は請求を拒むことはできません。

2 検索の抗弁権なし

　主たる債務者に弁済の資力があったとしても、連帯保証人はそれを理由に請求を拒むことはできません。

第14章 保証

3 分別の利益なし

　保証人が複数いる場合でも、債権者はその全員に対して全額請求できます。

4 個人根保証

出題
2020 2021 2022

　1,000万円の借金の保証人となった場合、元本は1,000万円だとすぐにわかります。しかし、賃貸借契約の保証人となった場合、何カ月滞納するのかもわからず、原状回復の費用もわからないので、元本がいくらかわかりません。そのような保証を「根保証」といいます。根保証の場合には、保証契約を締結する時点では主たる債務が存在していないという点において成立における付従性の原則★1が修正され、またいったん主たる債務の一部が消滅しても、別の主たる債務が成立することがあって保証債務自体は消滅しないという点において消滅における付従性の原則★2に修正が加えられています。そして、**個人が保証人として根保証契約を締結する場合、負担の上限額（極度額）を定めなければ、当該保証契約は無効となります。**
★3なお、個人が対象となる場合のみであり、法人の場合にはこの規制はないため、極度額を設定する必要はありません。

　個人根保証契約について、次の事由があったとき、その後に発生する債務は保証の対象外となります。これを元本の確定といいます。

★1
講師からひと言
主たる債務が成立しないときには保証債務も成立しないという原則です。

★2
講師からひと言
主たる債務が消滅したときには、保証債務も消滅するという原則です。

★3
講師からひと言
この定めは、書面または電磁的記録によらなければなりません。

- 債権者が、保証人の財産について強制執行または担保権の実行を申し立て、それらの手続き開始決定があったとき
- 保証人が破産手続開始の決定を受けたとき
- 主たる債務者または保証人が死亡したとき

第15章 請負 うけおい

重要度 **C**

学習ポイント

報酬をいただいて頼まれたのだから、ちゃんとした物を作る必要があります。もし欠陥があった場合、責任をとらなければなりません。

1 請負とは うけおい

出題 2022

　請負とは、当事者の一方がある仕事を完成させることを約束し、他方がこれに対して報酬を払うことを約束することによって成立する契約のことをいいます。仕事を依頼する人を「注文者」、依頼された人を「請負人」といいます。請負契約が成立すると、注文者は報酬を支払う義務を負い、請負人は仕事を完成させて、その完成した物を引き渡す義務を負います。なお、請負の目的物の引渡しと報酬の支払いは同時履行の関係にたちますが、仕事の完成と報酬の支払いは同時履行の関係にはたたず、仕事の完成が先となります。

2 請負人の担保責任 うけおいにん　たんぽせきにん

出題 2022

　請負契約をして引き渡された物が、契約内容に合っていないものであった場合には、請負人は責任をとらなければなりません。具体的には、次のことが認められています。

第15章 請負

1　建物の修補請求

2　報酬の減額請求 ★1

3　損害賠償請求

4　請負契約の解除

★1
講師からひと言

代金減額請求をした場合であっても、損害賠償請求や解除ができなくなるわけではありません。

　ただし、契約不適合が注文者の指図によって生じた場合等では、上記のいずれもすることができません。しかし、請負人が、注文者の指図が不適当であることを知りながら告げなかったのであればその限りではありません。

　これらを行うためには期間の制限があり、引き渡された仕事の目的物が契約内容に適合しないことを知ってから1年以内に請負人にその旨を通知する必要があります。

3 注文者の解除権

　注文者は、仕事の完成前であれば、請負人が受ける損害を賠償して、請負契約を解除することができます。

第16章 委任

重要度

学習ポイント

一言で言えば「頼まれること」です。「委任」のほかに「準委任」というのもありますが、ほぼ同じと考えて構いません。第2編で学習する管理受託契約を学ぶ際にも重要な項目となります。

1 委任契約の原則

出題
2018 2021

　委任とは、当事者の一方が法律行為をすることを相手方に委託し、相手方がこれを承諾することで効力を生ずる契約です。委託する人を委任者、委託を受ける人を受任者といいます。

　報酬については、民法上は無償が原則で、報酬を請求するためには特約を設定する必要があります。それに対して商法では報酬の請求が可能です。**報酬の支払時期は後払いが原則となります。**ただし、**委任行為をするのに必要な費用は前払請求が可能です。**

　委任は雇用や請負とどのような違いがあるのでしょうか。契約の目的についての違いは、請負が仕事の完成であるのに対して、委任や雇用は仕事の完成ではなく、労務の提供であるということです。さらに、委任と雇用の違いは、雇用が、労働者は使用者の具体的指示ないし指揮命令のもとで労務の供給を行うと解されているのに対し、委任は、受任者は事務の処理について広い裁量を有し、委託者は命令ないし具体的指示までは行わないと解されているということです。

第16章 委任

2 受任者の義務

出題 2016 2023

受任者の義務としては、次のものがあります。

---

❶ **善管注意義務（有償・無償を問わず）**

❷ **原則的に第三者への再委託（復委任）禁止**

（例外：委任者の許諾がある場合、あるいはやむを得ない事由がある
場合）

❸ **委任者への報告義務**

契約中は委任者から請求があればいつでも報告

委任終了後は請求がなくても遅滞なく経過・結果を報告

❹ **引渡義務**

受領した金銭その他の物を委任者に引き渡す（利息の引渡しも必要）

---

3 委任契約の終了

出題 2015 2016

委任者や受任者の死亡や破産手続開始の決定で委任は終了
し、相続人に承継はしません。また、受任者が後見開始の審
判を受けた場合も終了します。

委任の終了事由

	死亡	破産手続開始	後見開始
委任者	○	○	×
受任者	○	○	○

○：終了する　×：終了しない

委任が終了した後であっても、急迫の事情がある場合、引
き継ぎがなされるまでの間は必要な処分をしなければなりませ

ん。委任の終了事由は、相手方に通知するか、相手方が知っていたときでなければ、委任の終了を相手方に対抗することができません。

4 委任契約の解除

委任者・受任者のいずれも、特別の理由がなくても自由に解除することができます。ただし、相手方の不利な時期に解除したときは、解除した者は相手方に対して損害賠償義務を負います。また、委任者が受任者の利益（専ら報酬を得ることによるものを除く）を目的とする委任を解除したときにも、損害賠償義務を負います。もっとも、その解除がやむを得ない場合には損害賠償義務は負いません。

第16章 委任

第17章 工作物責任（こうさくぶつせきにん）

重要度 C

学習ポイント

民法「不法行為」の中の「工作物責任」について学習します。さらに、建設業法についても学んでいきましょう。ここも今後出題が予想される分野です。

1 工作物責任（こうさくぶつせきにん）

出題
2021

　工作物責任とは、土地の工作物に瑕疵があり、それによって第三者に損害を与えた場合に、被害者に対して損害を賠償する責任を負うことをいいます。

　土地の工作物とは、人工的に土地に接着して設置された物と定義されます。建物では、躯体・屋根・ガラス窓などの建物本体、エレベーター、給水管・排水管など建物に附属する物の両方が工作物に該当します。

　責任を負うのは、一次的には占有者です。建物の管理を行う管理業者についてみると、建物の安全確保について事実上の支配をなしうる場合には占有者とされます。ただし、占有者に関しては、損害発生防止に必要な措置をしていたら免責されます。

　占有者が免責された場合、所有者が責任を負います。所有者は**無過失責任**であり、たとえ損害発生防止に必要な措置をしていても責任を負うことになります。

　なお、損害発生の原因が欠陥のある建物を造った業者にあるような場合、損害賠償をした占有者や所有者は、その業者に対して求償することができます。

2 建設業法

　建設工事の完成を請け負うことを業として行うことを建設業といいます。

　建設業を営むためには、国土交通大臣（2以上の都道府県に営業所がわたる場合）または都道府県知事（1の都道府県の区域内のみに営業所を設ける場合）の許可を受けなければなりません。どちらの免許であっても、全国で建設業を営むことができます。

　軽微な建設工事のみを請け負うという営業をする場合には、許可がなくても建設業を営むことができます。また、建設業は、業として、建設工事の完成を請け負うことであるため、自家用の建物や工作物を施工する場合には、許可の必要はありません。

第17章 工作物責任

第18章　相続（そうぞく）

重要度 **B**

学習ポイント

ここも今後出題が予想される分野です。「相続と賃貸借」については、以前から定期的に出題されていた部分です。その他の部分に関しても、今後出題されてもいいように準備しておきましょう。

1 相続（そうぞく）とは

相続とは、亡くなった人の権利や義務をそのまま継ぐことです。法定相続人および相続人の順位は次のようになります。

出題
2018 2020 2021

[法定相続人]

(第1順位)　配偶者★1＋子

(第2順位)　配偶者＋直系尊属★2

(第3順位)　配偶者＋兄弟姉妹

ちなみに、子は嫡出子★3でも非嫡出子★3でも養子でも胎児でも区別はありません。そして、法定相続分は次のようになります。

[法定相続分]

第1順位	配偶者	1/2	子	1/2
第2順位	配偶者	2/3	直系尊属	1/3
第3順位	配偶者	3/4	兄弟姉妹	1/4

★1
Keyword

配偶者
結婚相手。元配偶者や内縁は、配偶者として扱わない。

★2
Keyword

直系尊属
父母や祖父母など。

★3
Keyword

嫡出子
婚姻関係にある男女から生まれた子。
非嫡出子
婚姻関係にない男女から生まれた子。

たとえば、次のような場合はどのようになるでしょうか。

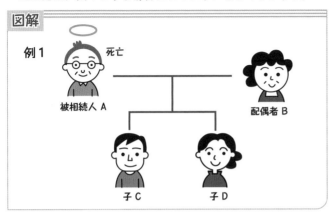

この場合、A が死亡した場合の法定相続分は配偶者である B が1/2となり、残りの1/2を C と D で分けることとなりますので、C が1/4、D が1/4となります。

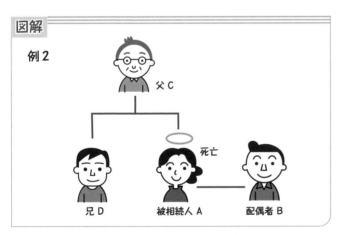

この場合、A が死亡した場合の法定相続分は配偶者 B が2/3となり、父 C が1/3となります。兄 D は相続人とはなりません。

例3

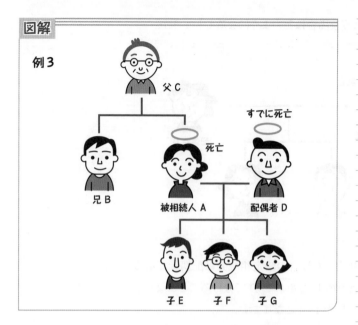

この場合、Aが死亡した場合の法定相続分は配偶者が亡くなっているので、第1順位である子が全額相続することとなります。子は3人いるので、Eが1/3、Fが1/3、Gが1/3となります。

2 代襲相続
だいしゅうそうぞく

出題
2023

代襲相続とは、相続が開始したとき、相続人になることのできる人が、死亡や欠格★1や廃除★1によって相続人でなくなっている場合、その人の子が代わりに相続人になることです。なお、相続放棄をした場合には代襲相続をしません。

★1
Keyword

欠格
財産目当てに親を殺したりした場合など。

廃除
親を虐待などしていた場合に家庭裁判所などに「この人を相続人にしないように」と請求された場合。

3 相続の承認・放棄
そうぞく しょうにん ほうき

相続人は、次のうちのどの選択をするかを決めなければなりません。

> ● 単純承認
> ● 限定承認
> ● 相続放棄

単純承認とは相続財産すべてについて承認すること、限定承認とは相続によって得た財産の限度においてのみ被相続人★1の債務および遺贈の弁済をすること、相続放棄とは相続財産すべてについて放棄することを指します。相続放棄は単独でできますが、限定承認をする際には全員共同でしなければなりません。そして、限定承認・相続放棄をする場合には、家庭裁判所に申述しなければなりません。

自分が相続人だと**知った時から3カ月以内**に限定承認・相続放棄をしなかった場合には、単純承認をしたものとみなされます。

★1
Keyword

被相続人
相続される財産や権利義務の元の所有者。つまり、亡くなった人のこと。

第18章
相続

4 遺産分割

　共同相続人は、被相続人が遺言で禁じた場合を除き、いつでも、その協議で、遺産の分割をすることができます。また、遺産の分割は、相続開始の時にさかのぼって効力を生じます。

5 相続による権利の承継の登記

　相続人は、相続による権利の承継については、遺産の分割によるものかどうかにかかわらず、法定相続分を超える部分について、登記、登録その他の対抗要件を備えなければ、第三者に対抗することができません。

6 遺言

　法定相続分は本人が何も言い残さずに亡くなってしまったときに、もめないように決められているものです。本人が何か言い残している場合には、当然そちらを優先させます。この言い残しを遺言といいます。

　遺言は満15歳以上であれば、有効にすることができます。遺言は形式が決まっています。自筆証書遺言・公正証書遺言・秘密証書遺言などの形式があります。

　遺言書の存在や内容を確認するため、公正証書遺言以外の遺言は家庭裁判所に検認の請求をしなければなりません。しかし、この検認がなくても遺言書は無効にはなりません。2人以上の人間が同じ証書で遺言することはできません。また、遺言はいつでも撤回ができます。次のようなことをしたときには、遺言は撤回したものとみなされます。

❶ 遺言と異なる処分を生前にする
→「Aに甲土地を譲る」と遺言書に書いた後で、生前、甲土地を売却
❷ 新しい遺言書を作成する
→抵触する部分は新しい遺言書が有効

7 遺留分

　民法では遺言によっても侵害されない一定額を定めています。それを遺留分といいます。しかし、遺言者の意思はなるべく尊重すべきであるという考えから、遺留分を侵害する遺言であっても有効になります。自分の遺留分に相当する額の金銭の支払いを求めることを遺留分侵害額の請求といいます。なお、兄弟姉妹には遺留分はありません。

[遺留分]
直系尊属のみが相続人　→　被相続人の財産の3分の1
その他　　　　　　　　→　被相続人の財産の2分の1

　遺留分を放棄することもできます。注意してほしいのは、遺留分の放棄と相続の放棄は全く別のものだということです。また、全く別のものだということは、遺留分を放棄した後、遺留分を侵害する遺言が破棄されて相続できるようになったときには、普通に相続ができるということです。放棄したのは遺留分であり、相続は放棄していないからです。

第18章 相続

8 配偶者居住権

　配偶者居住権は、配偶者の一方が死亡した場合、残された配偶者の従来の居住環境を守るために設定されたものです。

1 配偶者居住権
はいぐうしゃきょじゅうけん

　配偶者は、被相続人の財産に属した建物に相続開始の時に居住していた場合において、配偶者居住権を①遺産分割によって取得したとき、②遺贈されたときに、その居住していた建物に、終身または一定期間、無償で居住することができます。

2 配偶者短期居住権
はいぐうしゃたんききょじゅうけん

　配偶者は、被相続人の財産に属した建物に相続開始の時に無償で居住していた場合には、一定の短期間（遺産分割を行う場合、建物の帰属が決定した日または相続開始時から6カ月経過する日のいずれか遅い日まで）、その建物を相続または遺贈により取得した者に対し、建物を無償で居住する権利を有します。

[配偶者居住権と配偶者短期居住権の違い]

	配偶者居住権	配偶者短期居住権
金銭負担	無償	無償
範囲	居住建物全部	全部または一部
期間	原則として終身	一定の短期間
権利	使用・収益	使用
対抗要件	登記	対抗不可

9 相続と賃貸借

出題
2017 2018 2019 2020 2022
2023

1 賃貸人の死亡と相続

　賃貸借契約において、賃貸人が死亡した場合、相続人が賃貸人の地位を承継します。共同相続の場合には、共有物についての賃貸となり、遺産分割後は、分割により物件を取得した者が新賃貸人となります。被相続人死亡後遺産分割前の賃料債権については、各共同相続人が、相続分の割合に応じて取得します。★1★2

★1 チェック

賃貸物件を共同相続した場合、解除権を行使するには過半数の共有持分が必要です。

★2 講師からひと言

相続開始後、遺産の分割前に遺産である賃貸不動産から生じた賃料債権は、遺産とは別個の財産であり、相続財産とはなりません。

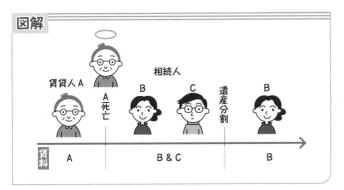

図解

2 賃借人の死亡と相続

　賃貸借契約において、賃借人が死亡した場合、相続人が賃借人の地位を承継します★3。共同相続の場合には、賃貸人は、賃借人の相続人全員に相続開始後に生じた賃料の全額の請求をすることができます。

　また、借地借家法では、相続人がいない場合、内縁の者★4が同居していたときには、その内縁の者が賃借人の地位を承継することとしています。ただし、同居者が、建物賃借人が相続人なくして死亡したことを知った時から1カ月以内に、賃貸人に対して承継しない旨の意思表示をすれば、承継は起こりません。

★3 講師からひと言

賃借人の死亡により賃貸借契約が終了するという特約は、借主不利な特約であるため、無効となります。

★4 Keyword

内縁の者
婚姻届は提出していないけれど、事実上夫婦と同様の関係にある者。

第18章 相続

公営住宅の場合、賃借人が死亡し、賃借人に相続人がいても、相続人は当然に使用権を承継することにはなりません。

賃貸借関係

一問一答

1 ☑☑☑

賃貸借契約が成立するためには、貸主、借主が署名押印する賃貸借契約書の作成が必要である。(2015-13-2)

2 ☑☑☑

造作買取請求権を排除する特約は、借主に不利な特約のため、無効である。(2019-16-4)

3 ☑☑☑

区分所有建物における貸主の修繕義務は、賃借した専有部分の使用に必要な共用部分があるときは、共用部分についても対象となる。(2016-20-4)

4 ☑☑☑

賃貸建物が損傷した場合において、その原因が天変地異等、不可抗力によるものであるときは、貸主は賃貸建物を修繕する義務を負わない。(2017-17-3)

5 ☑☑☑

地震により賃貸建物が一部滅失した場合、修繕が物理的経済的に可能であったとしても、貸主は修繕義務を負わない。(2018-16-1)

最低3回は
チャレンジしましょう！

▶ テキスト 第1章 **1**

賃貸借は、当事者の一方がある物の**使用及び収益**を相手方にさせることを**約し**、相手方がこれに対してその**賃料**を支払うこと及び**引渡し**を受けた物を契約が終了したときに返還することを**約する**ことによって、その効力を生じます（民法601条）。民法上、賃貸借契約書の作成は求められていません。

▶ テキスト 第2章 **3**

建物の賃借人が賃貸人の同意を得て賃貸不動産に付加した畳、建具その他の造作がある場合には、建物の賃借人は、建物の賃貸借が期間の満了又は解約の申入れによって終了するときに、建物の賃貸人に対し、その造作を時価で買い取るべきことを請求することができます（借地借家法33条）。もっとも、造作買取請求権の規定は任意規定であり、**造作買取請求権を排除する特約も有効**です。

▶ テキスト 第2章 **4**

区分所有建物の賃貸人は、賃貸した専有部分のみならず、専有部分の使用に必要な共用部分があるときは、**共用部分についても修繕義務が生じます。**

▶ テキスト 第2章 **4**

賃貸人は、賃貸建物が破損した場合には、使用に必要な修繕義務を負います（民法606条1項）。この賃貸人の修繕義務は賃貸建物の破損等が天変地異等、**不可抗力により生じた場合も否定されません。**

▶ テキスト 第2章 **4**

賃貸人は、賃貸物の使用及び収益に必要な修繕義務を負い（民法606条1項）、これは、賃貸不動産の破損等が天変地異等、不可抗力により生じた場合も、賃貸人は修繕義務を負います。このことから、**修繕が物理的経済的に可能なときは、賃貸人は修繕義務を負います。**

6 ☑☑☑

賃貸建物が全部滅失した場合、当該滅失についての借主の帰責事由の有無にかかわらず、貸主は修繕義務を負わない。(2018-16-2)

7 ☑☑☑

貸主が修繕義務の履行を怠り、借主が賃貸建物を全く使用することができなかった場合には、借主はその期間の賃料の支払を免れる。(2017-17-4)

8 ☑☑☑

借主は、賃貸建物について雨漏りの修繕費用を支出したときは、貸主に対し、賃貸借契約終了時に賃貸建物の価格の増加が現存する場合に限り、支出した費用又は増加額の償還を請求することができる。(2017-17-1)

9 ☑☑☑

借主が賃貸物件の汲取式トイレを水洗化し、その後賃貸借契約が終了した場合、借主は有益費償還請求権として、水洗化に要した費用と水洗化による賃貸物件の価値増加額のいずれか一方を選択して、貸主に請求することができる。(2021-25-ウ)

10 ☑☑☑

賃貸借契約書に賃料の支払日について記載がない場合、令和5年11月分の賃料の支払日は令和5年10月31日である。(2018-18-2改)

▶ テキスト 第2章 4

賃貸物の**全部が滅失**した場合、賃貸借契約は**終了**します（民法616条の2）。賃貸借契約が終了するため、賃貸人は修繕義務を**負いません**。

▶ テキスト 第2章 4

賃料は建物使用の対価であるところ、賃貸人が修繕義務の履行を怠り、賃借人が目的物を**全く使用することができなかった場合**には、賃借人は、その期間の賃料を支払う義務を負いません（大判大4.12.11）。

▶ テキスト 第2章 4

賃貸人は、賃貸物の使用及び収益に必要な修繕義務を負います（民法606条1項）。そして、賃借人が賃貸人の行うべき修繕を行った場合、賃貸人に対して**直ちに**その費用（**必要費**）の償還を請求することができます（必要費償還請求権。同法608条1項）。

▶ テキスト 第2章 4

賃借人が賃借物について**有益費**を支出したときは、賃貸人は、**賃貸借の終了の時に**、当該賃借物の価格の増加が現存する場合に限り、**賃貸人の選択**に従い、その支出した金額又は増価額を償還しなければなりません（有益費償還請求権。民法608条2項、196条2項本文）。汲取式トイレを水洗化に要した費用は、当該有益費に当たります。そして、償還しなければならない支出した金額又は増価額の選択は、賃貸人がします。賃借人がその選択をするのではありません。

▶ テキスト 第2章 5

建物の賃料は、原則として**毎月末**に支払わなければなりません（民法614条）。したがって、令和5年11月分の賃料の支払日は、令和5年11月30日です。

11 ☑☑☑

振込みにより賃料を支払う場合の振込み手数料を貸主負担とする旨の特約は、無効である。(2018-15-エ)

12 ☑☑☑

借主が滞納賃料の一部を支払った場合で、弁済充当の合意がないときは、支払われた賃料は費用、利息、元本の順番で充当される。(2019-18-2)

13 ☑☑☑

貸主に賃料を受領してもらうことが期待できない場合、借主は直ちに供託することができる。(2020-21-1)

14 ☑☑☑

賃料債権は、貸主が権利を行使することができることを知った時から5年間行使しないときは、時効によって消滅する。(2019-18-1)

15 ☑☑☑

賃料債権は、時効期間が経過しても消滅時効を援用する旨の意思表示がなければ消滅しない。(2022-23-4)

▶ テキスト 第2章 5

弁済の費用について別段の意思表示がないときは、その費用は、**債務者（賃借人）の負担**となります（民法485条本文）。もっとも、この規定は任意規定であり、**これと異なる特約をすることができます**。したがって、賃料の振込み手数料を賃貸人の負担とする旨の特約は、有効です。

▶ テキスト 第2章 5

債務者が1個又は数個の債務について元本のほか利息及び費用を支払うべき場合において、弁済をする者がその債務の全部を消滅させるのに足りない給付をしたときは、これを順次に**費用、利息及び元本**に充当しなければなりません（民法489条）。

▶ テキスト 第2章 5

弁済者は、①弁済の提供をした場合において、債権者がその**受領を拒んだ**とき、②債権者が弁済を**受領することができない**とき、③弁済者が過失なくして**債権者を確知することができない**ときには、債権者のために弁済の目的物を供託することができます（民法494条1項、2項）。本肢のように、単に賃貸人に「受領してもらうことが期待できない」だけでは、上記のいずれにも当たりません。したがって、賃借人は供託することができません。

▶ テキスト 第2章 5

債権は、債権者が権利を行使することができることを**知った時から5年間**行使しないとき（主観的起算点）又は**権利を行使することができる時から10年間**行使しないとき（客観的起算点）は時効によって消滅します（民法166条1項）。建物賃貸借の賃料については、賃貸人が権利を行使することを知らないということがほぼ考えられないことから、通常、主観的起算点による5年の消滅時効にかかることになります。

▶ テキスト 第2章 5

賃料債権は、時効期間の経過により当然に消滅するわけではなく、**消滅時効を援用する旨の意思表示**がなければ消滅しません（民法145条）。

16 ☑☑☑

親族が貸主である賃貸借契約の場合、借主は、賃貸借契約終了後、賃貸物件返還までの間、同物件を自己の財産のためにするのと同一の注意義務をもって保管すれば良い。(2019-17-2)

17 ☑☑☑

貸主が借主の用法遵守義務違反を理由に損害賠償請求をする場合、賃貸物件の返還を受けた時から1年以内に行使しなければならない。(2019-17-1)

18 ☑☑☑

賃貸借契約において、ペットの飼育について何らの定めがない場合でも、契約当事者間の信頼関係を破壊する程度に至ったと認められるようなペットの飼育があったときは、貸主からの賃貸借契約の解除が認められる。(2017-18-1)

19 ☑☑☑

賃貸不動産につき修繕を要するときは、借主は、遅滞なくその旨を貸主に通知しなければならない。(2016-19-1)

20 ☑☑☑

賃貸物件につき雨漏りが生じ、貸主が修繕する場合、借主はこれを拒めない。(2020-23-2)

▶ テキスト 第2章 **5**

債権の目的が特定物の引渡しであるときは、債務者は、その引渡しをするまで、契約その他の債権の発生原因及び取引上の社会通念に照らして定まる善良な管理者の注意をもって、その物を保存しなければなりません（**善管注意義務**。民法400条）。賃貸借契約における賃借人も、賃貸借契約終了後、賃貸不動産を返還しなければならない義務を負っており（同法601条）、この返還債務も特定物の引渡債務に当たるため、賃借人は賃貸物件の保存につき、善管注意義務を負います。これは、親族が賃貸人であるときも、同様です。

▶ テキスト 第2章 **5**

用法遵守義務に違反した場合は、債務不履行責任を負います。用法遵守義務違反による損害賠償請求も、賃貸人が賃貸物件の**返還を受けた時から1年以内**に行わなければなりません（民法622条、600条1項）。

▶ テキスト 第2章 **5**

賃借人は、契約又は目的物の性質によって定まった用法に従い、目的物を使用しなければなりません（民法616条、594条1項）。賃貸借契約上ペット飼育の禁止が規定されていない場合でも、**通常許容される範囲を明らかに逸脱した**ペットの飼育があった場合には、賃貸借契約における用法違反として、契約の解除が認められます（東京地判昭62.3.2）。

▶ テキスト 第2章 **5**

賃貸不動産が修繕を要するときには、賃借人は、賃貸人がすでにこれを知っている場合を除き、遅滞なくこれを賃貸人に**通知**しなければなりません（民法615条）。

▶ テキスト 第2章 **5**

賃貸人が賃貸物の保存に必要な行為をしようとするときは、賃借人は、これを**拒むことができません**（民法606条2項）。したがって、賃貸人が、賃貸物件につき雨漏りを修繕する場合、賃借人はこれを拒めません。

21 ☑☑☑

賃貸借契約書に無断転貸を禁止する旨の記載がない場合、借主が貸主の承諾なく第三者に賃貸物件を転貸したとしても、貸主は賃貸借契約を解除することはできない。（2017-19-ウ）

22 ☑☑☑

A所有のマンションの一室を、管理業者であるBがAから賃借し、Cに転貸している。AB間の月額賃料が20万円、BC間の月額賃料が18万円の場合、CはAに対して20万円の支払義務を負う。（2015-10-1）

23 ☑☑☑

原賃貸借契約が期間満了により終了する場合、原賃貸人は原賃貸借契約の終了を転借人に通知しなければ、原賃貸借契約の終了を転借人に対抗することができない。（2017-9-4）

24 ☑☑☑

原賃貸借契約が合意解約された場合、原賃貸人が転借人に対して明渡しを請求したとき、転貸借契約も終了する。（2018-9-4）

一問一答

▶ テキスト 第3章 **1**

賃借人は、**賃貸人の承諾**がない限り、賃借権を譲渡し、又は賃借物を転貸することができません（民法612条1項）。そして、賃貸人の承諾なく賃借権を譲渡し、又は賃借物を転貸し第三者に賃借物の使用または収益をさせた場合、賃貸人は賃貸借契約を解除することができます（同条2項）。

▶ テキスト 第3章 **3**

賃借人が適法に賃借物を転貸したときは、転借人は、賃貸人と賃借人との間の賃貸借に基づく**賃借人の債務の範囲を限度として**、賃貸人に対して転貸借に基づく債務を直接履行する義務を負います（民法613条1項前段）。したがって、CはAに対して直接賃料を支払う義務を負います。そして、CがAに対して支払義務を負う金額は、原賃貸借における賃料20万円と転貸借における賃料18万円を比べたときに低額である18万円ということになります。

▶ テキスト 第3章 **4**

原賃貸借契約が**期間満了又は解約申入れ**により終了する場合、原賃貸人は、原賃貸借の終了を転借人に**通知**しなければ、原賃貸借の終了を転借人に対抗することができません（借地借家法34条1項）。なお、通知があれば、転貸借契約は通知後**6カ月**たって終了します（同条2項）。

▶ テキスト 第3章 **4**

原賃貸人と転借人とが原賃貸借契約を**合意解除**しても、解除の当時、賃貸人が賃借人の債務不履行による解除権を有していない限り、原賃貸人は原賃貸借契約の終了を**転借人に対抗することはできません**（民法613条3項）。

25 ☑☑☑

A所有のマンションの一室を、管理業者であるBがAから賃借し、Cに転貸している。AB間の賃貸借契約とBC間の転貸借契約は別個の契約であるため、Bの債務不履行によりAがAB間の賃貸借契約を解除し、Cに対して賃貸物件の返還を請求しても、BC間の転貸借契約は終了しない。(2015-10-4)

26 ☑☑☑

Aを貸主、Bを借主とする賃貸住宅（甲建物）の所有権がCに移転した場合において、Aが甲建物を譲渡する前にBがAから引渡しを受けているとき、所有権移転登記を経由していないCから甲建物の賃料の支払を求められても、Bは支払を拒むことができる。(2021-28-3)

27 ☑☑☑

借主は、不払賃料額の弁済に敷金を充てるよう貸主に請求することはできない。(2020-20-ア)

28 ☑☑☑

敷金契約は、賃貸借契約に付随する契約であるから、敷金契約のみを合意解除することはできない。(2016-21-1)

29 ☑☑☑

賃貸借契約が終了した場合、敷金の返還と明渡しは、敷金の返還が先履行となる。(2019-19-ア)

▶ テキスト 第3章 4

賃貸借契約が賃借人の賃料不払いにより解除された場合に、原賃貸人が転借人に対して賃貸物件の**返還を請求したとき**、転貸借契約は転貸人の転借人に対する債務の履行不能により終了します（最判平9.2.25）。

▶ テキスト 第4章 2

賃貸人たる地位の移転は、賃貸物である不動産について**所有権の移転の登記**をしなければ、賃借人に対抗することができません（民法605条の2第3項）。したがって、所有権移転登記を経由していないCから甲建物の賃料の支払を求められても、Bはこれを拒むことができます。

▶ テキスト 第5章 1

賃貸人は、賃借人が賃貸借に基づいて生じた金銭の給付を目的とする債務を履行しないときは、敷金をその債務の弁済に充てることができます（民法622条の2第2項前段）。しかし、**賃借人は**、賃貸人に対し、敷金をその債務の弁済に充てることを請求することができません（同条項後段）。

▶ テキスト 第5章 2

敷金契約は、**賃貸借契約とは別個の契約**であるため、賃貸人と賃借人とが合意すれば、敷金契約のみを合意解約することも可能です。

▶ テキスト 第5章 3

賃貸人は、敷金を受け取っている場合において、賃貸借が終了し、かつ、賃貸物の返還を受けたときは、賃借人に対し、その受け取った敷金の額から賃貸借に基づいて生じた賃借人の賃貸人に対する金銭の給付を目的とする債務の額を控除した残額を返還しなければなりません（民法622条の2第1項1号）。すなわち、敷金の返還時期は、**賃貸借が終了し、かつ、賃貸物の返還を受けたとき**です。

30 ☑☑☑

貸主が建物を借主に引き渡した後、第三者に当該建物を売却し、所有権移転登記を完了した場合、特段の事情がない限り、敷金に関する権利義務は当然に当該第三者に承継される。(2021-20-3)

31 ☑☑☑

借主の地位の承継があったとしても、特段の事情のない限り、敷金は新借主に承継されない。(2018-17-3)

32 ☑☑☑

借主の債権者が、賃貸借契約の継続中に敷金返還請求権を差し押さえた場合、借主が建物を明け渡したときに賃料の未払がある場合には、貸主は敷金から未払賃料額を控除した後の残額の敷金を差押債権者に支払えば足りる。(2016-21-4)

33 ☑☑☑

普通建物賃貸借契約において、貸主からの期間内解約条項がある場合には、貸主からの解約申入れに正当事由は不要である。(2018-19-1)

▶ テキスト 第5章 4

賃借人が賃貸借の対抗要件を備えた場合において、その不動産が譲渡されたときは、その不動産の賃貸人たる地位は、原則として、その譲受人に移転します（民法605条の2第1項、借地借家法31条）。この場合、賃貸人たる地位の移転は、賃貸物である不動産について所有権の移転の登記をしなければ、賃借人に対抗することができません（民法605条の2第3項）。そして、賃貸人たる地位が譲受人（又はその承継人）に移転したときは、費用の償還に係る債務及び敷金の返還に係る債務は、譲受人（又はその承継人）が**承継します**（同法605条の2第4項、1項）。したがって、貸主が建物を借主に引き渡した後、第三者に当該建物を売却し、所有権移転登記を完了した場合、特段の事情がない限り、敷金に関する権利義務は当然に当該第三者に承継されます。

▶ テキスト 第5章 4

賃借人が適法に賃借権を譲渡した場合、賃貸人は前の賃借人に対し敷金を返還しなければなりません（民法622条の2第1項2号）。したがって、賃借人の地位の承継があったとしても、特段の事情のない限り、敷金は新賃借人に**承継されません**。

▶ テキスト 第5章 5

賃借人の賃貸不動産の明渡完了時に、未払賃料債務がある場合、敷金は当然充当され、充当された残額についてのみ敷金債務が発生します（民法622条の2第1項）。このことは、敷金返還請求権が差し押さえられた場合にも変わりません。したがって、賃貸人は、**債務控除後の残額を差押債権者に支払えば足りる**ことになります。

✕

▶ テキスト 第6章 1

建物の賃貸人が賃貸借の解約の申入れをした場合においては、建物の賃貸借は、解約の申入れの日から**6月**を経過することによって終了します（借地借家法27条1項）。この場合の解約の申入れには、正当事由が必要です（同法28条）。

建物賃貸借契約において、賃貸借契約書に借主からの期間内解約を認める規定があるものの、予告期間の定めがない場合、解約申入れから3か月を経過することで契約は終了する。(2018-18-1)

賃貸借契約に「賃料の支払を1ヵ月でも滞納すれば、貸主は催告をしないで賃貸借契約を解除することができる。」旨を定めておけば、貸主は、この規定を根拠に賃貸借契約を無催告で解除することができる。(2016-23-4)

賃貸借契約において無催告解除について何らの定めもない場合、借主が長期にわたり賃料を滞納し、信頼関係を著しく破壊していると認められるときであっても、貸主は賃貸借契約を無催告で解除することができない。(2017-18-4)

債務不履行を理由に賃貸借契約を解除する方法として、催告と同時に「期間内に支払がない場合には、この催告をもって賃貸借契約を解除することとします。」と記載して解除の意思表示を行うことは、解除に条件を付するものであるため、無効である。(2017-18-2)

▶ テキスト 第6章 **1**

賃借人に期間内解約権を留保する特約が定められている場合において、賃借人が期間内解約の申入れをしたときは、予告期間に関する取決めがなければ、申入時から**3カ月**を経過することで建物賃貸借契約は終了します（民法618条、617条1項2号）。

▶ テキスト 第6章 **3**

判例では「家屋の賃貸借契約において、一般に、賃借人が賃料を1カ月分でも遅滞したときは催告を要せず契約を解除することができる旨を定めた特約条項は、賃貸借契約が当事者間の信頼関係を基礎とする継続的債権契約であることからすれば、賃料が約定の期日に支払われず、そのため契約を解除するにあたり催告をしなくても不合理ではないという事情が存する場合には、無催告で解除権を行使することが許される旨を定めた約定である（最判昭43.11.21）」としています。したがって、**無制限に、無催告解除の特約を許しているわけではありません。**

▶ テキスト 第6章 **3**

当事者の一方がその債務を履行しない場合において、相手方が相当の期間を定めてその履行の催告をし、その期間内に履行がないときは、相手方は、契約の解除をすることができます（民法541条本文）。もっとも、**長期にわたる賃料の不払**はそれ自体賃貸借契約の継続を困難にする**背信行為に当たり**、例外的に、催告をすることなく行った賃貸借契約解除の意思表示であっても有効とされます（最判昭42.3.30）。したがって、賃貸人は賃貸借契約を**無催告で解除することができます。**

▶ テキスト 第6章 **3**

賃借人の債務不履行を理由に解除権を行使する場合、原則として解除権行使に先立ち、催告することを要し（民法541条本文）、契約解除の意思表示を行います（同法540条1項）。もっとも、催告をして、その後に解除の意思表示をする方法に代えて、**催告と同時に**「期間内に支払がない場合には、本書をもって建物賃貸借契約を解除する」旨を記載して**解除の意思表示を行うことも可能です**（停止条件付の契約解除）。

38 ☑☑☑

貸主が、6ヵ月分の賃料として60万円を滞納している借主に対し「滞納賃料60万円を本通知書到達後7日以内にお支払い下さい。万一支払がないときは、契約解除をいたしますことを申し添えます。」という通知をした場合、通知書が到達してから7日以内に支払がなかったときは、あらためて解除通知することなく、賃貸借契約は解除により終了する。(2015-25-2)

39 ☑☑☑

賃貸借契約を解除するために行う催告は、内容証明郵便でしなければ効力を生じない。(2019-9-ア)

40 ☑☑☑

貸主による更新拒絶通知に正当事由がある場合であっても、期間満了後に借主が建物を継続して使用し、貸主がそれに対して遅滞なく異議を述べなかった場合には、契約は更新されたものとみなされる。(2018-19-3)

41 ☑☑☑

建物賃貸借契約が法定更新された場合、当事者間で別途、契約期間の定めをしない限り、期間の定めのない賃貸借になる。(2017-20-3)

42 ☑☑☑

賃料改定については、合意が成立しなければ、訴訟によって裁判所の判断を求めることになるが、原則として、訴訟提起の前に調停を申し立てなければならない。(2021-21-エ)

▶ テキスト 第6章 **3**

契約又は法律の規定により当事者の一方が解除権を有するときは、その解除は、相手方に対する意思表示によってします（民法540条1項）。そして、意思表示はその通知が相手方に到達した時から効力を生じます（同法97条1項）。本肢では、「解除をいたしますことを申し添えます」とあることから、支払がない場合にはじめて賃貸人が解除の意思表示をすることが示されているといえるため、賃貸人は**あらためて解除通知**をしないと、解除をすることができません。

▶ テキスト 第6章 **3**

賃貸借契約を解除するために行う催告は、内容証明郵便など、**書面で行う必要はありません**。

▶ テキスト 第6章 **5**

賃貸人が賃借人に対し、正当事由のある更新しない旨の通知をした場合でも、期間満了後に**賃借人が物件をそのまま継続して使用**し、それに対して**賃貸人が遅滞なく異議を述べなかった**ときには、契約は更新されたものとみなされます（借地借家法26条2項）。

▶ テキスト 第6章 **5**

建物賃貸借契約が法定更新されると、従前の契約と同一の条件で契約を更新したものとみなされます。契約期間は、**期間の定めのない**賃貸借契約となります（借地借家法26条1項）。

▶ テキスト 第7章 **1**

当事者は賃料増減額請求をすることができますが、借賃の額の増減の請求に関する事件について訴えを提起しようとする者は、まず**調停の申立て**をしなければなりません（民事調停法24条の2第1項、借地借家法11条、32条）。

43 ☑☑☑

建物賃貸借契約の借主が賃料減額請求を行ったが、協議が調わない場合、減額を正当とする裁判が確定するまでの間、借主は減額された賃料を支払えば足り、貸主は従前の賃料を請求することができない。（2021-21-ウ）

44 ☑☑☑

普通建物賃貸借契約において、一定期間、賃料を減額しない旨の特約がある場合であっても、借主は、当該期間中、賃料の減額を請求することができる。（2015-26-3）

45 ☑☑☑

契約期間が1年未満の定期建物賃貸借契約は、無効である。（2020-19-2）

46 ☑☑☑

定期建物賃貸借契約は、書面によって締結すれば有効であり、必ずしも公正証書によって締結する必要はない。（2017-12-イ）

▶ テキスト 第7章 **1**

当事者は賃料増減額請求をすることができます。もっとも、賃料減額請求がなされ、建物の借賃の減額について当事者間に協議が調わないときは、その請求を受けた者は、減額を正当とする裁判が確定するまでは、**相当と認める額**の建物の借賃の支払を請求することができます（借地借家法32条3項）。この「請求を受けた者」とは、賃貸人のことです。したがって、賃貸人が従前の賃料を相当と認める額とするときには、賃貸人はその賃料を請求することができます。

▶ テキスト 第7章 **2**

普通建物賃貸借では、一定の期間賃料を増額しない旨の特約（不増額特約）がある場合には、不増額特約は有効になります（借地借家法32条1項ただし書）。これに対し、一定の期間賃料を減額しない旨の特約（不減額特約）については、同項本文が「契約の条件にかかわらず」と定め、強行規定であるとされていることから、不減額特約の効力は認められません。**不減額特約が定められていても、賃借人は賃料減額請求をすることができます。**

▶ テキスト 第8章 **1**

普通建物賃貸借において、期間を1年未満とする建物の賃貸借は、期間の定めがない建物の賃貸借とみなされます（借地借家法29条1項）。しかし、定期建物賃貸借においては、当該規定は適用されません（同法38条1項後段）。そのため、契約期間が**1年未満のものであっても、それを期間とする定期建物賃貸借契約を締結することができます。**したがって、このような定期建物賃貸借契約も有効です。

▶ テキスト 第8章 **1**

期間の定めがある建物の賃貸借をする場合においては、公正証書による等書面によって契約をするときに限り、契約の更新がないこととする旨を定めることができます（借地借家法38条1項前段）。公正証書は例示的な記載であり、**必ずしも公正証書で締結することまでは要しません**が、書面により締結することは必要です。

47 ☑☑☑

契約期間を1年とする定期建物賃貸借契約においては、借地借家法第38条第6項に基づく終了通知は必要とされない。（2017-12-ウ改）

48 ☑☑☑

契約期間を2年とする定期建物賃貸借契約が終了した後の再契約として、契約期間を6ヵ月とする定期建物賃貸借契約を締結することはできない。（2016-14-3）

49 ☑☑☑

定期建物賃貸借契約に関して、床面積300㎡未満の居住用建物については、借主が転勤、療養、親族の介護等やむを得ない事情により、建物を生活の本拠として使用することが困難となった場合には、中途解約特約がなくとも、借主は中途解約を申入れることができる。（2020-19-4）

50 ☑☑☑

定期建物賃貸借契約において、貸主が死亡したときに賃貸借契約が終了する旨の特約は、有効である。（2022-24-ア）

▶ テキスト 第8章 **1**

定期建物賃貸借契約において、期間が**1年以上**である場合には、賃貸人は、期間満了の1年前から6月前までの間に、賃借人に対し、期間満了により賃貸借が終了する旨の通知をする必要があり、この通知がない場合、定期建物賃貸借契約の終了を賃借人に対抗することができません（借地借家法38条6項）。

▶ テキスト 第8章 **1**

定期建物賃貸借契約の場合、期間の満了により契約は終了するため、さらに同一の賃借人が物件を賃借する場合、再契約を締結することになります。この場合、賃借人が**再契約をするか否かは自由ですし、定期建物賃貸借であることから、契約期間を6カ月とすることもできます**。

▶ テキスト 第8章 **1**

居住の用に供する建物の定期建物賃貸借（床面積（建物の一部分を賃貸借の目的とする場合にあっては、当該一部分の床面積）が「**200㎡未満**」の建物に係るものに限る）において、転勤、療養、親族の介護その他の**やむを得ない事情**により、建物の賃借人が建物を自己の生活の本拠として使用することが困難となったときは、建物の賃借人は、建物の賃貸借の解約の申入れをすることができます（借地借家法38条7項前段）。床面積「300㎡未満」ではありません。

▶ テキスト 第8章 **1**

定期建物賃貸借では、必ず**存続期間を定めていなければならず**（借地借家法38条1項前段）、また、この期間は**確定したもの**でなければなりません。「貸主が死亡したときに契約が終了する旨の特約」の賃貸借契約は、不確定期限付きの賃貸借契約であり、定期建物賃貸借契約とはなりえないものと解されています。

51 ☑☑☑

終身建物賃貸借契約を締結する場合、公正証書によるなど書面又は電磁的記録によって行わなければならない。(2022-26-2改)

52 ☑☑☑

終身建物賃貸借契約では、賃料増額請求権及び賃料減額請求権のいずれも排除することができる。(2022-26-4)

53 ☑☑☑

借主につき破産手続の開始が決定され、破産管財人が選任されると、貸主が賃料の支払を催告する相手方は、破産管財人となる。(2020-25-1)

54 ☑☑☑

使用貸借契約の借主は、賃貸借契約の借主と異なり、対象建物の通常の必要費を負担する。(2016-17-4)

55 ☑☑☑

貸主が死亡した場合、使用貸借契約は終了するが、賃貸借契約は終了しない。(2016-17-1)

56 ☑☑☑

賃料債務の保証人の場合は、書面を作成しなくても効力が生じる。(2017-15-4)

▶ テキスト 第8章 **2**

終身建物賃貸借契約を締結する場合、**公正証書による等書面又は電磁的記録**によって行わなければなりません（高齢者の居住の安定確保に関する法律54条2号）。

▶ テキスト 第8章 **2**

終身建物賃貸借契約では、賃料**増額**請求権及び賃料**減額**請求権の**いずれも排除する**ことができます（高齢者の居住の安定確保に関する法律63条、借地借家法32条）。

▶ テキスト 第12章 **2**

破産手続開始の決定があった場合には、破産財団に属する財産の管理及び処分をする権利は、裁判所が選任した破産管財人に専属します（破産法78条1項）。したがって、**賃借人の破産管財人が、賃料関係について管理処分権を有することとなり**、賃料を支払い、賃貸人との関係における催告・解除などの通知の相手方となります。

▶ テキスト 第13章 **2**

使用貸借の**借主**は、借用物の通常の必要費を負担します（民法595条1項）。

▶ テキスト 第13章 **2**

使用貸借は、**借主の死亡によって終了します**（民法597条3項）。しかし、貸主が死亡した場合でも、使用貸借契約は終了しません。

▶ テキスト 第14章 **1**

保証契約は**書面**でしなければ、その効力を生じません（民法446条2項）。賃料債務の保証についても、書面が必要です。

57 ☑☑☑

賃貸借契約の更新の際、特段の事情のない限り、保証人は更新後の保証債務を負う。（2018-14-ウ）

58 ☑☑☑

賃貸人の地位が移転した場合は、保証人は、新賃貸人に対しては保証債務を負わない。（2020-26-ア）

59 ☑☑☑

賃借人の債務を連帯保証している保証人は、賃借人が賃料を支払うだけの資力があるにもかかわらず滞納している場合、保証債務の履行を拒否することができる。（2020-26-イ）

60 ☑☑☑

Aを貸主、Bを借主とする建物賃貸借においてCを連帯保証人とする保証契約に関して、Cが自然人ではなく法人の場合は、極度額を書面で定めなくてもよい。（2021-27-ウ）

▶ テキスト 第14章 **1**

契約**更新後**、保証契約の継続に反対の趣旨をうかがわせるような特段の事情がない限り、賃貸借の保証人は合意による更新後の賃貸借から生ずる賃借人の債務についても**責めを負います**（最判平9.11.13）。

▶ テキスト 第14章 **2**

主たる債務の債権者に変更が生じた場合、保証債務の履行を請求する権利も随伴して新債権者に移転します（**随伴性**）。したがって、賃借人の保証人は、新賃貸人に対して保証債務を負うこととなります。

▶ テキスト 第14章 **3**

債権者が保証人に債務の履行を請求したときは、保証人は、まず主たる債務者に催告をすべき旨を請求することができます（**催告の抗弁権**。民法452条）。そして、債権者が主たる債務者に催告をした後であっても、保証人が主たる債務者に弁済をする資力があり、かつ、執行が容易であることを証明したときは、債権者は、まず主たる債務者の財産について執行をしなければなりません（**検索の抗弁権**。同法453条）。しかし、**連帯保証人は、これらの抗弁権を有しません**（同法454条）。したがって、賃借人の債務を連帯保証している保証人は、保証債務の履行を拒否することができません。

▶ テキスト 第14章 **4**

個人根保証契約は、**書面又は電磁的方法**により、**極度額を定め**なければ、その効力は生じません（民法465条の2第2項、3項、446条2項、3項）。しかし、法人の場合には、当該規定は適用されず、極度額を定める必要はありません。

61 ☑☑☑

Aを貸主、Bを借主として令和5年5月1日に締結された期間1年の建物賃貸借契約において、CはBから委託を受けてAと連帯保証契約を同日締結した。Aは極度額の記載のない連帯保証契約書を持参してCと面会し、口頭で極度額について合意した上、Cの署名押印を得た。この場合も連帯保証契約は効力を生じる。(2022-27-イ)

62 ☑☑☑

Aを貸主、Bを借主として令和5年5月1日に締結された期間1年の建物賃貸借契約において、CはBから委託を受けてAと連帯保証契約を同日締結した。Bが死亡すると、連帯保証契約の元本は確定する。(2022-27-エ)

63 ☑☑☑

賃貸住宅管理業者であるAが、賃貸人であるBとの管理受託契約に基づき、管理業務として建物の全体に及ぶ大規模な修繕をしたとき、Aに対する修繕の報酬の支払とBに対する建物の引渡しとは、同時履行の関係にあるのが原則である。(2022-5-4)

64 ☑☑☑

賃貸住宅管理業者であるAが、賃貸人であるBとの管理受託契約に基づき、管理業務として建物の全体に及ぶ大規模な修繕をした場合において、引き渡された建物が契約の内容に適合しないものであるとき、Bは、Aに対し、目的物の修補を請求することができる。(2022-5-3)

▶ テキスト 第14章 4

個人根保証契約は、極度額を定めなければ、その効力を生じません（民法465条の2第2項）。そして、この定めは、**書面又は電磁的記録**によらなければなりません（同条3項、446条2項、3項）。したがって、口頭で極度額について合意しても、連帯保証契約は効力を生じません。

▶ テキスト 第14章 4

主たる債務者又は保証人が死亡したときは、個人根保証契約における主たる債務の元本は確定します（民法465条の4第1項本文、3号）。したがって、主たる債務者であるBが死亡すると、連帯保証契約の元本は確定します。

▶ テキスト 第15章 1

報酬は、仕事の目的物の引渡しと同時に、支払わなければなりません（民法633条本文）。したがって、Aに対する修繕の報酬の支払とBに対する建物の引渡しとは、**同時履行の関係**にあるのが原則です。

▶ テキスト 第15章 2

引き渡された目的物が種類、品質又は数量に関して**契約の内容に適合しないもの**であるときは、注文者は、請負人に対し、**目的物の修補**、代替物の引渡し又は不足分の引渡しによる履行の追完を請求することができます（民法559条、562条1項本文）。したがって、Bは、Aに対し、目的物の修補を請求することができます。

65 ☑☑☑

賃貸住宅管理業者であるAが、賃貸人であるBとの管理受託契約に基づき、管理業務として建物の全体に及ぶ大規模な修繕をした場合において、引き渡された建物が契約の内容に適合しないものであるとき、Bがその不適合を知った時から1年以内にその旨をAに通知しないと、Bは、その不適合を理由として、Aに対し担保責任を追及することができない。(2022-5-2)

66 ☑☑☑

委託者が後見開始の審判を受けた場合、管理受託契約は終了する。(2015-9-3)

67 ☑☑☑

建物の管理を行う賃貸住宅管理業者は、建物の安全確保について事実上の支配をなしうる場合、占有者として土地工作物責任を負うことがある。(2021-8-イ)

68 ☑☑☑

建物の設置又は保存に瑕疵があることによって他人に損害を生じたときは、一次的には所有者が土地工作物責任を負い、所有者が損害の発生を防止するのに必要な注意をしたときは、占有者が土地工作物責任を負う。(2021-8-ア)

69 ☑☑☑

法定相続人が配偶者と兄弟姉妹の場合の法定相続分は、配偶者4分の3、兄弟姉妹4分の1（複数の場合は人数按分）となる。(2018-36-3)

▶ テキスト 第15章 ②

請負人が種類又は品質に関して契約の内容に適合しない仕事の目的物を注文者に引き渡した場合に、注文者がその不適合を**知った時から1年以内**にその旨を請負人に通知しないときは、注文者は、その不適合を理由として、請負人に担保責任を追及することができません（民法637条1項）。したがって、Bは、その不適合を知った時から1年以内にその旨をAに通知しないと、その不適合を理由として、Aに対し担保責任を追及することができません。

▶ テキスト 第16章 ③

委任契約は、**受任者**が後見開始の審判を受けた場合も終了します（民法653条3号）。しかし、**委任者**が後見開始の審判を受けた場合には、管理受託契約は終了しません。

▶ テキスト 第17章 ①

建物の管理を行う賃貸住宅管理業者は、建物の安全確保について事実上の支配をなしうる場合には、**占有者とされます**。したがって、この場合には、占有者として土地工作物責任を負うことがあります。

▶ テキスト 第17章 ①

土地の工作物の設置又は保存に瑕疵があることによって他人に損害を生じたときは、一次的にはその工作物の**占有者**が、被害者に対してその損害を賠償する責任を負います。ただし、**占有者が損害の発生を防止するのに必要な注意をしたとき**は、**所有者**がその損害を賠償しなければなりません（民法717条1項）。

▶ テキスト 第18章 ①

配偶者及び兄弟姉妹が相続人であるときは、配偶者の相続分は**4分の3**とし、兄弟姉妹の相続分は**4分の1**となります（民法900条3号）。兄弟姉妹が数人あるときは、原則として、人数按分となります（同条4号）。

70 ☑☑☑

貸主が死亡し、その共同相続人が賃貸住宅を相続した場合、遺産分割までの賃料債権は、金銭債権として、相続財産となる。(2022-20-3)

▶ テキスト 第18章 **9**

相続開始から遺産分割までの間に遺産である賃貸不動産から生じた賃料債権は、**遺産とは別個の財産**であって遺産分割の対象ではなく、各共同相続人がその相続分（法定相続分）に応じて分割単独債権として確定的に取得します（最判平17.9.8）。したがって、遺産分割までの賃料債権は、金銭債権として、相続財産となりません。

MEMO

第 **2** 編 テキスト

管理受託

各章の重要度と本試験の出題傾向	重要度	本試験の出題傾向								
		2015 (H27)	2016 (H28)	2017 (H29)	2018 (H30)	2019 (R1)	2020 (R2)	2021 (R3)	2022 (R4)	2023 (R5)
第1章　意義	A							●	●	●
第2章　管理業法（管理受託部分）	A							●	●	●
第3章　賃貸住宅標準管理受託契約書	A							●	●	

学習ポイント

法改正（2021年6月施行）により、全く異なる制度となりました。したがって、過去問出題は3年分のみですが、この資格の中心ともいえる部分なので、しっかりと学習しましょう！

第1章 意義（いぎ）

重要度 A

学習ポイント

「賃貸住宅」の定義、「賃貸住宅管理業」の定義など、しっかりと学習しましょう。当てはまるのか、当てはまらないのか、しっかりと識別できるようにしましょう。

1 賃貸住宅管理業法の制定

2020（令和2）年6月、「賃貸住宅の管理業務等の適正化に関する法律（賃貸住宅管理業法）」が制定されました。これは、**賃貸住宅管理業を営む者についての登録制度の創設と、サブリース事業の規制**からなる法律です。

なお、賃貸住宅管理業法第1条には、この法律の目的について、以下のように述べています。

> この法律は、社会経済情勢の変化に伴い国民の生活の基盤としての賃貸住宅の役割の重要性が増大していることに鑑み、賃貸住宅の入居者の居住の安定の確保及び賃貸住宅の賃貸に係る事業の公正かつ円滑な実施を図るため、賃貸住宅管理業を営む者に係る登録制度を設け、その業務の適正な運営を確保するとともに、特定賃貸借契約の適正化のための措置等を講ずることにより、良好な居住環境を備えた賃貸住宅の安定的な確保を図り、もって国民生活の安定向上及び国民経済の発展に寄与することを目的とする。

2 賃貸住宅

出題
2021 2022

　賃貸の用に供する住宅のみが対象となります。したがって、事業用の事務所・店舗・工場・倉庫等は対象外となります。

　なお、家屋等が建築中である場合も、竣工後に賃借人を募集する予定であり、居住の用に供することが明らかな場合には賃貸住宅に該当します。

[賃貸住宅に当たるか]

居住用建物	生活の本拠として利用している	○
	生活の本拠として利用していない（事務所等）	×
店舗併用住宅	店舗部分	×
ウィークリーマンション	旅館業法で営業しているもの	×
	旅館業法に基づく営業を行っていないもの	○
店舗	店舗部分	×

　特区民泊と住宅宿泊事業法による民泊については、これらの対象となる住宅が事業の用に供されている★1場合、除外されます。

★1
講師からひと言
現に人が宿泊していたり、予約や募集が行われている状態がこれに当たります。

3 賃貸管理（管理業務）

出題
2021 2022 2023

　「一般の賃貸管理」とは、以下のものを指します。

　A 賃貸住宅の維持保全（点検・清掃・修繕）
　B 家賃・敷金・共益費等の金銭管理

Aのみ、もしくはAB両方を受託している業者が対象となります。Bのみは対象ではありません。つまり、家賃入金の管理のみを行い、維持保全業務を全くしない場合は、管理業務には該当しません。したがって、たとえ管理戸数がいくつであっても、賃貸住宅管理業の登録を受ける必要はないということです。

　また、ここでいう「賃貸住宅の維持保全」とは、居室および居室の使用と密接な関係にある住宅のその他の部分（廊下・電気設備・エレベーター設備等）について、点検・清掃等の維持を行い、これら点検等の結果を踏まえた必要な修繕を一貫して行うことをいいます。つまり「維持（点検・清掃）」と「修繕」を両方行う必要があるということです。したがって、維持のみを行う定期清掃業者や、修繕のみを行うリフォーム工事業者は、管理業務にはあたりません。

　また、維持・修繕を「居室」と「居室以外の部分」の両方で行う必要があります。したがって、共用エレベーターの保守点検は、「居室以外の部分」のみについて行うため、管理業務に当たりません。

　なお、維持保全を行う業務には、賃貸住宅の賃貸人のために維持保全に係る契約の締結の媒介、取次ぎまたは代理を行う業務を含みます。

> 委託を受けて行うのではなく、自らが所有者・賃貸人として行う場合は管理業務ではありません。

第2章 管理業法（管理受託部分）

重要度 **A**

学習ポイント

今後、出題の増加が予想される部分です。細かい内容が多くて大変だと思いますが、ここはしっかりと学習しておきたい部分です。頑張りましょう！

1 定義など

出題
2021 2022 2023

　「賃貸住宅管理業を営む」とは、営利の意思を持って反復継続的に賃貸住宅管理業を行うことをいいます。営利の意思の有無については、客観的に判断されることとなります。そして、事業全体において営利性があると認められる場合、委託された管理業務を無償で引き受けていたとしても、その点のみをもって直ちに営利性がないと判断されるものではありません。

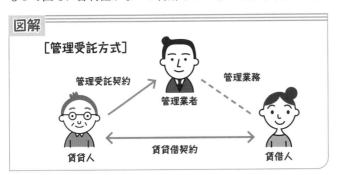

図解

[管理受託方式]

管理受託契約　　管理業者　　管理業務

賃貸人　　賃貸借契約　　賃借人

　一般の賃貸住宅管理業者では、一定の戸数（**200戸以上**）を管理する者においては、**登録が義務化されます**。ただし、200戸未満の管理戸数を管理する者も登録することは可能です。★1

　戸数の数え方は、**入居者との間で締結されることが想定される賃貸借契約の数**で数えます。つまり、1棟のアパートに

★1

講師からひと言
登録をした場合、管理業法の規制を受けます。

10部屋ある場合、10戸として計算します。また、シェアハウスを1棟管理している場合も、そのシェアハウスが10部屋から構成されているのであれば、10戸として数えます。★2

管理受託契約は、委任（準委任）契約、請負契約、委任（準委任）契約と請負契約の合わさった契約のいずれかの性格を有しています。管理受託契約の場合、賃料の請求と徴収、設備の維持管理、清掃などの業務を負います。なお、契約等の法律行為については委任となります。

★2
講師からひと言
10部屋のうち数室が空室であったとしても10部屋と数えます。

2 登録（とうろく）

出題
2021 2022 2023

1 概論（がいろん）

賃貸住宅管理業を営もうとする者は、原則として、**国土交通大臣**の登録を受けなければなりません。★1 登録の要件としては、一定の資格者を業務管理者として営業所または事務所ごとに1人以上を選任して配置しなければなりません。

★1
講師からひと言
法人の場合、法人単位で登録を行うため、支社・支店ごとに登録を受けることはできません。

2 有効期間と更新（ゆうこうきかんとこうしん）

登録の有効期間は**5年**です。したがって、5年ごとに更新が必要になります。更新を受けようとする者は登録の有効期間の満了の日の**90日前から30日前**の間に登録申請書を提出しなければなりません。

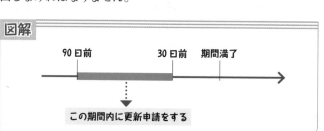

図解

90日前　　　　30日前　　期間満了

↓

この期間内に更新申請をする

なお、更新申請したにもかかわらず処分がなされない場合、その登録の効力は処分がなされるまでの間は引き続き有する

こととなります。更新後の有効期間は、従前の登録の有効期間満了日の翌日から起算して５年となります。

3 登録の申請

登録（登録の更新を含む）を受けようとする者は、次の事項を記載した申請書を国土交通大臣に提出しなければなりません。

❶ 商号、名称又は氏名及び住所
❷ 法人である場合においては、その役員の氏名
❸ 未成年者である場合においては、法定代理人の氏名及び住所
（法定代理人が法人である場合にあっては、その商号又は名称及び住所並びにその役員の氏名）
❹ 営業所又は事務所の名称及び所在地

登録の申請に対する処分に係る標準処理期間は、原則として、申請が到達した日の翌日から起算して当該申請に対する処分の日までの期間を90日とされています。

4 登録と登録簿

国土交通大臣は、登録の申請があった場合、その登録を拒否する場合を除いて「**賃貸住宅管理業者登録簿**」に一定事項（**申請書の記載内容**並びに**登録年月日及び登録番号**）を登録しなければなりません。また、国土交通大臣は、登録をしたときは、遅滞なく、その旨を申請者に通知しなければなりません。さらに、国土交通大臣は、その登録簿を一般の閲覧に供しなければなりません。

❶ 心身の故障により賃貸住宅管理業を的確に遂行することができない者として国土交通省令で定めるもの

❷ 破産手続開始の決定を受けて復権を得ない者

❸ 登録拒否事由に該当すること、もしくは不正手段により登録したこと等により登録を取り消され、その取消しの日から5年を経過しない者（当該登録を取り消された者が法人である場合にあっては、当該取消しの日前30日以内に当該法人の役員であった者で当該取消しの日から5年を経過しないものを含む）

❹ 禁錮以上の刑に処せられ、又は賃貸住宅管理業法の規定により罰金の刑に処せられ、その執行を終わり、又は執行を受けることがなくなった日から起算して5年を経過しない者

❺ 暴力団員による不当な行為の防止等に関する法律に規定する暴力団員又は暴力団員でなくなった日から5年を経過しない者（暴力団員等）

❻ 賃貸住宅管理業に関し不正又は不誠実な行為をするおそれがあると認めるに足りる相当の理由がある者として国土交通省令で定めるもの

❼ 営業に関し成年者と同一の行為能力を有しない未成年者でその法定代理人が❶から❻までのいずれかに該当するもの

❽ 法人であって、その役員のうちに❶から❻までのいずれかに該当する者があるもの

❾ 暴力団員等がその事業活動を支配する者

❿ 賃貸住宅管理業を遂行するために必要と認められる国土交通省令で定める基準（財産・損益の状況が良好であること）に適合する財産的基礎を有しない者

⓫ 営業所又は事務所ごとに業務管理者を確実に選任すると認められない者

⓾において、「財産・損益の状況が良好」とは、登録申請日を含む事業年度の前事業年度に、負債の合計額が資産の合計額を超えておらず、かつ、支払不能に陥っていない状態をいいます。ただし、負債の合計額が資産の合計額を超えている場合でも、「負債の合計額が資産の合計額を超えて」いないことと同等または同等となることが相応に見込まれる場合（たとえば、登録申請日を含む事業年度の直前2年の各事業年度において当期純利益が生じている場合など）には、「財産・損益の状況が良好」と認めて差し支えありません。

国土交通大臣は、❶～⓫の規定により登録を拒否したときは、遅滞なく、その理由を示して、その旨を申請者に通知しなければなりません。

6 変更の届出

賃貸住宅管理業者は、登録事項に変更が生じた場合には、変更後30日以内に国土交通大臣に届出をしなければなりません。

7 廃業等の届出

以下の場合には、届出義務者は国土交通大臣に届出をしなければなりません。期限は廃業等の日から30日以内ですが、死亡の場合のみ、死亡を知った日から30日以内となります。

	届出義務者
死亡	相続人
合併	消滅した法人を代表する役員
破産	破産管財人
解散	清算人
廃止	業者であった個人 法人を代表する役員

賃貸住宅管理業者が上記に該当することとなった場合、登録は効力を失います。

8 みなし管理業者

賃貸住宅管理業の**登録の更新をしなかったとき**、賃貸住宅管理業の**廃業等により登録が効力を失ったとき**、または賃貸住宅管理業の**登録が取り消されたとき**は、当該登録に係る賃貸住宅管理業者であった者またはその一般承継人は、当該賃貸住宅管理業者が締結した管理受託契約に基づく業務を結了する目的の範囲内においては、なお賃貸住宅管理業者とみなされます。

3 業務管理者

出題
2021 2022 2023

賃貸住宅管理業者は、営業所または事務所ごとに、賃貸住宅管理の知識・経験等を有する業務管理者を1名以上配置しなければなりません。

なお、以下の者に該当する場合、業務管理者となることはできません。

❶ 心身の故障により賃貸住宅管理業を的確に遂行することができない者として国土交通省令で定めるもの

❷ 破産手続開始の決定を受けて復権を得ない者

❸ 賃貸住宅管理業者の登録拒否事由に該当すること、もしくは不正手段により登録したことにより登録を取り消され、その取消しの日から５年を経過しない者（当該登録を取り消された者が法人である場合にあっては、当該取消しの日前30日以内に当該法人の役員であった者で当該取消しの日から５年を経過しないものを含む）

❹ 禁錮以上の刑に処せられ、又は賃貸住宅管理業法の規定により罰金の刑に処せられ、その執行を終わり、又は執行を受けることがなくなった日から起算して５年を経過しない者

❺ 暴力団員による不当な行為の防止等に関する法律に規定する暴力団員又は暴力団員でなくなった日から５年を経過しない者

❻ 賃貸住宅管理業に関し不正又は不誠実な行為をするおそれがあると認めるに足りる相当の理由がある者として国土交通省令で定めるもの

❼ 営業に関し成年者と同一の行為能力を有しない未成年者でその法定代理人が❶〜❻のいずれかに該当するもの

業者の登録拒否要件の❶〜❼と共通しています。

業務管理者が拒否事由に該当したり、選任した者が欠けるなどした場合、新たに業務管理者を選任するまでの間は、その営業所や事務所で管理受託契約を締結することはできません。

業務管理者は、他の営業所または事務所の業務管理者となることができません。★1

★1
講師からひと言

業務管理者が、宅建業を営む事務所において、専任の宅建士と兼ねることは禁止されていません。

業務管理者は、営業所または事務所における業務に関し、以下の事項についての管理および監督に関する事務を行わなければなりません。

---

❶ 管理受託契約における重要事項説明書面の交付及び説明（13条）＊

❷ 管理受託契約締結時の書面の交付（14条）＊

❸ 維持保全の実施に関する事項＊

❹ 家賃、敷金、共益費その他の金銭の管理に関する事項

❺ 帳簿の備付け等（18条）に関する事項

❻ 賃貸人に対する定期報告（20条）に関する事項＊

❼ 秘密の保持（21条）に関する事項

❽ 入居者からの苦情の処理に関する事項＊

＊業務管理者であるか否かを問わず、賃貸不動産経営管理士が行うことが求められる

---

4 業務

出題
2021 2022 2023

1 管理受託契約の重要事項説明

賃貸住宅管理業者は、契約締結前に、賃貸人に対して、書面を交付して、当該書面に記載された重要事項の説明をしなければなりません。★1 重要事項説明は、賃貸人が内容を十分理解した上で契約を締結できるよう、説明から契約締結までに1週間程度の期間をおくことが望ましいとされています。

説明義務を負うのは、賃貸住宅管理業者です。説明は契約締結前に義務付けられていますから、重要事項説明のための書面は、契約締結時の書面と一体のものとして交付することはできません。

説明を行う者に特に制限はないため、**業務管理者でなくても構いません**。ただし、営業所または事務所ごとに選任された業務管理者が、重要事項説明のための書面の交付および説

★1

講師からひと言

契約の相手方本人の意思により、委任状等をもって代理権を付与された者に対し、重要事項説明を行った場合は、当該説明をしたものと認められます。

明に関する事項についての管理および監督に関する事務を行います。

1 説明事項

❶ 管理受託契約を締結する賃貸住宅管理業者の商号、名称または氏名ならびに登録年月日および登録番号

❷ 管理業務の対象となる賃貸住宅

賃貸住宅の所在地、物件の名称、構造、面積、住戸部分（部屋番号）、その他の部分（廊下、階段、エントランスなど）、建物設備（ガス、上下水道など）、附属設備等（駐車場など）等が説明事項です。

❸ 管理業務の内容および実施方法

回数や頻度などを明示して可能な限り具体的に説明する必要があります。また、管理業務と併せて、入居者からの苦情や問い合わせ対応を行う場合は、それについても可能な限り具体的に説明する必要があります。

❹ 報酬の額ならびにその支払の時期および方法

❺ ❹の報酬に含まれていない管理業務に関する費用であって、賃貸住宅管理業者が通常必要とするもの

水道光熱費や空室管理費などが考えられます。

❻ 管理業務の一部の再委託に関する事項

賃貸人の承諾を得れば、管理業務の一部を第三者に再委託することができることを事前に説明するとともに、再委託することとなる業務の内容、再委託予定者を事前に明らかにすることを要します。

❼ 責任および免責に関する事項

賃貸人が賠償責任保険などへの加入をすることや、その保険に対応する損害については賃貸住宅管理業者が責任を負わないこととする場合は、その旨を記載します。

❽ 委託者（賃貸人）への報告に関する事項

管理業務の実施状況などについて、賃貸人に報告する内容やその頻度を記載します。

⑨ **契約期間に関する事項**

⑩ **賃貸住宅の入居者に対する❸の周知に関する事項**

どのような方法（対面説明、書類郵送、メール送付など）で周知するかを記載します。

⑪ **管理受託契約の更新および解除に関する事項**

更新方法や、解除できる場合などについて記載します。

2 説明不要となる例外

相手方が以下の者である場合には、重要事項説明（書面を交付し、重要事項を説明すること）は不要です。

❶ 賃貸住宅管理業者

❷ 特定転貸事業者

❸ 宅地建物取引業者

❹ 特定目的会社

❺ 組合（組合員間で不動産特定共同事業契約が締結されているもの）

❻ 賃貸住宅に係る信託の受託者

❼ 独立行政法人都市再生機構

❽ 地方住宅供給公社

3 変更時

契約内容を変更する場合は、変更のあった事項につき、改めて重要事項説明が必要となります。その際、以下の要件を満たせば、電話での重要事項説明も認められます。★2

★2
講師からひと言

電話での重要事項説明は、あくまで変更時のみであり、新規契約時には認められていない点に注意してください。

❶ 事前に管理受託契約変更契約の重要事項説明書等を送付し、その送付から一定期間後に説明を実施するなどして、賃貸人が変更契約締結の判断を行うまでに十分な時間をとること

❷ 賃貸人から賃貸住宅管理業者に対し、電話により管理受託契約変更契約の重要事項説明を行ってほしいとの依頼があること

❸ 賃貸人が、管理受託契約変更契約の重要事項説明書等を確認しながら説明を受けることができる状態にあることについて、賃貸住宅管理業者が重要事項説明を開始する前に確認していること

❹ 賃貸人が、電話による説明をもって当該管理受託契約変更契約の重要事項説明の内容を理解したことについて、賃貸住宅管理業者が重要事項説明を行った後に確認していること

なお、契約期間のみ延長することや、商号または名称の変更等であれば、契約内容変更とはみなされません。

4 オーナーチェンジ時

管理受託契約が締結されている家屋が、契約期間中に売却等されてオーナーチェンジが行われた場合、以下のように対応することとなります。

従前と同一の内容で当該管理受託契約が承継される場合、新たに重要事項説明をする必要はありません。ただし、賃貸住宅管理業者は、賃貸人の地位の移転を認識した後、遅滞なく、新たな管理受託契約の相手方である賃貸人に当該管理受託契約の内容がわかる書類を交付することが望ましいです。

委託者の地位承継にかかる特約が定められておらず、管理受託契約が承継されない場合、新たな賃貸人との管理委託契約は新たな契約と考えられます。そのため、賃貸住宅管理業者は、新たな賃貸人に対して、管理受託契約重要事項説明および管理受託契約締結時書面の交付を行う必要があります。

5 電磁的方法での提供

重要事項説明書を、賃貸住宅の賃貸人となる者の承諾があれば、紙ではなく電磁的方法で提供することができます。電磁的方法は以下の4種類の方法が認められています。

❶ 電子メール等による方法
❷ ダウンロードする方法
❸ ウェブサイトの閲覧等による方法
❹ 磁気ディスク等を交付する方法

重要事項説明書を電磁的方法で提供する場合、出力して書面を作成でき、改変が行われていないか確認できることにも留意する必要があります。

6 ITの活用による重要事項説明

重要事項説明をテレビ会議等のITを活用して実施することができます。そのための条件は以下の通りです。

❶ 説明者及び重要事項の説明を受けようとする者が、図面等の書類及び説明の内容について十分に理解できる程度に映像を視認でき、かつ、双方が発する音声を十分に聞き取ることができるとともに、双方向でやりとりできる環境において実施していること。
❷ 重要事項の説明を受けようとする者が承諾した場合を除き、重要事項説明書及び添付書類をあらかじめ送付していること。
❸ 重要事項の説明を受けようとする者が、重要事項説明書及び添付書類を確認しながら説明を受けることができる状態にあること並びに映像及び音声の状況について、説明者が説明を開始する前に確認していること。

2 契約時の書面交付

賃貸住宅管理業者は、管理受託契約を締結したときは、賃貸人に対して、**遅滞なく**、定められた事項を記載した書面（契約締結時書面）を交付しなければなりません。

管理受託契約を締結する際には、一般的には契約書を締結するため、契約書に契約締結時書面の必要事項が記載されていれば、その契約書を契約締結時書面とすることができます。

営業所または事務所ごとに選任された業務管理者が、契約締結時書面の交付に関する事項についての管理および監督に関する事務を行います。

なお、国土交通省は、契約締結時書面のひな型である「賃貸住宅標準管理受託契約書」を定めています。

1 記載事項

❶ 管理業務の対象となる賃貸住宅

❷ 管理業務の実施方法

❸ 契約期間に関する事項

❹ 報酬に関する事項（額ならびにその支払の時期および方法）

❺ 契約の更新または解除に関する定めがあるときは、その内容

❻ 管理受託契約を締結する賃貸住宅管理業者の商号、名称または氏名ならびに登録年月日、登録番号

❼ 管理業務の内容

❽ 管理業務の一部の再委託に関する定めがあるときは、その内容

❾ 責任および免責に関する定めがあるときは、その内容

❿ 委託者（賃貸人）への報告に関する事項

⓫ 賃貸住宅の入居者に対する周知に関する事項

2 変更時

契約内容の同一性を保ったまま、契約期間のみ延長する内容で更新する場合、更新時に書面交付は不要です。

しかし、契約内容を変更する場合は、変更のあった事項につき、改めて契約締結時書面の交付が必要となります。ただし、商号または名称の変更等であれば、契約内容変更とはみなされません。

3 電磁的方法での提供

相手方である賃貸人の承諾があれば、契約締結時書面の交付に代えて、当該書面を記載すべき事項を電磁的方法により提供することができます。電磁的方法は以下の4種類の方法が認められています。

❶ 電子メール等による方法
❷ ダウンロードする方法
❸ ウェブサイトの閲覧等による方法
❹ 磁気ディスク等を交付する方法

契約締結時書面を電磁的方法で提供する場合、出力して書面を作成でき、改変が行われていないか確認できることにも留意する必要があります。

4 業法施行前に締結された管理受託契約

管理受託契約締結時書面の交付を行っていない場合、管理受託契約変更契約を締結したときに、そのすべての事項について、管理受託契約締結時書面の交付を行わなければなりません。

3 一括再委託禁止

賃貸住宅管理業者は、委託者から委託を受けた管理業務の全部を他の者に対し、再委託してはなりません。なお、管理受託契約に管理業務の一部の再委託に関する定めがあるときは、一部の再委託を行うことができます。★3 ただし、再委託期間中は、賃貸住宅管理業者が再委託先の指導監督を行わなければなりません。

4 財産の分別管理

賃貸住宅管理業者は、管理受託契約に基づく管理業務において受領する家賃、敷金、共益費等の金銭を、自己の固有財産および他の管理受託契約に基づく管理業務において受領する家賃等の金銭と分別して管理しなければなりません。

分別管理の方法としては、管理受託契約に基づく管理業務において受領する家賃等の金銭を管理する口座と、賃貸住宅管理業者の固有財産を管理する口座を別のものとした上で、管理受託契約ごとに金銭の出入りを区別した帳簿を作成するなどして分別管理する必要があります。したがって、管理受託契約ごとに別口座を作成することまでは求められていませんが、帳簿や会計ソフト等で分別することは必要です。

なお、家賃等を管理する口座にその月分の家賃をいったん全額預入し、当該口座から賃貸住宅管理業者の固有財産を管理する口座に管理報酬分の金額を移し替えることは問題ありません。また、賃貸住宅管理業者の固有財産を管理する口座にその月分の家賃をいったん全額預入し、当該口座から家賃等を管理する口座に管理報酬分を控除した金額を移し替えることも問題ありません。

★3
講師からひと言
再委託先は賃貸住宅管理業者である必要はありません。

第2章 管理業法（管理受託部分）

5 従業者証明書

賃貸住宅管理業者は、その**業務に従事する使用人その他の従業者**に、その従業者であることを証する証明書を携帯させなければ、その者をその業務に従事させてはなりません。★4 また、従業者は、業務を行う際に関係者（委託者等）から請求があった場合、従業者証明書を提示しなければなりません。

6 帳簿

賃貸住宅管理業者は、**営業所または事務所ごと**に、その業務に関する**帳簿**を備え付け、委託者ごとに管理受託契約について以下の事項を記載しなければなりません。★5 また、帳簿は各事業年度の末日をもって閉鎖し、閉鎖後5年間帳簿を保存しなければなりません。

❶ 管理受託契約を締結した委託者の商号・名称または氏名

❷ 管理受託契約を締結した年月日

❸ 契約の対象となる賃貸住宅

❹ 受託した管理業務の内容

❺ 報酬の額

❻ 管理受託契約における特約その他参考となる事項

★4
講師からひと言
内部管理事務に限って従事する者は、従業員証明書の携帯の義務はありません。

★5
講師からひと言
記載すべき事項が電磁的に記録されているときは、当該記録をもって帳簿への記載に代えることができます。

7 標識の掲示

賃貸住宅管理業者は、その**営業所または事務所**ごとに、公衆の見やすい場所に標識を掲げなければなりません。なお、標識の掲載事項は以下の通りです。

---

❶ 登録番号

❷ 登録年月日

❸ 登録の有効期間

❹ 商号・名称または氏名

❺ 主たる営業所または事務所の所在地（電話番号を含む）

---

8 賃貸人への報告

賃貸住宅管理業者は、管理業務の実施状況等について賃貸人に対して定期的に報告しなければなりません。報告は、管理受託契約を締結した日から**1年を超えない期間**ごとに、および**管理受託契約の期間の満了後遅滞なく行うべきである**とされています。以下の事項について記載した書面を作成し、それを賃貸人に交付して説明しなければなりません。★6

---

❶ 報告の対象となる期間

❷ 管理業務の実施状況（＝家賃等の金銭収受状況、維持保全の実施状況等）

❸ 入居者からの苦情の発生・対応状況

賃貸人の承諾があれば書面の交付に代えて電磁的方法による提供も認められています。その場合、以下の方法に基づいて行わなければなりません。

★6
講師からひと言

賃貸住宅管理業法施行前に締結された管理受託契約については、法施行後に当該管理受託契約が更新された場合、形式的な変更と認められる場合であっても、更新された後においては、賃貸人に対して定期報告を行うべきとされています。また、形式的な変更と認められない変更を行った場合は、通常の契約と同様に定期報告を行う必要があります。

❶ 電子メールを利用して必要な事項を送付する方法

❷ ウェブサイト上に表示された記載事項を委託者がダウンロードする方法

❸ 賃貸住宅管理業者が設置する委託者専用のインターネットページ上で記載事項を閲覧させる方法

❹ CD-ROM 等の記録メディアを交付する方法

管理業務報告書に係る説明方法は問いませんが、賃貸人と説明方法について協議の上、双方向でやりとりできる環境を整える必要があります。さらに、賃貸人が管理業務報告書の内容を理解したことを確認する必要があります。

9 守秘義務

1 業者

賃貸住宅管理業者は、**正当な理由がある場合でなければ**、その業務上取り扱ったことについて知り得た秘密を他に漏らしてはなりません。賃貸住宅管理業を**営まなくなった後でも**同様です。

2 従業者等

賃貸住宅管理業者の代理人・使用人その他の従業者★7は、**正当な理由がある場合でなければ**、賃貸住宅管理業を補助したことについて知り得た秘密を他に漏らしてはなりません。**従業者等でなくなった後においても**同様です。

★7
講師からひと言
その他の従業者には、アルバイトや、再委託を受けた者も含まれます。

3 罰則

賃貸住宅管理業者、その従業員いずれも、上記に違反したときは処罰されます。

10 業務処理の原則

　賃貸住宅管理業者は、信義を旨とし、誠実にその業務を行わなければなりません。

11 名義貸しの禁止

　賃貸住宅管理業者は、自己の名義をもって、他人に賃貸住宅管理業を営ませてはなりません。

5 監督

出題
2022 2023

1 監督処分

① 業務改善命令

　国土交通大臣は、賃貸住宅管理業者に対して、業務の方法の変更その他業務の運営の改善に必要な措置をとるべきことを命ずることができます。★1

② 業務停止命令

　国土交通大臣は、賃貸住宅管理業者に対して、**1年以内**の業務停止を命じることができます。また、その旨を**公告**しなければなりません。

③ 登録の取消し

　国土交通大臣は、賃貸住宅管理業者に対して、登録の取消しを命じることができます。★2取消し等により登録が効力を失った場合、国土交通大臣は当該登録を抹消しなければならず、また、その旨を**公告**しなければなりません。

2 報告徴収および立入検査

　国土交通大臣は、賃貸住宅管理業の適正な運営を確保するために必要があるときは、賃貸住宅管理業者に対し、その業務について報告を求めることができます。また、関係者に質問させることもできます。立入検査をする職員は、立入りの際には身分証を携帯して、関係者に提示しなければなりませ

★1
講師からひと言

監督処分は、原則として、当該監督処分をしようとする日前5年間に当該賃貸住宅管理業者がした違反行為に対しすることができます。

★2
講師からひと言

登録を受けてから1年以内に業務を開始しない場合や、1年以上業務を行っていないときは、その業者の登録を取り消すことができます。

ん。★3

　なお、この立入検査は、監督処分に係る権限を行うため必要な限度においてのみ認められるものであって、犯罪捜査のために認められたものではありません。

★3
講師からひと言

原則として令状による犯罪捜査としての立入り以外の立入りは認められないため、この規定を置いています。

3 監督処分と罰則

　賃貸住宅管理業者に対する監督処分や罰則の有無については、以下の通りとなります。

	監督処分	罰則
未登録で管理業を営む　不正手段で登録	—	○
変更の届出違反（7条）	○	○
廃業等の届出違反（9条）	○	○
名義貸しの禁止違反（11条）	○	○
業務管理者の選任違反（12条）	○	○
重要事項説明違反（13条）	○	—
契約締結時の書面違反（14条）	○	—
一括再委託の禁止違反（15条）	○	—
分別管理違反（16条）	○	—
従業員証明書違反（17条）	○	○
帳簿の備え付け違反（18条）	○	○
標識の掲示違反（19条）	○	○
委託者への定期報告違反（20条）	○	—
守秘義務違反（21条）	○	○
業務改善命令違反（22条）	○	○

第3章 賃貸住宅標準管理受託契約書

重要度 A

学習ポイント

「標準〜書」とあったら、書面の「ひな型」のことだと考えてください。契約書を作成するといっても、どんな契約書にすればよいのか、という見本だと考えてください。

1 賃貸住宅標準管理受託契約書とは

賃貸住宅の管理を委託する場合の契約書のひな型として、「賃貸住宅標準管理受託契約書」というものがあります。

2 記載内容

出題
2021 2022

1 金銭関連

1 管理報酬の支払い

委託者は、管理業者に対して、管理業務に関して、管理報酬を支払わなければなりません。委託者は、委託者の責めに帰することができない事由によって管理業者が管理業務を行うことができなくなったとき、または、管理業者の管理業務が中途で終了したときには、すでにした履行の割合に応じて、報酬を支払わなければなりません。

2 管理業務に要する費用

委託者は、管理報酬のほか、管理業者が管理業務を実施するのに伴い必要となる費用を負担するものとします。費用は、管理業者からその明細を示した請求書を委託者に提示し、その請求書を受領した日の翌月末日までに管理業者の指定する銀行口座に振り込む方法により支払います。ただし、振込手数料は委託者の負担とします。

3 管理業者が立て替えた費用の償還

　管理業者が管理業務を遂行する上でやむを得ず立て替えた
費用については、委託者は、管理業者に、速やかに、償還し
なければなりません。1件当たりの金額が委託者および管理
業者の協議の上で別途、契約で定めた金額を超えないものに
ついては、委託者の承諾を要しないものとし、超えるものにつ
いては、あらかじめ委託者と協議しなければなりません。

4 家賃および敷金等の引渡し

　管理業者は、入居者から代理受領した**敷金等**を、定められ
た振込先に振り込むことにより、**速やかに**、委託者に引き渡さ
なければなりません。管理業者は、入居者から徴収した当月
分の**家賃等**を、**毎月**、定められた振込先に、定められた期日
までに振り込むことにより、委託者に引き渡さなければなりま
せん。管理業者は、当月分の管理報酬で家賃等から差し引く
ことについてあらかじめ委託者の承諾を得ているものを差し引
くことができます。

2 反社会的勢力の排除

　委託者および管理業者は、それぞれ相手方に対し、次の事
項を確約します。

> ❶ 自らが、暴力団、暴力団関係企業、総会屋もしくはこれらに準ずる
> 者またはその構成員（以下総称して「反社会的勢力」という）では
> ないこと
> ❷ 自らの役員（業務を執行する社員、取締役、執行役またはこれらに
> 準ずる者をいう）が反社会的勢力ではないこと
> ❸ 反社会的勢力に自己の名義を利用させ、この契約を締結するもので
> ないこと
> ❹ 自らまたは第三者を利用して、次の行為をしないこと

⑴相手方に対する脅迫的な言動または暴力を用いる行為

⑵偽計または威力を用いて相手方の業務を妨害し、または信用を毀損する行為

3 管理業務の内容

１ 点検・清掃等

点検・清掃等を実施する箇所について、「実施箇所等」に記入し、それぞれの箇所について**実施する内容**（定期点検、法定点検、清掃の内容等）および**回数や頻度**を「内容・頻度等」に記入します。さらに、それぞれの実施内容について、管理業者が行うのか、委託するのかを記入するとともに、委託する場合は委託先の情報を記入します。

２ 修繕等

点検・清掃等を受けて、修繕の必要が生じたときに、管理業者が行う内容（見積り・業者の手配等）について「実施箇所等」に記入し、具体的に実施する内容を「内容・頻度等」に記入します。さらに、それぞれの実施内容について、管理業者が行うのか、委託するのかを記入するとともに、委託する場合は委託先の情報を記入します。

３ 家賃等の徴収等

賃貸住宅の維持保全と併せて、入居者からの家賃等の徴収や敷金の管理および精算事務を行う場合は、その内容について「実施箇所等」に記入し、具体的に実施する内容を「内容・頻度等」に記入します。さらに、それぞれの実施内容について、管理業者が行うのか、委託するのかを記入するとともに、委託する場合は委託先の情報を記入します。

4 鍵の管理・保管

鍵の管理（保管・設置、交換および費用負担含む）に関する事項は**委託者（賃貸人）**が行います。管理業者は、入居者への鍵の引渡し時のほか、管理受託契約に基づく入居者との解約、明渡し業務に付随して鍵を一時的に預かることができます。

5 その他

賃貸住宅の維持保全と併せて、入・退居立会い・室内点検等や入居者からの苦情、問い合わせへの対応、入居者の退去手続き対応等、入居募集対応、空室管理（定期的な巡回、換気）などの入居者管理事務を行う場合は、その内容について、「実施箇所等」に記入し、具体的に実施する内容を「内容・頻度等」に記入します。さらに、それぞれの実施内容について、管理業者が行うのか、委託するのかを記入するとともに、委託する場合は委託先の情報を記入します。

6 第三者への再委託

管理業者は、業務の一部を、他の者に再委託することができます。管理業者は、業務を一括して他の者に委託してはなりません。管理業者は、再委託した業務の処理について、委託者に対して、自らなしたと同等の責任を負うものとします。

4 財産の分別管理

管理業者は、入居者から受領した家賃、敷金、共益費その他の金銭について、委託者に引き渡すまで、自己の固有財産および他の委託者の財産と分別して管理しなければなりません。

5 緊急時の業務

1 緊急時対応

管理業者は、災害または事故等の事由により、緊急に行う必要がある業務で、委託者の承認を受ける時間的な余裕がな

いものについては、委託者の承認を受けないで実施すること
ができます。この場合において、管理業者は、速やかに書面
をもって、その業務の内容およびその実施に要した費用の額
を委託者に通知しなければなりません。通知を受けた費用に
ついては、委託者が支払うものとします。ただし、管理業者
の責めによる事故等の場合は、委託者は費用を支払う必要が
ありません。

❷ 住戸への立入調査

管理業者は、管理業務を行うため必要があるときは、住戸
に立ち入ることができます。この場合において、**管理業者は、
あらかじめその旨を賃貸住宅の入居者に通知し、その承諾を
得なければなりません**。ただし、防災等の緊急を要するときは、
管理業者は入居者に承諾を得る必要はありません。

6 代理権の授与

管理業者は、管理業務のうち次の業務について、委託者を
代理するものとします。

---

❶ 敷金、その他一時金、家賃、共益費（管理費）および附属施設使用
料の徴収

❷ 未収金の督促

❸ 賃貸借契約に基づいて行われる入居者から委託者への通知の受領

❹ 賃貸借契約の更新

❺ 修繕の費用負担についての入居者との協議

❻ 賃貸借契約の終了に伴う原状回復についての入居者との協議

ただし、管理業者は、❹〜❻までに掲げる業務を実施する
場合には、その内容について事前に委託者と協議し、承諾を
求めなければなりません。

7 管理業務に関するきまり

1 管理業務に関する報告等

　管理業者は、委託者と合意に基づき定めた期日に、委託者と合意した頻度に基づき定期に、委託者に対し、管理業務に関する報告をするものとします。この報告のほか、委託者は、必要があると認めるときは、管理業者に対し、管理業務の実施状況に関して報告を求めることができます。委託者は、管理業者に対し、管理業務の実施状況に係る関係書類の提示を求めることができます。委託者または管理業者は、必要があると認めるときは、管理業務の実施状況に関して相互に意見を述べ、または協議を求めることができます。

2 管理業務の情報提供等

　委託者は、管理業者が管理業務を行うために必要な情報を提供しなければなりません。委託者は、管理業者から要請があった場合には、管理業者に対して、委任状の交付その他管理業務を委託したことを証明するために必要な措置をとらなければなりません。**委託者が、必要な情報を提供せず、または、必要な措置をとらず、そのために生じた管理業者の損害は、委託者が負担するものとします。**委託者は、賃貸住宅の住宅総合保険、施設所有者賠償責任保険等の損害保険の加入状況を管理業者に通知しなければなりません。

3 善管注意義務

　管理業者は、善良なる管理者の注意をもって、管理業務を行わなければなりません。管理業者は、管理業者またはその従業員が、管理業務の実施に関し、委託者または第三者に損害を及ぼしたときは、委託者または第三者に対し、賠償の責任を負います。**管理業者は、管理業者の責めに帰することができない事由によって生じた損害については、その責を負わないものとしています。**

4 個人情報保護法等の遵守

委託者および管理業者は、賃貸住宅の管理業務を行うに際しては、個人情報保護法および行政手続における特定の個人を識別するための番号の利用等に関する法律を遵守し、個人情報および個人番号について適切な対処をすることができるように、互いに協力するものとします。

8 契約更新・解除等

1 更新

契約期間は、委託者および管理業者の合意に基づき、更新することができます。更新をしようとするときは、委託者および管理業者は、契約期間が満了する日までに、相手方に対し、文書でその旨を申し出るものとします。契約期間の更新にあたり、委託者と管理業者との間で契約の内容について別段の合意がなされなかったときは、従前の契約と同一内容の契約が成立したものとみなします。

2 契約の解除

委託者または管理業者が管理受託契約に定める義務の履行に関してその本旨に従った履行をしない場合には、その相手方は、相当の期間を定めて履行を催告し、その期間内に履行がないときは、管理受託契約を解除することができます。委託者または管理業者の一方について、次のいずれかに該当した場合には、その相手方は、何らの催告も要せずして、管理受託契約を解除することができます。

❶ 反社会的勢力に該当しない旨の確約等に反する事実が判明した場合
❷ 契約締結後に自らまたは役員が反社会的勢力に該当した場合
❸ 相手方に信頼関係を破壊する特段の事情があった場合

3 解約の申入れ

委託者または管理業者は、その相手方に対して、文書により解約の申入れを行うことにより、管理受託契約を終了させることができます。申入れ期間は、契約により設定することとなります。また、委託者は、契約で設定した期間分の管理報酬相当額の金員を管理業者に支払うことにより、随時に管理受託契約を終了させることができます。

4 契約終了時の処理

管理受託契約が終了したときは、管理業者は、委託者に対し、賃貸住宅に関する書類および管理受託契約に関して管理業者が保管する金員を引き渡すとともに、家賃等の滞納状況を報告しなければなりません。

9 入居者への対応

1 契約締結時

管理業者は、賃貸住宅について管理受託契約を締結したときは、入居者に対し、遅滞なく、管理業務の内容・実施方法および管理業者の連絡先を記載した書面または電磁的方法により通知するものとします。

2 契約終了時

管理受託契約が終了したときは、委託者および管理業者は、入居者に対し、遅滞なく、管理業者による賃貸住宅の管理業務が終了したことを通知しなければなりません。

第 2 編

管理受託

一問一答

1 ☑☑☑

マンションのように通常居住の用に供される一棟の家屋の一室について賃貸借契約を締結し、事務所としてのみ賃借されている場合、その一室は賃貸住宅に該当しない。(2021-29-4)

2 ☑☑☑

管理業務には、賃貸住宅の居室及びその他の部分について、点検、清掃その他の維持を行い、及び必要な修繕を行うことが含まれる。(2021-30-1)

3 ☑☑☑

賃貸住宅に係る維持から修繕までを一貫して行う場合であっても、賃貸住宅の居室以外の部分のみについて行うときは、賃貸住宅の維持保全には該当しない。(2021-30-3)

4 ☑☑☑

管理業務には、賃貸住宅に係る家賃、敷金、共益費その他の金銭の管理を行う業務が含まれるが、維持保全と併せて行うものに限られる。(2021-30-4)

最低3回は
チャレンジしましょう！

一問一答

▶ テキスト 第１章 **2**

マンションのように通常居住の用に供される一棟の家屋の一室について賃貸借契約を締結し、**事務所としてのみ**賃借されている場合には、その一室は賃貸住宅に該当しません（賃貸住宅管理業法の解釈・運用の考え方２条１項関係１（３））。

▶ テキスト 第１章 **3**

「賃貸住宅管理業」とは、賃貸住宅の賃貸人から委託を受けて、「管理業務」を行う事業をいいます。この「管理業務」とは、①**当該委託に係る賃貸住宅の維持保全**（住宅の居室及びその他の部分について、点検、清掃その他の維持を行い、及び必要な修繕を行うことをいう。）を行う業務（賃貸住宅の賃貸人のために当該維持保全に係る契約の締結の媒介、取次ぎ又は代理を行う業務を含む。）、②**当該賃貸住宅に係る家賃、敷金、共益費その他の金銭の管理**を行う業務（①の業務と併せて行うものに限る。）をいいます（賃貸住宅管理業法２条２項各号）。本肢は、上記①に当たります。

▶ テキスト 第１章 **3**

賃貸住宅の維持保全の業務は、住宅の居室及びその他の部分について、点検、清掃その他の維持を行い、及び必要な修繕を行うことをいいます。しかし、定期清掃業者、警備業者、リフォーム工事業者等が、**維持又は修繕のいずれか一方のみ**を行う場合や、エレベーターの保守点検・修繕を行う事業者等が、**賃貸住宅の部分のみ**について維持から修繕までを一貫して行う場合、入居者からの苦情対応のみを行い維持及び修繕（維持・修繕業者への発注等を含む。）を行っていない場合は、賃貸住宅の**維持保全には該当しません**（賃貸住宅管理業法の解釈・運用の考え方２条２項関係２）。

▶ テキスト 第１章 **3**

管理業務には、賃貸住宅に係る家賃、敷金、共益費その他の金銭の管理を行う業務が含まれますが、**維持保全と併せて行うものに限られます**。

5 ☑☑☑

賃貸人から委託を受けて、入居者からの苦情対応のみを行う業務については、賃貸住宅の維持及び修繕（維持・修繕業者への発注を含む。）を行わない場合であっても、「賃貸住宅管理業」に該当する。(2022-33-ア)

6 ☑☑☑

賃貸人から委託を受けて、分譲マンションの一室のみの維持保全を行う業務については、共用部分の管理が別のマンション管理業者によって行われている場合には、「賃貸住宅管理業」には該当しない。(2022-33-ウ)

7 ☑☑☑

賃貸住宅管理業を営もうとする者は、その業に係る賃貸住宅の戸数が200戸未満の者であっても、賃貸住宅管理業者の登録を受けることが可能であり、登録後に賃貸住宅管理業法の違反行為があった場合は、業務停止等の監督処分や罰則の対象となる。(2023-29-2)

8 ☑☑☑

賃貸住宅管理業者の登録の有効期間は5年であり、登録の更新を受けようとする者は、現に受けている登録の有効期間の満了の日の90日前までに更新の申請を行う必要がある。(2023-29-4)

▶ テキスト 第1章 3

入居者からの苦情対応のみを行い、**賃貸住宅の維持及び修繕**（維持・修繕業者への発注等を含む。）**を行わない場合**は、「賃貸住宅管理業」に該当しません（賃貸住宅管理業法の解釈・運用の考え方2条2項関係2）。

▶ テキスト 第1章 3

分譲マンション等の1室のみの専有部分を受託管理する場合であっても、**賃貸住宅の維持保全を行う業務を実施する**場合は、「賃貸住宅管理業」に該当します（賃貸住宅管理業法FAQ集1（2）No.4）。これは、共用部分の管理が別のマンション管理業者によって行われている場合でも、同様です。

▶ テキスト 第2章 1

賃貸住宅管理業を営もうとする者は、当該賃貸住宅管理業に係る賃貸住宅の戸数が**200戸以上**であるときは、賃貸住宅管理業の**登録を受けなければなりません**（賃貸住宅管理業法3条1項、同法施行規則3条）。もっとも、**200戸を超えない小規模な賃貸住宅管理業者**であっても、法に沿ったルールを遵守することが、管理業者とオーナーとの間のトラブルの未然防止に繋がるため、賃貸住宅管理業の**登録を受けることが推奨されています**。そして、この登録を受けた場合は、他の登録業者と同様に、賃貸住宅管理業に関する規制に服することとなり、これに違反した場合、**業務停止等の監督処分や罰則の対象になります**（賃貸住宅管理業法の解釈・運用の考え方3条1項関係1）。

▶ テキスト 第2章 2

登録の更新を受けようとする者は、その者が現に受けている登録の有効期間の満了の日の**90日前から30日前まで**の間に登録申請書を国土交通大臣に提出しなければなりません（賃貸住宅管理業法3条2項、同法施行規則4条）。

9 ☑☑☑

賃貸住宅管理業者である法人は、役員に変更があったときは、その日から3か月以内に、その旨を国土交通大臣に届け出なければならない。(2022-34-エ)

10 ☑☑☑

賃貸住宅管理業者である個人が死亡したときは、その相続人は、死亡日から30日以内に国土交通大臣に届け出なければならない。(2021-32-1)

11 ☑☑☑

賃貸住宅管理業者が登録の更新をせず、登録が効力を失った場合には、登録に係る賃貸住宅管理業者であった者は、当該賃貸住宅管理業者が締結した管理受託契約に基づく業務を結了する目的の範囲内であっても、その業務を実施することができない。(2023-30-ウ)

12 ☑☑☑

禁錮以上の刑に処せられ、又は管理業法の規定により罰金の刑に処せられ、その執行を終わり、又は執行を受けることがなくなった日から起算して5年を経過しない者は、業務管理者になることができない。(2022-30-ア)

13 ☑☑☑

賃貸住宅管理業者は、その営業所又は事務所の業務管理者として選任した者のすべてが欠けるに至ったときは、新たに業務管理者を選任するまでの間は、その営業所又は事務所において賃貸住宅管理業を行ってはならない。(2022-30-エ)

▶ テキスト 第2章 2

賃貸住宅管理業者が法人である場合において、その役員の氏名は、賃貸住宅管理業の登録事項です（賃貸住宅管理業法4条1項2号）。そして、賃貸住宅管理業者は、賃貸住宅管理業の登録事項に変更があったときは、その日から**30日以内**に、その旨を国土交通大臣に届け出なければなりません（賃貸住宅管理業法7条1項）。

▶ テキスト 第2章 2

賃貸住宅管理業者である個人が死亡したときは、その相続人は、その事実を**知った日**から30日以内に、その旨を国土交通大臣に届け出なければなりません（賃貸住宅管理業法9条1項1号）。したがって、死亡した日からではありません。

▶ テキスト 第2章 2

賃貸住宅管理業の登録の更新をしなかったとき、賃貸住宅管理業の廃業等により登録が効力を失ったとき、又は賃貸住宅管理業の登録が取り消されたときは、**当該登録に係る賃貸住宅管理業者であった者又はその一般承継人は**、当該賃貸住宅管理業者が締結した管理受託契約に基づく**業務を結了する目的の範囲内**においては、**なお賃貸住宅管理業者とみなされます**（賃貸住宅管理業法27条、3条2項、9条2項、23条1項、2項）。

▶ テキスト 第2章 3

禁錮以上の刑に処せられ、又は賃貸住宅管理業法の規定により罰金の刑に処せられ、その執行を終わり、又は執行を受けることがなくなった日から起算して**5年**を経過しない者は、業務管理者になることができません（賃貸住宅管理業法12条4項、6条1項4号）。

▶ テキスト 第2章 3

賃貸住宅管理業者は、その営業所若しくは事務所の業務管理者として選任した業務管理者のすべてが欠けるに至ったときは、新たに業務管理者を選任するまでの間は、その営業所又は事務所において**管理受託契約を締結してはなりません**（賃貸住宅管理業法12条2項）。しかし、賃貸住宅管理業を行うことはできます。

14 ☑☑☑

業務管理者は、宅地建物取引士としての業務を兼務することはできるが、賃貸住宅管理業者の従業員が行う管理業務について必要な指導、管理及び監督の業務に従事できる必要がある。（2023-27-ウ）

15 ☑☑☑

ある店舗の業務管理者である賃貸不動産経営管理士が一時的に他の店舗の業務管理者を兼務することができる。（2019-3-2改）

16 ☑☑☑

管理受託契約重要事項説明は、管理受託契約の締結とできるだけ近接した時期に行うことが望ましい。（2021-1-1）

17 ☑☑☑

管理受託契約重要事項説明は、業務管理者が行わなければならない。（2021-1-2）

▶ テキスト 第2章 3

業務管理者が宅地建物取引士も兼務する等他の業務を兼務することが法違反となるものではありませんが、入居者の居住の安定の確保等の観点から賃貸住宅管理業者の従業員が行う管理業務等について**必要な指導、管理、及び監督の業務に従事できる必要があります**（賃貸住宅管理業法の解釈・運用の考え方12条関係2）。

▶ テキスト 第2章 3

ある店舗の業務管理者が一時的に他の店舗の業務管理者を**兼務することはできません**（賃貸住宅管理業法FAQ 3（1）6）。

▶ テキスト 第2章 4

賃貸住宅管理業者は、管理受託契約を締結しようとするときは、管理業務を委託しようとする賃貸住宅の賃貸人に対し、当該管理受託契約を締結するまでに、管理受託契約の内容及びその履行に関する事項であって国土交通省令で定めるものについて、**書面を交付して説明**（管理受託契約重要事項説明）しなければなりません（賃貸住宅管理業法13条1項）。この説明については、賃貸人が契約内容を十分に理解した上で契約を締結できるよう、説明から契約締結までに**1週間程度の期間をおくことが望ましい**です（賃貸住宅管理業法の解釈・運用の考え方13条関係1）。したがって、管理受託契約の締結とできるだけ近接した時期に行うことが望ましいのではありません。

▶ テキスト 第2章 4

管理受託契約重要事項説明は、**業務管理者によって行われることは必ずしも必要ありません**（賃貸住宅管理業法の解釈・運用の考え方13条関係1）。なお、この説明は、業務管理者又は一定の実務経験を有する者など専門的な知識及び経験を有する者によって行われることが望ましいです（同解釈・運用の考え方13条関係1）。

18 ☑☑☑

管理受託契約重要事項説明書に記載すべき事項を電磁的方法により提供する場合、賃貸住宅の賃貸人の承諾が必要である。(2021-3-1)

19 ☑☑☑

管理受託契約を新規締結する際の重要事項説明は、賃貸住宅の賃貸人の承諾があれば、音声のみによる通信の方法で行うことができる。(2021-3-4改)

20 ☑☑☑

賃貸住宅管理業者が管理受託契約締結前に行う重要事項の説明において、管理業務の内容について、回数や頻度を明示して具体的に記載し、説明しなければならない。(2022-1-ア)

21 ☑☑☑

賃貸住宅管理業者が管理受託契約締結前に行う重要事項の説明において、管理業務の実施に伴い必要となる水道光熱費や、空室管理費等の費用について説明しなければならない。(2022-1-イ)

▶ テキスト 第2章 **4**

賃貸住宅管理業者は、管理受託契約重要事項説明の書面の交付に代えて、管理業務を委託しようとする賃貸住宅の賃貸人の承諾を得て、当該書面に記載すべき事項を電磁的方法により提供することができます（賃貸住宅管理業法13条2項前段）。したがって、この方法による提供には、**賃貸住宅の賃貸人の承諾が必要**です。

▶ テキスト 第2章 **4**

管理受託契約重要事項説明にテレビ会議等のITを活用するにあたっては、説明者及び重要事項の説明を受けようとする者が、図面等の書類及び説明の内容について十分に理解できる程度に**映像が視認でき**、かつ、双方が発する**音声を十分に聞き取ることができる**とともに、**双方向でやりとりできる環境**において実施していることが必要です（賃貸住宅管理業法の解釈・運用の考え方13条関係4(2)）。したがって、管理受託契約を新規締結する際の重要事項説明は、賃貸住宅の賃貸人の承諾があっても、音声のみによる通信の方法で行うことはできません。

▶ テキスト 第2章 **4**

管理業務の内容及び実施方法は、管理受託契約重要事項として説明しなければなりません（賃貸住宅管理業法施行規則31条3号）。この管理業務の内容については、**回数や頻度を明示して**可能な限り具体的に記載し、説明することとされています（賃貸住宅管理業法の解釈・運用の考え方13条関係2(3)）。

▶ テキスト 第2章 **4**

報酬に含まれていない管理業務に関する費用であって、**賃貸住宅管理業者が通常必要とするもの**は、管理受託契約重要事項として説明しなければなりません（賃貸住宅管理業法施行規則31条5号）。この通常必要とする費用は、賃貸住宅管理業者が管理業務を実施するのに伴い必要となる水道光熱費や、空室管理費等が考えられるとされています（賃貸住宅管理業法の解釈・運用の考え方13条関係2(5)）。

22 ☑☑☑

管理受託契約重要事項説明に関して、管理業務を実施するのに必要な水道光熱費が報酬に含まれる場合、水道光熱費の説明は不要である。(2023-2-3)

23 ☑☑☑

賃貸住宅管理業者が管理受託契約締結前に行う重要事項の説明において、管理業務の一部を第三者に再委託する際には、再委託する業務の内容、再委託予定者を説明しなければならない。(2022-1-ウ)

24 ☑☑☑

賃貸住宅管理業者が管理受託契約締結前に行う重要事項の説明において、賃貸住宅管理業者が行う管理業務の内容、実施方法に関して、賃貸住宅の入居者に周知する方法を説明しなければならない。(2022-1-エ)

25 ☑☑☑

賃貸人の勤務先が独立行政法人都市再生機構であることを確認の上、重要事項説明をせずに管理受託契約を締結することができる。(2023-1-イ)

▶ テキスト 第２章 **4**

前問の解説の通り、**報酬に含まれていない**管理業務に関する費用であって、賃貸住宅管理業者が通常必要とするものは、管理受託契約重要事項として説明しなければなりません（賃貸住宅管理業法施行規則31条5号）。しかし、**当該水道光熱費が報酬に含まれる場合**には、その説明は不要となります。

▶ テキスト 第２章 **4**

管理業務の一部の再委託に関する事項は、管理受託契約重要事項として説明しなければなりません（賃貸住宅管理業法施行規則31条6号）。そして、賃貸住宅管理業者は、管理業務の一部を第三者に再委託することができることを事前に説明するとともに、再委託することとなる業務の内容、再委託予定者を事前に明らかにすることとされています（賃貸住宅管理業法の解釈・運用の考え方13条関係2（6））。

▶ テキスト 第２章 **4**

賃貸住宅の入居者に対する管理業務の内容及び実施方法の周知に関する事項は、管理受託契約重要事項として説明しなければなりません（賃貸住宅管理業法施行規則31条10号）。この管理業務の内容及び実施方法の周知に関する事項については、どのような方法（対面での説明、書類の郵送、メール送付等）で入居者に対して周知するかについて記載し、説明することとされています（賃貸住宅管理業法の解釈・運用の考え方13条関係2（10））。

▶ テキスト 第２章 **4**

管理受託契約重要事項説明は、賃貸住宅管理業者である者その他の管理業務に係る専門的知識及び経験を有すると認められる者として国土交通省令で定めるものには不要です（賃貸住宅管理業法13条1項かっこ書き）。これには、独立行政法人都市再生機構が含まれます（同法施行規則30条7号）。しかし、説明の相手方の「**勤務先**」が独立行政法人都市再生機構であるときには、その**説明が必要です**。

26 ☑☑☑

管理受託契約変更契約の重要事項説明を電話で行う場合に関して、賃貸人から賃貸住宅管理業者に対し、電話による方法で管理受託契約変更契約の重要事項説明を行ってほしいとの依頼がなければ行うことはできない。(2023-3-ア)

27 ☑☑☑

管理受託契約変更契約の重要事項説明を電話で行う場合、賃貸人が、管理受託契約変更契約の重要事項説明書を確認しながら説明を受けることができる状態にあることについて、重要事項説明を開始する前に賃貸住宅管理業者が確認することが必要である。(2023-3-ウ)

28 ☑☑☑

管理受託契約重要事項説明書を電磁的方法で提供する場合、出力して書面を作成することができ、改変が行われていないか確認できることが必要である。(2022-2-3)

▶ テキスト 第2章 **4**

管理受託契約重要事項説明は、原則として、対面又はITの活用による説明が望ましいですが、管理受託契約変更契約の重要事項説明については、**次に掲げるすべての事項を満たしている場合に限り**、電話による説明をもって対面による説明と同様に取扱うものとされています（賃貸住宅管理業法の解釈・運用の考え方13条関係4（3））。

①事前に管理受託契約変更契約の重要事項説明書等を送付し、その送付から一定期間後に説明を実施するなどして、賃貸人が変更契約締結の判断を行うまでに十分な時間をとること。**②賃貸人から賃貸住宅管理業者に対し、電話により管理受託契約変更契約の重要事項説明を行ってほしいとの依頼があること。③賃貸人が、管理受託契約変更契約の重要事項説明書等を確認しながら説明を受けることができる状態にあることについて、賃貸住宅管理業者が重要事項説明を開始する前に確認していること。**④賃貸人が、電話による説明をもって当該管理受託契約変更契約の重要事項説明の内容を理解したことについて、賃貸住宅管理業者が重要事項説明を行った後に確認していること。本肢は、上記②にあたります。

▶ テキスト 第2章 **4**

本肢は、**上記③**にあたります。

▶ テキスト 第2章 **4**

管理受託契約重要事項説明書を電磁的方法で提供する場合、**出力して書面を作成でき、改変が行われていないか確認できること**が必要です（賃貸住宅管理業法施行規則32条2項1号、賃貸住宅管理業法の解釈・運用の考え方13条関係4（1））。

29 ☑☑☑

管理受託契約を、契約の同一性を保ったまま契約期間のみ延長する内容で更新する場合には、更新時に管理受託契約の書面の交付は不要である。（2022-4-1）

30 ☑☑☑

管理受託契約は、標準管理受託契約書を用いて締結しなければならず、内容の加除や修正をしてはならない。（2022-4-3）

31 ☑☑☑

管理受託契約締結時の交付書面は、電磁的方法により提供することはできない。（2022-4-4）

▶ テキスト 第２章 **4**

賃貸住宅管理業者は、管理受託契約を締結したときは、管理業務を委託する賃貸住宅の賃貸人（委託者）に対し、遅滞なく、管理受託契約の締結時の書面を交付しなければなりません（賃貸住宅管理業法14条１項）。もっとも、**契約の同一性を保ったままで契約期間のみを延長する**ことや、**組織運営に変更のない商号又は名称等の変更**等、形式的な変更と認められる場合は、管理受託契約締結時書面の交付は行わないこととして差し支えないとされています（賃貸住宅管理業法の解釈・運用の考え方14条１項関係２）。

▶ テキスト 第２章 **4**

標準管理受託契約書が想定している賃貸住宅受託管理受託契約とは、賃貸住宅管理業法第２条第１項に規定する「賃貸住宅」において第２条第２項に規定する管理業務を賃貸住宅管理業者が賃貸住宅の所有者から受託する場合の管理受託契約書です（標準管理受託契約書コメント全般関係①）。もっとも、この契約書は、賃貸住宅に共通する管理事務に関する**標準的な契約内容を定めたもの**であり、実際の契約書作成にあたっては、個々の状況や必要性に応じて内容の加除、修正を行い活用されるべきものです（同コメント全般関係②）。

▶ テキスト 第２章 **4**

賃貸住宅管理業者は、管理受託契約の締結時の書面の交付に代えて、管理業務を委託する賃貸住宅の賃貸人の承諾を得て、当該書面に記載すべき事項を**電磁的方法**により提供することができます（賃貸住宅管理業法14条２項、13条２項）。

32 ☑☑☑

賃貸住宅管理業者は、再委託先が賃貸住宅管理業者であれば、管理業務の全部を複数の者に分割して再委託することができる。(2021-31-4)

33 ☑☑☑

賃貸住宅管理業者は、管理受託契約に基づく管理業務において受領する家賃、敷金、共益費その他の金銭を、自己の固有財産及び他の管理受託契約に基づく管理業務において受領する家賃、敷金、共益費その他の金銭と分別して管理しなければならない。(2021-31-2)

34 ☑☑☑

家賃等を管理する口座と賃貸住宅管理業者の固有財産を管理する口座の分別については、少なくとも、家賃等を管理する口座を同一口座として賃貸住宅管理業者の固有財産を管理する口座と分別すれば足りる。(2022-21-1)

賃貸住宅管理業者は、委託者から委託を受けた**管理業務の全部を他の者に対し、再委託してはなりません**（賃貸住宅管理業法15条）。このとき、再委託先が賃貸住宅管理業者であっても、管理業務の全部を複数の者に分割して再委託することはできません。なお、再委託先は賃貸住宅管理業者である必要はありませんが、賃貸住宅の賃貸人と管理受託契約を締結した賃貸住宅管理業者が再委託先の業務の実施について責任を負うこととなります（賃貸住宅管理業法の解釈・運用の考え方15条関係2）。

賃貸住宅管理業者は、管理受託契約に基づく管理業務において受領する家賃、敷金、共益費その他の金銭を、整然と管理する方法として国土交通省令で定める方法により、自己の固有財産及び他の管理受託契約に基づく管理業務において受領する家賃、敷金、共益費その他の金銭と**分別して管理しなければなりません**（賃貸住宅管理業法16条）。

賃貸住宅管理業者は、管理受託契約に基づく管理業務において受領する家賃、敷金、共益費その他の金銭を、整然と管理する方法として国土交通省令で定める方法により、自己の固有財産及び他の管理受託契約に基づく管理業務において受領する家賃、敷金、共益費その他の金銭と**分別して管理**しなければなりません（賃貸住宅管理業法16条）。「国土交通省令で定める方法」とは、管理受託契約に基づく管理業務において受領する家賃、敷金、共益費その他の金銭を管理するための口座を自己の固有財産を管理するための口座と明確に区分し、かつ、当該金銭がいずれの管理受託契約に基づく管理業務に係るものであるかが自己の帳簿（電磁的記録を含む。）により直ちに判別できる状態で管理する方法です（賃貸住宅管理業法施行規則36条）。家賃等を管理する口座と賃貸住宅管理業者の固有財産を管理する口座の分別については、少なくとも、家賃等を管理する口座を同一口座として賃貸住宅管理業者の固有財産を管理する口座と分別すれば足ります（賃貸住宅管理業法の解釈・運用の考え方16条関係）。

35 ☑☑☑

家賃等を管理する口座にその月分の家賃をいったん全額預入れし、当該口座から賃貸住宅管理業者の固有財産を管理する口座に管理報酬分の金額を移し替えることは差し支えない。(2022-21-3)

36 ☑☑☑

賃貸住宅管理業者は、使用人その他の従業者に、その従業者であることを証する証明書を携帯させなければならない。(2021-31-1)

37 ☑☑☑

従業者証明書を携帯させるべき者には、正規及び非正規を問わず賃貸住宅管理業者と直接の雇用関係にあり、賃貸住宅管理業に従事する者が該当し、賃貸住宅管理業者と直接の雇用関係にある者であっても、内部管理事務に限って従事する者は該当しない。(2023-28-3)

38 ☑☑☑

賃貸住宅管理業者は、営業所又は事務所ごとに、業務に関する帳簿を備え付け、委託者ごとに管理受託契約について契約年月日等の事項を記載して保存しなければならない。(2021-31-3)

▶ テキスト 第2章 **4**

家賃等を管理する口座にその月分の家賃を**いったん全額預入**し、当該口座から賃貸住宅管理業者の固有財産を管理する口座に**管理報酬分の金額を移し替える**ことは差し支えありません（賃貸住宅管理業法の解釈・運用の考え方16条関係）。

▶ テキスト 第2章 **4**

賃貸住宅管理業者は、国土交通省令で定めるところにより、その業務に従事する使用人その他の従業者に、その**従業者であることを証する証明書**を携帯させなければ、その者をその業務に従事させてはなりません（賃貸住宅管理業法17条1項）。

▶ テキスト 第2章 **4**

賃貸住宅管理業者は、国土交通省令で定めるところにより、その業務に従事する使用人その他の従業者に、その従業者であることを証する証明書を携帯させなければ、その者をその業務に従事させてはなりません（賃貸住宅管理業法17条1項）。この従業者証明書を携帯させるべき者の範囲は、賃貸住宅管理業者の責任の下に、当該賃貸住宅管理業者が営む賃貸住宅管理業に従事する者です。もっとも、賃貸住宅管理業者と直接の雇用関係にある者であっても、**内部管理事務に限って従事する者は、従業者証明書の携帯の義務はありません**（賃貸住宅管理業法の解釈・運用の考え方17条関係）。

▶ テキスト 第2章 **4**

賃貸住宅管理業者は、国土交通省令で定めるところにより、その営業所又は事務所ごとに、その業務に関する**帳簿**を備え付け、委託者ごとに管理受託契約について契約年月日その他の国土交通省令で定める事項を記載し、これを保存しなければなりません（賃貸住宅管理業法18条）。

39 ☑☑☑

賃貸住宅管理業者から委託者に管理業務報告書の交付に代えて、その内容を電話で伝えることは、管理業法上、賃貸住宅管理業者が、委託者の承諾を得て行うことが可能である。(2022-6-エ改)

40 ☑☑☑

秘密を守る義務は、管理受託契約が終了した後は賃貸住宅管理業を廃業するまで存続する。(2022-8-ア)

41 ☑☑☑

国土交通大臣は、賃貸住宅管理業者に対し業務の運営の改善に必要な措置をとるべきことを命ずることができるが、その命令の根拠となる賃貸住宅管理業者の違反行為は、その処分をしようとする日から過去5年以内に行われたものが対象となる。(2023-30-ア)

42 ☑☑☑

現に賃貸住宅管理業を営んでいなくても登録を行うことはできるが、登録を受けてから1年以内に業務を開始しないときは、登録の取消しの対象となる。(2022-34-ア)

▶ テキスト 第2章 **4**

賃貸住宅管理業者は、書面による管理業務報告書の交付に代えて、当該管理業務報告書を交付すべき委託者の承諾を得て、記載事項を**電磁的方法**により提供することができます。しかし、委託者に管理業務報告書の交付に代えて、その内容を**電話で伝える方法によることはできません**（賃貸住宅管理業法施行規則40条2項）。

▶ テキスト 第2章 **4**

賃貸住宅管理業者は、正当な理由がある場合でなければ、その業務上取り扱ったことについて知り得た秘密を他に漏らしてはなりません。また、**賃貸住宅管理業を営まなくなった後においても、同様です**（賃貸住宅管理業法21条1項）。したがって、当該秘密を守る義務は、賃貸住宅管理業を廃業した後も存続します。

▶ テキスト 第2章 **5**

国土交通大臣は、賃貸住宅管理業の適正な運営を確保するため必要があると認めるときは、その必要の限度において、賃貸住宅管理業者に対し、業務の方法の変更その他業務の運営の改善に必要な措置をとるべきことを命ずることができます（賃貸住宅管理業法22条）。監督処分は、原則として、**当該監督処分をしようとする日前5年間に当該賃貸住宅管理業者がした違反行為に対し**することとしています（賃貸住宅管理業者の違反行為に対する監督処分の基準Ⅰ2.2-1(1)）。

▶ テキスト 第2章 **5**

賃貸住宅管理業を営もうとする者は、賃貸住宅管理業の登録を受けなければなりません（賃貸住宅管理業法3条1項本文）。これは、登録拒否要件等に該当しない限りは、現に**賃貸住宅管理業を営んでいない者も登録を受けることは可能**です（賃貸住宅管理業法FAQ集2（3）No.2）。もっとも、賃貸住宅管理業者が登録を受けてから**1年以内に業務を開始せず、又は引き続き1年以上業務を行っていない**と認めるときは、登録の取消しの対象となります（同法23条2項）。

43 ☑☑☑

賃貸住宅標準管理受託契約書においては、修繕の費用負担についての入居者との協議に関して、賃貸住宅管理業者に代理権が授与されている事項に含まれる。(2021-5-3)

44 ☑☑☑

賃貸住宅標準管理受託契約書においては、原状回復についての入居者との協議に関して、賃貸住宅管理業者に代理権が授与されている事項に含まれる。(2021-5-4)

45 ☑☑☑

賃貸住宅標準管理受託契約書において、鍵の管理（保管・設置、交換及びその費用負担）に関する事項は、賃貸住宅管理業者が行うこととされている。(2022-3-1)

46 ☑☑☑

賃貸住宅標準管理受託契約書において、入居者から代理受領した敷金等は、速やかに賃貸人に引き渡すこととされている。(2022-3-2)

▶ テキスト 第3章 **2**

委託者から賃貸住宅管理業者に代理権を授与されている事項は、次のものです（標準管理受託契約書14条各号）。①敷金、その他一時金、家賃、共益費（管理費）及び附属施設使用料の徴収、②未収金の督促、③賃貸借契約に基づいて行われる入居者から委託者への通知の受領、④賃貸借契約の更新、⑤**修繕の費用負担についての入居者との協議**、⑥賃貸借契約の終了に伴う原状回復についての入居者との協議。本肢の事項は、上記⑤に当たります。

▶ テキスト 第3章 **2**

委託者から賃貸住宅管理業者に代理権を授与されている事項は、次のものです（標準管理受託契約書14条各号）。①敷金、その他一時金、家賃、共益費（管理費）及び附属施設使用料の徴収、②未収金の督促、③賃貸借契約に基づいて行われる入居者から委託者への通知の受領、④賃貸借契約の更新、⑤修繕の費用負担についての入居者との協議、⑥**賃貸借契約の終了に伴う原状回復についての入居者との協議**。本肢の事項は、上記⑥に当たります。

▶ テキスト 第3章 **2**

鍵の管理（保管・設置、交換及び費用負担含む）に関する事項は、**賃貸人（委託者）**が行うとされています（賃貸住宅標準管理受託契約書12条1項）。賃貸住宅管理業者が行うこととはされていません。

▶ テキスト 第3章 **2**

賃貸住宅管理業者は、入居者から代理受領した敷金等を、定められた振込先に振り込むことにより、**速やかに、賃貸人（委託者）に引き渡さなければならない**とされています（賃貸住宅標準管理受託契約書7条1項）。

47 ☑☑☑

賃貸住宅標準管理受託契約書において、賃貸住宅管理業者は、あらかじめ入居者に通知し、承諾を得なければ住戸に立ち入ることができないものとされている。(2022-3-3)

48 ☑☑☑

賃貸住宅標準管理受託契約書において、賃貸住宅管理業者は、賃貸人との間で管理受託契約を締結したときは、入居者に対し、遅滞なく連絡先等を通知しなければならず、同契約が終了したときにも、管理業務が終了したことを通知しなければならないものとされている。(2022-3-4)

49 ☑☑☑

賃貸住宅標準管理受託契約書では、委託者である貸主は賃貸住宅管理業者に対して管理業務を行うために必要な情報を提供しなければならない旨が定められている。(オリジナル)

50 ☑☑☑

賃貸住宅標準管理受託契約書では、反社会的勢力の排除に関する条項が設けられている。(オリジナル)

▶ テキスト 第3章 2

賃貸住宅管理業者は、管理業務を行うため必要があるときは、住戸に立ち入ることができるとされています（賃貸住宅標準管理受託契約書17条1項）。この場合に、賃貸住宅管理業者は、あらかじめその旨を賃貸住宅の入居者に**通知**し、その**承諾**を得なければならないとされています（同条2項）。

▶ テキスト 第3章 2

賃貸住宅管理業者は、賃貸住宅について**管理受託契約を締結したとき**は、入居者に対し、遅滞なく、管理業務の内容・実施方法及び賃貸住宅管理業者の連絡先を記載した書面又は電磁的方法により通知するとされています（賃貸住宅標準管理受託契約書23条1項）。そして、**管理受託契約が終了したとき**は、賃貸人（委託者）及び賃貸住宅管理業者は、入居者に対し、遅滞なく、賃貸住宅管理業者による賃貸住宅の管理業務が終了したことを通知しなければならないとされています（同条2項）。

▶ テキスト 第3章 2

賃貸住宅標準管理受託契約書16条1項では、委託者は、賃貸住宅管理業者に対して**管理業務を行うために必要な情報を提供しなければならない旨**が定められています。

▶ テキスト 第3章 2

賃貸住宅標準管理受託契約書8条では、委託者や賃貸住宅管理業者、それらの役員が**反社会的勢力ではないこと**などを確約する旨の定めが設けられています（反社会的勢力の排除）。

MEMO

第 3 編 サブリース

テキスト

各章の重要度と本試験の出題傾向	重要度	本試験の出題傾向								
		2015 (H27)	2016 (H28)	2017 (H29)	2018 (H30)	2019 (R1)	2020 (R2)	2021 (R3)	2022 (R4)	2023 (R5)
第1章　管理業法（サブリース部分）	A							●	●	●
第2章　特定賃貸借標準契約書	A							●	●	●

学習ポイント

法改正（2020年12月施行）により、全く異なる制度となりました。したがって、過去問出題は3年分のみですが、この資格の中心ともいえる部分なので、しっかりと学習しましょう！

第1章 管理業法（サブリース部分）

学習ポイント

今後、出題の増加が予想される部分です。細かい内容が多くて大変なところですが、ここはしっかりと学習しておきたい部分です。頑張りましょう！

1 定義など

出題
2021 2022 2023

1 サブリース方式

図解

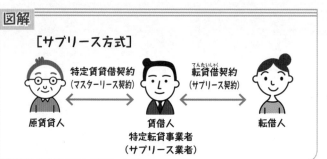

[サブリース方式]

原賃貸人 ←特定賃貸借契約（マスターリース契約）→ 賃借人 特定転貸事業者（サブリース業者） ←転貸借契約（サブリース契約）→ 転借人

　特定転貸事業者とは、**事業を営むことを目的としてサブリース契約を行う事業者のこと**を指します。営利の意思を持って反復継続的に転貸することをいうので、営利の意思を持っていない場合や、反復継続性のない場合はこれに当てはまりません。個人が賃借した賃貸住宅を、事情により一時的に第三者に転貸するような場合は、特定賃貸借契約に該当しません。それに対して、転借人から受領する賃料と賃貸人に払う賃料が同額である場合であったとしても、これをもって営利性がないと判断することはできません。

　なお、特定転貸事業者と扱われれば自動的にこの法律の適

用対象となるため、登録制度は設けられていません。したがって、賃貸住宅管理業登録をしなくても、特定賃貸借契約や転貸借契約を結ぶことは可能です。

> 以前の登録制度においては、サブリース事業者も登録した業者のみが規制対象でしたが、登録の有無にかかわらずすべてのサブリース業者がこの法律の適用対象となります。

　サブリースは自ら貸借のため、**宅建業法の適用はありません**。そのため、悪質な事業者を取り締まることが難しかったのです。そこで、サブリース業に関して制約を設けて業務の適正化を図ろうとしました。

　特定転貸事業者は、原賃貸人（建物の所有者等）との間で賃貸借契約を結びます。そのため、原賃貸人との関係では賃借人となります。そして、特定転貸事業者はその建物を転借人に貸す転貸借の扱いとなるため、民法のほか、**借地借家法が適用されます**。

2 特定賃貸借契約から除外される場合

　サブリース契約の形式をとっていても、**賃借人であるサブリース業者が賃貸人と密接な関係を有する者である場合**には、特定賃貸借契約から除外されます。具体的には、賃貸人が以下の**1**〜**7**の場合に、賃借人が以下のケースに該当するとき除外されます。

1 賃貸人が個人である場合

❶ 賃貸人の親族

　　→ ６親等内の血族、配偶者および３親等内の姻族

❷ 賃貸人またはその親族が役員である法人

　　→ 役員とは、次に掲げる者をいいます。

　　　ア　株式会社においては、取締役、執行役、会計参与（会計参与が法人であるときは、その職務を行うべき社員）および監査役

イ　合名会社、合資会社および合同会社においては、定款をもって業務を執行する社員がいる場合にはその社員。その他の場合にはすべての社員

　　ウ　財団法人および社団法人においては、理事および監事

　　エ　特殊法人等においては、総裁、理事長、副総裁、副理事長、専務理事、理事、監事等法令により役員として定められている者

2 賃貸人が会社である場合

❶ 賃貸人の親会社

❷ 賃貸人の子会社

❸ 賃貸人の関連会社

❹ 賃貸人が他の会社等の関連会社である場合におけるその他の会社等

❺ 賃貸人の親会社の子会社（その賃貸人を除く）

3 賃貸人が登録投資法人である場合

登録投資法人の資産運用会社の関係会社

4 賃貸人が特定目的会社である場合

特定目的会社の委託を受けて特定資産の管理および処分に係る業務を行う者の関係会社

5 賃貸人が組合★1である場合

組合の業務執行者または業務執行者の関係会社

6 賃貸人が特例事業者である場合

特例事業者の委託を受けて特例事業者が当事者である不動産特定共同事業契約に基づき営まれる不動産取引に係る業務を行う不動産特定共同事業者の関係会社またはその業務を行う小規模不動産特定共同事業者の関係会社

7 賃貸人が賃貸住宅に係る信託の受託者である場合

❶ 信託の委託者または受益者（以下、「委託者等」という）の関係会社

❷ 委託者等が登録投資法人である場合における登録投資法

★1
チェック
当該組合の組合員の間で所定の不動産特定共同事業契約が締結されているものに限ります。

人の資産運用会社の関係会社

❸ 委託者等が特定目的会社である場合における特定目的会
社の委託を受けて特定資産の管理および処分に係る業務
を行う者の関係会社

3 勧誘者とは

サブリース事業では、特定転貸事業者が勧誘を行うことが
通常ですが、特定転貸事業者以外の者が、特定転貸事業者か
らお願いされて勧誘を行う場合もあります。したがって、特定
転貸事業者のみならず、こうした者も規制の対象にしておく
必要があります。

具体的には、以下の❶❷のいずれも満たす者を「勧誘者」
と位置付けます。

❶ 特定のサブリース業者と特定の関係性を有する者

サブリース業者から委託を受けて勧誘を行う者のほか、明
示的に勧誘を委託されてはいないが、サブリース業者から勧
誘を行うよう依頼されている者等が該当し、依頼の形式、資
本関係は問わないとされ、個別の事案に応じて客観的に判断
されます。

【例】

- サブリース業者からマスターリース契約の勧誘を行うことについて委
託を受けている者
- 親会社、子会社、関連会社のサブリース業者のマスターリース契約に
ついて勧誘を行う者
- サブリース業者が顧客を勧誘する目的で作成した資料を用いてマス
ターリース契約の内容や条件等を説明し、当該契約の勧誘を行ってい
る者
- サブリース業者から、勧誘の謝礼として紹介料等の利益を受け取って
いる者
- 勧誘者が勧誘行為を第三者に委託した場合の当該第三者

---

❷ サブリース業者のマスターリース契約の締結に向けた勧誘を行う者

勧誘者の具体例としては、次のようなものが考えられます。

---

❶ 建設会社、不動産業者、金融機関等の法人やファイナンシャルプランナー、コンサルタント等の個人が、サブリース業者から勧誘の委託を受けて、当該事業者とのマスターリース契約の内容や条件等を前提とした資産運用の企画提案を行ったり、当該マスターリース契約を締結することを勧めたりする場合

❷ 建設業者や不動産業者が、自社の親会社、子会社、関連会社のサブリース業者のマスターリース契約の内容や条件等を説明したり、当該マスターリース契約を結ぶことを勧めたりする場合

❸ 建設業者が賃貸住宅のオーナーとなろうとする者に対し、その者が保有する土地や購入しようとしている土地にアパート等の賃貸住宅の建設を行う企画提案をする際に、建設請負契約を結ぶ対象となる賃貸住宅に関して、顧客を勧誘する目的でサブリース業者が作成したマスターリース契約の内容や条件等を説明する資料等を使って、賃貸事業計画を説明したり、当該マスターリース契約を結ぶことを勧めたりする場合

❹ 賃貸住宅のオーナーが賃貸住宅のオーナーとなろうとする者に対し、自己の物件についてマスターリース契約を結んでいるサブリース業者等特定のサブリース業者から、勧誘の対価として紹介料等の金銭を受け取り、当該サブリース業者とマスターリース契約を結ぶことを勧めたり、当該マスターリース契約の内容や条件等を説明したりする場合

特定の事業者の契約内容や条件等に触れずに、一般的なサブリースの仕組みの説明にとどまる場合や単に特定転貸事業者（サブリース業者）を紹介する行為は、勧誘行為に該当しません。また、勧誘が不特定多数の者に向けられたものであっ

ても、特定のサブリース業者のマスターリース契約の内容や条件等を具体的に認識できるような内容であって、それが個別のオーナーとなろうとする者の意思形成に影響を与える場合は、勧誘に該当することがあります。

2 業務

出題
2021 2022 2023

1 特定転貸事業者・勧誘者に対する規制

特定転貸事業者（サブリース業者）および勧誘者には、次のような規制が設けられています。

1 誇大広告等の禁止

特定転貸事業者または勧誘者は、特定賃貸借契約の条件について広告をするときは、特定賃貸借契約に基づき特定転貸事業者が支払うべき家賃、賃貸住宅の維持保全の実施方法、特定賃貸借契約の解除に関する事項その他の国土交通省令で定める事項について、著しく事実に相違する表示をし、または実際のものよりも著しく優良であり、もしくは有利であると人を誤認させるような表示（誇大広告等）をしてはなりません。

ここでいう「**誇大広告等**」には、誇大広告や虚偽広告が含まれます。

> 誇大広告＝実際よりも優良であると見せかけて相手を誤認させる広告
> 虚偽広告＝虚偽の表示により相手を欺く広告

広告の媒体については、新聞の折り込みチラシ・インターネット等**種類を問わず**適用対象となります。

著しく事実に相違する表示をし、または実際のものよりも著しく優良でありもしくは有利であると誤認させる表示をしてはならない事項は、次に掲げる事項をいいます。

❶ 特定賃貸借契約の相手方に支払う家賃の額、支払期日および支払方法等の賃貸の条件ならびにその変更に関する事項

これは、特定転貸事業者が賃貸人に支払うべき家賃の額、支払期日およびその支払方法、当該額の見直しがある場合はその見直しの時期、借地借家法第32条に基づく家賃の減額請求権および利回りをいいます。★1

❷ 賃貸住宅の維持保全の実施方法

特定転貸事業者が行う賃貸住宅の維持保全の内容、頻度、実施期間等をいいます。

❸ 賃貸住宅の維持保全に要する費用の分担に関する事項

維持保全の費用を負担する者および当該費用に関する特定転貸事業者と賃貸人の負担割合をいいます。

❹ 特定賃貸借契約の解除に関する事項

契約期間、契約の更新時期および借地借家法第28条に基づく更新拒絶等の要件をいいます。

また、**打消し表示**について、きちんと認識できるかどうかも留意する必要があります。★2

「打消し表示」とは、広告等によくある「個人の感想です。効果を保証するものではありません」などという文言などを想像してください。

2 不当な勧誘等の禁止

特定転貸事業者または勧誘者は、特定賃貸借契約の締結の勧誘をする際や、その解除を妨げるため、特定賃貸借契約の相手方または相手方となろうとする者に対し、当該特定賃貸借契約に関する事項であって、特定賃貸借契約の相手方または相手方となろうとする者の判断に影響を及ぼすこととなる重要なものにつき、故意★3に事実を告げない行為や、不実のことを告げる行為をしてはなりません（不当な勧誘等の禁止）。それのみならず、保護に欠ける行為（威迫したり、迷惑な時

★1
講師からひと言

「家賃保証」「空室保証」などの文言に隣接する箇所に、定期的な家賃の見直しがある場合にその旨および借地借家法第32条の規定により減額されることがあることが表示されていない場合などをいいます。

★2
講師からひと言

打消し表示は離れたところに記載しても、記載したことになりません。また、打消し表示をすれば誇大広告に該当しないというわけではありません。

★3
講師からひと言

特定転貸事業者であれば当然知っていると思われる事項を告げなかった場合、故意であると考えられます。

間に訪問したりする★4等）もこれに該当します。

★4
講師からひと言
夜の9時から朝の8
時までの間

> [具体例] 家賃減額リスクや、契約期間中の特定
> 転貸事業者からの契約解除の可能性、借地借家法
> 第28条の規定によりオーナーからの解約には正
> 当事由が必要であることについて伝えず、サブ
> リース事業のメリットのみを伝える

2 マスターリース契約の重要事項説明

　マスターリース契約を締結する際には、**契約締結前**に、特定賃貸借契約の相手方となろうとする者に対して、書面を交付して重要事項の説明をしなければなりません。重要事項説明は、特定賃貸借契約の相手方となろうとする者が内容を十分理解した上で契約を締結できるよう、説明から契約締結までに1週間程度の期間をおくことが望ましいとされています。

　説明義務を負うのは、特定転貸事業者です。★5 説明は契約締結前に義務付けられていますから、重要事項説明書面は、契約締結時の書面と一体のものとして交付することはできません。

　説明を行う者に特に制限はないため、**業務管理者でなくとも構いません**。

★5
講師からひと言
特定転貸事業者自らが行わなければならないので、第三者に委託することはできません。

1 説明事項

　書面に記載して説明すべき内容は以下の通りです。

❶ 特定転貸事業者の商号、名称または氏名および住所

❷ 特定賃貸借契約の対象となる賃貸住宅

　　賃貸住宅の所在地、物件の名称、構造、面積、住戸部分（部屋番号）、その他の部分（廊下、階段、エントランスなど）、建物設備（ガス、上下水道など）、附属設備（駐車場など）等が説明事項です。

❸ 特定賃貸借契約の相手方に支払う家賃の額、支払期日、および支払方法等の条件ならびにその変更に関する事項

家賃の額、設定根拠、支払期限、支払方法、改定日などの家賃の変更に関する事項、免責期間等が説明事項です。

❹ 特定転貸事業者が行う賃貸住宅の維持保全の実施方法

回数や頻度を明示して、維持保全のために行う行為を可能な限り具体的に説明しなければなりません。

❺ 特定転貸事業者が行う賃貸住宅の維持保全に要する費用の分担に関する事項

賃貸人と特定転貸事業者のどちらが費用を負担するかの具体的な分担について説明します。★6

❻ 特定賃貸借契約の相手方に対する維持保全の実施状況の報告に関する事項

賃貸人へ報告する内容やその頻度が説明事項です。

❼ 損害賠償額の予定または違約金に関する事項

引渡し日に物件を引き渡さない場合や、家賃が支払われない場合等の債務不履行や、契約の解約の場合等の損害賠償額の予定、または違約金を定める場合にはその内容が説明事項とされています。

❽ 責任および免責に関する事項

天災による損害等、特定転貸事業者が責任を負わないこととする場合はその旨が、また、賃貸人が賠償責任保険等への加入をすることや、その保険に対応する損害については特定転貸事業者が責任を負わないこととする場合はその旨が、それぞれ説明事項となります。

❾ 契約期間に関する事項

契約の種類（普通借家か定期借家か）とともに、契約の始期、終期、期間を説明することが必要です。

❿ 転借人の資格その他の転貸の条件に関する事項

転貸の条件としての、反社会的勢力への転貸の禁止等が説明事項です。

★6
講師からひと言

特定転貸事業者が行う維持保全の具体的な内容や設備ごとに、賃貸人と特定転貸事業者のどちらが、それぞれの維持や修繕に要する費用を負担するのかについて記載します。また、設備ごとに費用負担者が変わる場合や、賃貸人負担となる経年劣化や通常損耗の修繕費用など、どのような費用が賃貸人負担になるかについて具体的に記載します。

⓫ 転借人に対する❹の内容の周知に関する事項

特定転貸事業者が行う維持保全の内容を、どのような方法で周知するのかが説明事項です。

⓬ 特定賃貸借契約の更新および解除に関する事項

更新については、両者が協議の上、更新することができるなどの更新の方法が説明事項となります。解除については、債務不履行があった際には契約を解除すること、解除の特約を設ける場合にはその旨が説明事項です。

⓭ 特定賃貸借契約が終了した場合における特定転貸事業者の権利義務の承継に関する事項

特定賃貸借契約が終了した場合、賃貸人が特定転貸事業者の転貸人の地位を承継することとする定めを設けるときは、その旨を記載し、説明することを要します。

⓮ 借地借家法その他特定賃貸借契約に係る法令に関する事項の概要

借地借家法第32条1項（借賃増減額請求権）については、サブリース業者が減額請求をすることが可能である旨等が、借地借家法第28条（更新拒絶等の要件）については、オーナーからの更新拒絶には正当事由が必要である旨等が、説明事項です。

2 説明不要となる例外

特定賃貸借契約の相手方になろうとする者が、以下の者である場合には、重要事項説明が不要となります。★7

> ❶ 特定転貸事業者
> ❷ 賃貸住宅管理業者
> ❸ 宅地建物取引業者
> ❹ 特定目的会社
> ❺ 組合（組合員の間で不動産特定共同事業契約が締結されているもの）
> ❻ 賃貸住宅に係る信託の受託者

★7
講師からひと言

契約の相手方に一定の知識や経験があったとしても、左の例外に含まれていない場合には、重要事項説明をすることが必要です。

⑦ 独立行政法人都市再生機構

⑧ 地方住宅供給公社

★8
講師からひと言

電話での重要事項説明は、あくまで変更時のみであり、新規契約時には認められていない点に注意してください。

3 変更時

契約内容を変更する場合は、変更のあった事項につき、改めて重要事項説明が必要となります。その際、以下の要件を満たせば、電話での重要事項説明も認められます。★8

❶ 事前に特定賃貸借契約変更契約の重要事項説明書等を送付し、その送付から一定期間後に説明を実施するなどして、賃貸人が変更契約締結の判断を行うまでに十分な時間をとること

❷ 賃貸人から特定転貸事業者に対し、電話により特定賃貸借契約変更契約の重要事項説明を行ってほしいとの依頼があること

❸ 賃貸人が、特定賃貸借契約変更契約の重要事項説明書等を確認しながら説明を受けることができる状態にあることについて、特定転貸事業者が重要事項説明を開始する前に確認していること

❹ 賃貸人が、電話による説明をもって当該特定賃貸借契約変更契約の重要事項説明の内容を理解したことについて、特定転貸事業者が重要事項説明を行った後に確認していること

なお、契約期間のみ延長することや、商号または名称の変更等であれば、契約内容変更とはみなされません。

4 オーナーチェンジ時

特定賃貸借契約が締結されている家屋が、契約期間中に売却等されてオーナーチェンジが行われ、従前と同一の内容によって当該特定賃貸借契約が承継される場合、重要事項説明をする必要はありません。ただし、特定転貸事業者は賃貸人の地位の移転を認識した後、遅滞なく、新たな賃貸人に当該特定賃貸借契約の内容がわかる書類を交付することが望まし

いです。

5 電磁的方法での提供

重要事項説明書を、賃貸住宅の賃貸人となる者の承諾があれば、紙ではなく電磁的方法で提供することができます。電磁的方法は以下の4種類の方法が認められています。

> ❶ 電子メール等による方法
> ❷ ダウンロードする方法
> ❸ ウェブサイトの閲覧等による方法
> ❹ 磁気ディスク等を交付する方法

重要事項説明書を電磁的方法で提供する場合、出力して書面を作成でき、改変が行われていないか確認できることにも留意する必要があります。

6 ITの活用による重要事項説明

重要事項説明をテレビ会議等のITを活用して実施することができます。そのための条件は以下の通りです。

> ❶ 説明者および重要事項の説明を受けようとする者が、図面等の書類および説明の内容について十分に理解できる程度に映像を視認でき、かつ、双方が発する音声を十分に聞き取ることができるとともに、双方向でやりとりできる環境において実施していること。
> ❷ 重要事項の説明を受けようとする者が承諾した場合を除き、重要事項説明書および添付書類をあらかじめ送付していること。
> ❸ 重要事項の説明を受けようとする者が、重要事項説明書および添付書類を確認しながら説明を受けることができる状態にあることならびに映像および音声の状況について、説明者が説明を開始する前に確認していること。

特定転貸事業者は、特定賃貸借契約を締結したときは、契約の相手方である賃貸人に対して、**遅滞なく**、定められた事項を記載した書面（契約締結時書面）を交付しなければなりません。

特定賃貸借契約を締結する際には、一般的には契約書を締結するため、契約書に契約締結時書面に必要事項が記載されていれば、その契約書を契約締結時書面とすることができます。★9

なお、国土交通省は、契約締結時書面のひな型である「特定賃貸借標準契約書」を定めています。

★9
講師からひと言

特定賃貸借契約と管理受託契約を1つの契約として結ぶ場合、管理受託契約の契約締結時書面と、特定賃貸借契約の契約締結時書面を1つにまとめることは可能です。

1 記載事項

❶ 特定賃貸借契約を締結する特定転貸事業者の商号、名称または氏名および住所

❷ 特定賃貸借契約の対象となる賃貸住宅

❸ 契約期間に関する事項

❹ 特定賃貸借契約の相手方に支払う家賃その他賃貸の条件に関する事項

❺ 特定転貸事業者が行う賃貸住宅の維持保全の実施方法

❻ 特定転貸事業者が行う賃貸住宅の維持保全に要する費用の分担に関する事項

❼ 特定賃貸借契約の相手方に対する維持保全の実施状況の報告に関する事項

❽ 損害賠償額の予定または違約金に関する定めがあるときは、その内容

❾ 責任および免責に関する定めがあるときは、その内容

❿ 転借人の資格その他の転貸の条件に関する事項

⓫ 転借人に対する特定転貸事業者が行う賃貸住宅の維持保全の実施方法の周知に関する事項

⑫ 契約の更新または解除に関する定めがあるときは、その内容
⑬ 特定賃貸借契約が終了した場合における特定転貸事業者の権利義務の承継に関する事項

2 変更時

契約内容の同一性を保ったまま、契約期間のみ延長する内容で更新する場合、更新時に書面交付は不要です。

しかし、契約内容を変更する場合は、変更のあった事項につき、改めて契約締結時書面の交付が必要となります。ただし、商号または名称の変更等であれば、契約内容変更とはみなされません。

3 電磁的方法での提供

相手方の承諾があれば、契約締結時書面の交付に代えて、当該書面を記載すべき事項を電磁的方法により提供することができます。電磁的方法は以下の4種類の方法が認められています。

❶ 電子メール等による方法
❷ ダウンロードする方法
❸ ウェブサイトの閲覧等による方法
❹ 磁気ディスク等を交付する方法

契約締結時書面を電磁的方法で提供する場合、出力して書面を作成でき、改変が行われていないか確認できることにも留意する必要があります。

4 書面閲覧

特定転貸事業者は、業務および財産の状況を記載した書面を、事業年度ごとに当該事業年度経過後**3カ月以内**に作成し、遅滞なく営業所または事務所ごとに備え置く必要があります。★10 備え置かれた日から起算して**3年**は備え置き、特定賃貸借契約の相手方または相手方となろうとする者の閲覧請求があった場合には閲覧させる必要があります。備え置きが必要な書類は以下の通りです。

> ❶ 業務状況調書
>   [必要事項]
>   - 特定賃貸借契約の件数
>   - 契約額
>   - 契約の相手方の数
>   - 契約棟数
>   - 契約戸数
> ❷ 貸借対照表および損益計算書またはこれらに代わる書面

★10

講師からひと言

業務状況調書等を電磁的方法で保存する場合、電子計算機その他の機器を用いて明確に紙面で表示される状態におかなければなりません。

3 監督

出題
2021 2022

1 監督処分

特定転貸事業者や勧誘者は、**指示処分**や**業務停止命令**（勧誘者は**勧誘停止命令**）を受けることがあります。★1 ただし、サブリース方式には「登録制度」が存在しないため、登録の取消処分などはありません。

2 監督処分と罰則

特定転貸事業者および勧誘者に対する監督処分や罰則の有

★1

チェック

勧誘者の違反であっても、特定転貸事業者が処分を受けることもあります。

無については、以下の通りとなります。

	監督処分	罰則
誇大広告等の禁止違反（28条）	○	○
不当な勧誘等の禁止違反（29条）	○	○
契約締結前の書面交付違反（30条）	○	○
契約締結時の書面交付違反（31条）	○	○
書類の閲覧違反（32条）	○	○
国土交通大臣の指示に違反（33条）	―	○
指示処分に従わない（34条）	○	―
業務停止命令に従わない（34条） 勧誘停止命令に従わない（34条）	―	○
国土交通大臣による報告徴収・立入検査に対応しない場合（36条）	―	○

3 申出

　特定転貸事業者が行う違反行為を行政がすべて把握するのは困難です。そこで、マスターリース契約の相手方であるオーナー等から意見申出の機会を確保することで、業者の違反行為を把握できるようにすることを目的としています。

4 報告徴収および立入検査

　国土交通大臣は、特定賃貸借契約の適正化を図るために必要があるときは、特定転貸事業者等に対し、その業務について報告を求めることができます。また、関係者に質問させることもできます。立入検査をする職員は、立入りの際には身分証を携帯して、関係者に提示しなければなりません。★2

　なお、この立入検査は、監督処分に係る権限を行うため必要な限度においてのみ認められるものであって、犯罪捜査のために認められたものではありません。

★2
講師からひと言

原則として令状による犯罪捜査としての立入り以外の立入りは認められないため、この規定を置いています。

第2章 特定賃貸借標準契約書

学習ポイント

「標準〜書」とあったら、書面の「ひな型」のことだと考えてください。契約書を作成するといっても、どんな契約書にすればよいのか、という見本だと考えてください。

1 特定賃貸借標準契約書とは

貸主（賃貸住宅所有者）と借主（特定転貸事業者）との間で結ばれる契約書のひな型として、「**特定賃貸借標準契約書**」というものがあります。

2 記載内容

出題
2021 2022 2023

1 契約期間と引渡し

1 契約期間

契約期間は、貸主と借主で定めた契約の始期から終期までの期間としています。

2 引渡し

貸主は定められた引渡日までに、借主に対し、賃貸物件を引き渡さなければなりません。また、契約の始期と引渡日は異なることがあります。

貸主は、借主が賃貸物件の適切な維持保全を行うために必要な情報を提供しなければなりません。貸主が引渡しや情報提供をしなかったため借主に生じた損害は、貸主が負担することとしています。

2 金銭関連

1 家賃

　借主は家賃を貸主に支払わなければなりません。なお、1カ月に満たない期間の家賃は、1カ月を30日として**日割計算**した額としています。

2 家賃の改定

　貸主および借主は、家賃改定日において、家賃額決定の要素とした事情等を総合的に考慮した上で、次の事由のどれかに該当する場合には、協議の上、家賃を改定することができます。

---

❶ 土地または建物に対する租税その他の負担の増減により家賃が不相当となった場合

❷ 土地または建物の価格の上昇または低下その他の経済事情の変動により家賃が不相当となった場合

❸ 近傍同種の建物の家賃に比較して家賃が不相当となった場合

---

3 家賃支払義務発生日

　借主は、支払い免責期間（フリーレント期間）においては家賃支払い義務を負いません。借主は、家賃支払義務発生日から家賃を貸主に支払わなければなりません。

4 敷金

　借主は、特定賃貸借契約から生じる債務の担保として敷金を貸主に交付します。貸主は、借主が特定賃貸借契約から生じる債務を履行しないときは、敷金をその債務の弁済に充てることができます。借主は、賃貸物件を返還するまでの間、敷金を当該債務の弁済に充てることを請求することができません。

　貸主は、特定賃貸借契約が終了し、賃貸物件の返還があったときは、遅滞なく、敷金の全額を借主に返還しなければな

りません。賃貸物件の返還時に、家賃の滞納その他の特定賃貸借契約から生じる借主の債務の不履行が存在する場合には、貸主は、敷金から当該債務の額を差し引いた額を返還します。なお、貸主は、敷金から差し引く債務の内訳を借主に明示しなければなりません。

3 条件

1 使用目的

借主は、**専ら住宅として使用すること**を目的として賃貸物件を転貸します。貸主は、借主が賃貸物件を借り受け、これを専ら住宅として使用することを目的として第三者に転貸することを承諾することとしています。

借主が住宅宿泊事業法に基づく住宅宿泊事業または国家戦略特区法に基づく外国人滞在施設経営事業を目的として転貸することができるか否かについては、特約で定めることとされています。

2 反社会的勢力の排除

貸主および借主は、それぞれ相手方に対し、次の事項を確約します。

---

❶ 自らが、暴力団、暴力団関係企業、総会屋もしくはこれらに準ずる者またはその構成員（反社会的勢力）ではないこと

❷ 自らの役員が反社会的勢力ではないこと

❸ 反社会的勢力に自己の名義を利用させ、契約を締結するものでないこと

❹ 自らまたは第三者を利用して、次の行為をしないこと
　(1)相手方に対する脅迫的な言動または暴力を用いる行為
　(2)偽計または威力を用いて相手方の業務を妨害し、または信用を毀損する行為

また、借主は、貸主の承諾の有無にかかわらず、賃貸物件の全部または一部につき、反社会的勢力に賃借権を譲渡してはなりません。

3 転貸の条件等

貸主は、契約で定めた転貸の条件に従い、借主が賃貸物件を転貸することを承諾することとしています。借主は、反社会的勢力に本物件を転貸してはなりません。

借主は、次の内容を転貸条件としなければなりません。

❶ 借主および転借人は、それぞれ相手方に対し、次の事項を確約すること

(1)自らが反社会的勢力でないこと

(2)自らの役員が反社会的勢力でないこと

(3)反社会的勢力に自己の名義を利用させ、契約を締結するものでないこと

(4)自らまたは第三者を利用して、次の行為をしないこと

　a．相手方に対する脅迫的な言動または暴力を用いる行為

　b．偽計または威力を用いて相手方の業務を妨害し、または信用を毀損する行為

❷ 転借人は、借主の承諾の有無にかかわらず、賃貸物件の全部または一部につき、反社会的勢力に転借権を譲渡し、または再転貸してはならないとすること

❸ 転借人は、賃貸物件の使用にあたり、次の行為を行ってはならない

(1)賃貸物件を反社会的勢力の事務所その他の活動の拠点に供すること

(2)賃貸物件またはその周辺において、著しく粗野もしくは乱暴な言動を行い、または威勢を示すことにより、付近の住民または通行人に不安を覚えさせること

(3)賃貸物件に反社会的勢力を居住させ、または反復継続して反社会的勢力を出入りさせること

❹ 借主または転借人の一方について、次のいずれかに該当した場合には、その相手方は、何らの催告も要せずして、転貸借契約を解除することができるとすること

　　⑴ ❶の確約に反する事実が判明した場合

　　⑵ 契約締結後に自らまたは役員が反社会的勢力に該当した場合

❺ 借主は、転借人が❷の義務に違反した場合または❸の行為を行った場合には、何らの催告も要せずして、転貸借契約を解除することができる

4 財産の分別管理

　借主は、転貸借契約から生じる転借人の債務の担保として転借人から交付された敷金について、整然と管理する方法により、自己の固有財産および他の賃貸人の財産と分別して管理しなければなりません。

4 維持保全

1 維持保全の実施方法

　借主は、維持保全を行わなければなりません。その際、以下の規定を守らなければなりません。

❶ 借主は、業務の一部を、他の者に再委託することができる

❷ 借主は、業務を一括して他の者に委託してはならない

❸ 借主は、再委託した業務の処理について、貸主に対して、自らなしたと同等の責任を負う

❹ 貸主は、借主が管理業務を行うために必要な情報を提供しなければならない

❺ 貸主が、必要な情報を提供せず、または必要な措置をとらず、そのために生じた借主の損害は、貸主が負担する

2 費用の分担

　賃貸物件の点検・清掃等に係る費用は、契約で定めた通り、**貸主または借主が負担するものとします**。貸主は、借主が賃貸物件を使用するために必要な修繕を行わなければなりません。借主が実施するとされている修繕と、借主の責めに帰すべき事由（転借人の責めに帰すべき事由を含む）によって必要となった修繕は、貸主が行う必要はありません。貸主が、賃貸物件につき借主が使用するために必要な修繕を行った場合、その修繕に要する費用は、次の費用を除き、貸主が負担します。

---

❶ 修繕等で借主が費用を負担するとしているもの

❷ 借主の責めに帰すべき事由（転借人の責めに帰すべき事由を含む）によって必要となった修繕

　なお、貸主が修繕を行う場合は、貸主は、あらかじめ借主を通じて、その旨を転借人に通知しなければなりません。貸主は、転借人が拒否する正当な理由がある場合を除き、当該修繕を行うことができます。

　借主は、修繕が必要な箇所を発見した場合には、その旨を速やかに貸主に通知し、修繕の必要性を協議するものとします。その通知が遅れて貸主に損害が生じたときは、借主はこれを賠償しなければなりません。また、その通知が行われた場合において、修繕の必要が認められ、貸主が修繕しなければならないにもかかわらず、貸主が正当な理由なく修繕を実施しないときは、借主は自ら修繕することができます。

　借主は、災害または事故等の事由により、緊急に行う必要がある業務で、貸主の承認を受ける時間的な余裕がないものについては、貸主の承認を受けないで実施することができま

す。その際、借主は、速やかに書面をもって、その業務の内容およびその実施に要した費用の額を貸主に通知しなければなりません。緊急に行う必要がある業務の実施の通知を受けた費用については、貸主はこれを支払うものとします。ただし、借主の責めによる事故等の場合はこの限りではありません。

借主が修繕を行うに際しては、その内容および方法についてあらかじめ貸主と協議して行うものとし、その費用は、契約で定める通り、貸主または借主が負担するものとします。

3 維持保全の内容等の転借人に対する周知

借主は、賃貸物件について自らを転貸人とする転貸借契約を締結したときは、転借人に対し、遅滞なく、維持保全の内容および借主の連絡先を記載した書面または電磁的方法により通知します。

4 維持保全の実施状況の報告

借主は、貸主と合意に基づき定めた期日に、貸主と合意した頻度に基づき定期に、貸主に対し、維持保全の実施状況の報告をするものとします。報告の対象には、転貸の条件の遵守状況を含みます。上記の報告のほか、貸主は、必要があると認めるときは、借主に対し、維持保全の実施状況に関して報告を求めることができます。

上記の報告において、貸主は、借主に対し、維持保全の実施状況に係る関係書類の提示を求めることができます。

貸主または借主は、必要があると認めるときは、維持保全の実施状況に関して相互に意見を述べ、または協議を求めることができます。

5 善管注意義務等

借主は、善良な管理者の注意をもって賃貸物件を使用し、維持保全します。

借主は、借主またはその従業員が、維持保全の実施に関し、貸主または第三者に損害を及ぼしたときは、貸主または第三者に対し、賠償の責任を負います。ただし、借主は、借主の

責めに帰することができない事由によって生じた損害について
は、その責を負いません。

5 個人情報保護法等の遵守

　貸主および借主は、賃貸物件の維持保全を行うに際しては、
個人情報保護法および行政手続における特定の個人を識別す
るための番号の利用等に関する法律を遵守し、個人情報およ
び個人番号について適切な対処をすることができるように、互
いに協力するものとします。

6 禁止または制限される行為

1 無断譲渡の禁止

　借主は、事前の貸主の書面または電磁的方法による承諾を
得ることなく、賃貸物件の全部または一部につき賃借権を譲
渡してはなりません。

2 無断増築等の禁止

　借主は、事前の貸主の書面または電磁的方法による承諾を
得ることなく、賃貸物件の増築、改築、移転、改造または賃
貸物件の敷地内における工作物の設置をしてはなりません。

7 通知義務等

1 登記内容変更等の通知

　貸主は、賃貸物件の登記内容の変更等、特定賃貸借契約の
履行に影響を及ぼす一定事由が生じた場合には、借主に対し
て、遅滞なく通知しなければなりません。

2 損害保険の加入状況の通知

　貸主は、賃貸物件の住宅総合保険、施設所有者賠償責任保
険等の損害保険の加入状況を借主に通知しなければなりませ
ん。

3 その他の通知

　借主は、特定賃貸借契約の履行に影響を及ぼす一定事由が
生じた場合には、貸主に対して、遅滞なく通知しなければな

りません。

8 契約の解除・終了・更新

1 契約の解除

　貸主は、借主が次に掲げる場合において、貸主が相当の期間を定めて当該義務の履行を催告したにもかかわらず、その期間内に当該義務が履行されないときは、**特定賃貸借契約を解除する**ことができます。

❶ 家賃支払義務を３カ月分以上怠った場合
❷ 転貸の条件等（P183参照）に違反した場合
❸ 借主の費用負担義務に違反した場合

　貸主は、借主が次に掲げる義務に違反した場合において、貸主が相当の期間を定めて当該義務の履行を催告したにもかかわらず、その期間内に当該義務が履行されずに当該義務違反により特定賃貸借契約を継続することが困難であると認められるに至ったときは、**特定賃貸借契約を解除する**ことができます。

❶ 賃貸物件の使用目的遵守義務
❷ 無断転貸や無断増築等の禁止義務
❸ その他契約書に規定する借主の義務

　貸主または借主の一方について、次のいずれかに該当した場合には、その相手方は、**何らの催告も要せずして、特定賃貸借契約を解除する**ことができます。

❶ 反社会的勢力に該当しない旨の確約に反する事実が判明した場合

❷ 契約締結後に自らまたは役員が反社会的勢力に該当した場合

❸ 相手方に信頼関係を破壊する特段の事情があった場合

2 契約の終了

特定賃貸借契約は、賃貸物件の全部が滅失その他の事由により使用できなくなった場合には、これによって終了します。

3 契約の更新

貸主および借主は、協議の上、特定賃貸借契約を更新することができます。

貸主または借主は、特定賃貸借契約の更新を希望しない場合には、契約期間の満了の1年前から6カ月前までの間に相手方に対して更新をしない旨の通知（更新拒絶通知）をするものとします。なお、貸主による更新拒絶通知は、正当事由がなければすることができません。

4 物件の返還

借主は、特定賃貸借契約が終了する日までに（契約が解除された場合は直ちに）、住戸部分のうちの空室およびその他の部分について、転貸借に関する通常の使用に伴い生じた当該部分の損耗および当該部分の経年変化を除き、借主の責めに帰すべき事由（転借人の責めに帰すべき事由を含む）によって必要となった修繕を行い、返還日を事前に貸主に通知した上で、貸主に賃貸物件を返還しなければなりません。

5 情報の提供

借主は、賃貸物件を返還するときには、貸主または貸主の指定する者に対して、賃貸物件の適切な維持保全を行うために必要な情報を提供しなければなりません。

6 権利義務の承継

特定賃貸借契約が終了した場合には、貸主は、転貸借契約における借主の転貸人の地位を当然に承継します。ただし、滅失その他の事由により賃貸物件が使用できなくなった場合により契約が終了した場合を除きます。

7 権利義務が承継されない場合

転借人について反社会的勢力に該当しない旨の確約に反する事実が判明した場合または転借人が転借権譲渡等の禁止義務に違反した場合もしくは賃貸物件を反社会的勢力の事務所として使用する等を行った場合の当該転借人に係る転貸借契約については、権利義務が承継されません。

8 必要書類等の引渡し

貸主が転貸借契約における借主の転貸人の地位を承継する場合、借主は、転借人から交付されている敷金、賃貸借契約書、その他地位の承継に際し必要な書類を貸主に引き渡さなければなりません。

第 **3** 編

サブリース

一問一答

1 ☑☑☑

特定転貸事業者である親会社との間で特定賃貸借契約を結ぶよう勧める場合の子会社は、勧誘者にあたらない。（2021-40-ウ）

2 ☑☑☑

借主が、1年間の海外留学期間中、第三者に転貸することを可能とする条件でされた貸主と借主との間の賃貸借契約は、特定賃貸借契約に該当する。（2022-35-2）

3 ☑☑☑

特定転貸事業者が、特定賃貸借契約の条件について広告をするに際し、借地借家法上の賃料減額請求が可能であるにもかかわらず、その旨を表示せず、「10年家賃保証」と表示した。賃貸住宅管理業法に違反する。（2021-39-エ）

4 ☑☑☑

特定転貸事業者が、特定賃貸借契約の条件について広告をするに際し、実際の周辺相場について調査していなかったが、「周辺相場より高い家賃で借り上げ」と表示した。賃貸住宅管理業法に違反する。（2021-39-ア）

▶ テキスト 第1章 **1**

親会社、子会社、関連会社のサブリース業者（特定転貸事業者）のマスターリース契約（特定賃貸借契約）について勧誘を行う者も、**勧誘者**に当たります（サブリース事業に係る適正な業務のためのガイドライン3（2））。

▶ テキスト 第1章 **1**

「特定賃貸借契約（マスターリース契約）」とは、賃貸人と賃借人との間で締結される賃貸住宅の賃貸借契約であって、賃借人が、当該賃貸住宅を転貸する事業を営むことを目的として締結されるものをいい、ここで、事業を営むとは、営利の意思を持って反復継続的に転貸することを指します。個人が賃借した賃貸住宅について、**事情により、一時的に第三者に転貸するような場合は、特定賃貸借契約に該当しません**（賃貸住宅管理業法FAQ集1（3）No.1）。

▶ テキスト 第1章 **2**

特定転貸事業者等は、誇大広告をしてはなりません。これには、実際のものよりも著しく優良であり、若しくは著しく有利であると人を誤認させるような表示がありますが、具体例として、契約期間内に定期的な家賃の見直しや借地借家法に基づきサブリース業者からの減額請求が可能であるにもかかわらず、その旨を表示せず、「○年家賃保証！」「支払い家賃は契約期間内確実に保証！一切収入が下がりません！」といった表示をして、当該期間家賃収入が保証されているかのように誤解されるような表示をしているものがあります（サブリース事業に係る適正な業務のためのガイドライン4（7）①）。

▶ テキスト 第1章 **2**

特定転貸事業者等は、不当な勧誘等をしてはなりません（不当な勧誘等の禁止。賃貸住宅管理業法29条）。これには、故意に不実のことを告げる行為がありますが、具体例として、近傍同種の家賃よりも明らかに高い家賃設定で、持続的にサブリース事業を行うことができないにもかかわらず、「周辺相場よりも当社は高く借り上げることができる」といったことを伝える行為があります（サブリース事業に係る適正な業務のためのガイドライン5（6）②）。

特定賃貸借契約重要事項説明は3年以上の実務経験を有する者によって行わなければならないが、これを満たす従業員がいない場合には、このような実務経験を有する第三者に委託して行わせることができる。(2022-39-1)

特定賃貸借契約重要事項説明から特定賃貸借契約の締結までに、1週間以上の期間をおかなければならない。(2022-39-2)

特定賃貸借契約重要事項説明に関して、特定賃貸借契約において家賃改定日を定める場合はその旨を説明すればよく、これに加えて借地借家法に基づく減額請求について説明する必要はない。(2022-40-1)

▶ テキスト 第1章 **2**

特定転貸事業者は、特定賃貸借契約を締結しようとするときは、特定賃貸借契約の相手方となろうとする者に対し、当該特定賃貸借契約を締結するまでに、書面を交付する等して特定賃貸借契約重要事項説明をしなければなりません（賃貸住宅管理業法30条1項、2項）。この説明は、一定の実務経験を有する者や賃貸不動産経営管理士など、専門的な知識及び経験を有する者によって行われることが望ましいとされていますが、どのような者に当該説明をさせなければならないかについて法律上定めはありません。また、当該説明は、**特定転貸事業者自らが行う必要があります**（賃貸住宅管理業法の解釈・運用の考え方30条関係1、賃貸住宅管理業法FAQ集4（4）No.7）。

▶ テキスト 第1章 **2**

特定賃貸借契約重要事項説明については、特定賃貸借契約の相手方となろうとする者が契約内容とリスク事項を十分に理解した上で契約を締結できるよう、説明から契約締結までに1週間程度の期間をおくことが**望ましい**とされています（賃貸住宅管理業法の解釈・運用の考え方30条関係1）。しかし、必ずしも1週間以上の期間をおかなければならないわけではありません。

▶ テキスト 第1章 **2**

特定転貸事業者の名称、当該特定転貸事業者が賃貸人に支払う家賃の額、家賃の設定根拠、支払期限、支払方法、家賃改定日等は、特定賃貸借契約重要事項として説明しなければなりません（賃貸住宅管理業法施行規則46条1号、3号）。この場合、特定賃貸借契約において、家賃改定日が定められていても、**借地借家法に基づく減額請求が可能であることについて、その説明をします**（同法施行規則46条14号、賃貸住宅管理業法の解釈・運用の考え方30条関係2（3））。

8 ☑ ☑ ☑

特定賃貸借契約の相手方が賃貸住宅管理業者である場合、特定賃貸借契約重要事項説明は省略してもよい。(2022-39-3)

9 ☑ ☑ ☑

特定転貸事業者が賃貸住宅の維持保全を行う回数や頻度については、重要事項として契約の相手方に説明が必要である。(2021-37-エ)

10 ☑ ☑ ☑

特定賃貸借契約重要事項説明に関して、特定賃貸借契約を賃貸人と特定転貸事業者との協議の上で更新することができることとする場合は、その旨を説明すればよく、更新拒絶に正当な事由が必要である旨を説明する必要はない。(2022-40-2)

▶ テキスト 第1章 **2**

特定転貸事業者は、特定賃貸借契約を締結しようとするときは、特定賃貸借契約重要事項説明をしなければなりません。もっとも、特定転貸事業者である者その他の特定賃貸借契約に係る専門的知識及び経験を有すると認められる者は、説明の相手方から除かれます（賃貸住宅管理業法30条1項かっこ書き）。賃貸住宅管理業者は、これに含まれるため（同法施行規則45条2号）、**特定賃貸借契約重要事項説明は省略できます。**

▶ テキスト 第1章 **2**

特定転貸事業者は、特定賃貸借契約を締結しようとするときは、特定賃貸借契約の相手方となろうとする者に対し、当該特定賃貸借契約を締結するまでに、特定賃貸借契約の内容及びその履行に関する事項であって国土交通省令で定めるものについて、**書面を交付して説明**しなければなりません（賃貸住宅管理業法30条1項）。この「特定賃貸借契約の内容及びその履行に関する事項であって国土交通省令で定めるもの」には、①特定賃貸借契約を締結する特定転貸事業者の商号、名称又は氏名及び住所、②特定賃貸借契約の対象となる賃貸住宅、③特定賃貸借契約の相手方に支払う家賃の額、支払期日及び支払方法等の賃貸の条件並びにその変更に関する事項、④特定転貸事業者が行う賃貸住宅の維持保全の実施方法などがあります（同法施行規則46条）。特定転貸事業者が賃貸住宅の維持保全を行う回数や頻度は上記④に含まれます（賃貸住宅管理業法の解釈・運用の考え方30条関係2（4））。したがって、本肢は、その説明をしなければならない事項となります。

▶ テキスト 第1章 **2**

特定転貸事業者は、賃貸人と特定転貸事業者間における契約の更新の方法（両者の協議の上、更新することができる等）を、特定賃貸借契約重要事項として説明しなければなりません（賃貸住宅管理業法施行規則46条12号、賃貸住宅管理業法の解釈・運用の考え方30条関係2（12））。この場合、普通借家契約として特定賃貸借契約を締結する場合、借地借家法第28条（更新拒絶等の要件）が適用されるため、**賃貸人から更新を拒絶する場合には、正当の事由があると認められる場合でなければすることができない旨の説明をします**（同法施行規則46条14号、同法の解釈・運用の考え方30条関係2（14）②）。

11 ☑☑☑

賃貸住宅管理業務の委託を受けている物件について、新たに特定賃貸借契約を締結する場合、特定賃貸借契約重要事項説明が必要である。(2023-36-1)

12 ☑☑☑

特定賃貸借契約締結時書面は、特定賃貸借契約を締結したときに遅滞なく交付しなければならない。(2022-38-2)

13 ☑☑☑

特定転貸事業者が特定賃貸借契約を更新する際、賃貸人に支払う家賃を減額するのみでその他の条件に変更がなければ、特定賃貸借契約締結時書面の交付は不要である。(2021-36-2)

14 ☑☑☑

特定賃貸借契約締結時書面は、相手方と契約を締結したときのみならず、相手方との契約を更新したときにも、その都度作成しなければならない。(2022-38-3)

▶ テキスト 第1章 **2**

特定転貸事業者は、相手方が特定賃貸借契約重要事項説明の対象となる場合は、その者が特定賃貸借契約について**一定の知識や経験があったとしても、十分な特定賃貸借契約重要事項説明をすることが必要です**（賃貸住宅管理業法の解釈・運用の考え方30条関係1）。したがって、賃貸住宅管理業務の委託を受けている物件について、新たに特定賃貸借契約を締結する場合でも、特定賃貸借契約重要事項説明が必要です。

▶ テキスト 第1章 **2**

特定転貸事業者は、特定賃貸借契約を締結したときは、当該特定賃貸借契約の相手方に対し、遅滞なく、**特定賃貸借契約締結時書面**を交付しなければなりません（賃貸住宅管理業法31条1項）。

▶ テキスト 第1章 **2**

特定転貸事業者が特定賃貸借契約を当初契約と**異なる内容で更新する場合**、特定賃貸借契約締結時書面の交付をします。ここで、「当初契約と異なる内容」とは、契約内容のうち、少なくとも当該締結時の書面に記載する事項が当初契約と異なる場合は、当初契約と異なる内容による契約であると考えられます（賃貸住宅管理業法の解釈・運用の考え方31条関係1項関係2）。特定賃貸借契約の相手方に支払う家賃その他賃貸の条件に関する事項は、当該書面に記載されるものです（賃貸住宅管理業法31条1項2号）。そして、賃貸人に支払う家賃を減額することは、「当初契約と異なる内容」となります。したがって、当該特定賃貸借契約締結時書面の交付が必要です。

▶ テキスト 第1章 **2**

特定賃貸借契約の同一性を保ったままで契約期間のみを延長することや、組織運営に変更のない商号又は名称等の変更等、形式的な変更と認められる場合は、**特定賃貸借契約締結時書面の交付は行わないこと**として差し支えないとされています（賃貸住宅管理業法の解釈・運用の考え方31条1項関係2）。

15 ☑☑☑

特定賃貸借契約締結時の書面には、特定賃貸借契約が終了した場合における特定転貸事業者の権利義務の承継に関する事項を記載しなければならない。（オリジナル）

16 ☑☑☑

特定賃貸借契約締結時書面に記載すべき事項を電磁的方法により提供する場合、あらかじめ相手方の承諾を得なければならない。（2021-36-3）

17 ☑☑☑

特定賃貸借契約の勧誘者は、業務状況調書等の書類を作成・保存し、その勧誘によって特定賃貸借契約を結んだ賃貸人からの求めがあれば、これらを閲覧させなければならない。（2022-37-1）

18 ☑☑☑

特定転貸事業者が、業務状況調書等を電磁的方法による記録で保存する場合には、電子計算機その他の機器を用いて明確に紙面に表示される状態に置かなければならない。（2022-37-2）

19 ☑☑☑

特定転貸事業者は、業務状況調書等の書類を、事業年度ごとに、その事業年度経過後3か月以内に作成し、主たる事務所にまとめて備え置かなければならない。（2022-37-3）

▶ テキスト 第1章 **2**

特定賃貸借契約が終了した場合における特定転貸事業者の権利義務の承継に関する事項は、特定賃貸借契約締結時の書面に記載すべき事項です（賃貸住宅管理業法31条1項7号、同法施行規則48条7号）。

▶ テキスト 第1章 **2**

特定転貸事業者は、特定賃貸借契約締結時書面の交付に代えて、政令で定めるところにより、**当該特定賃貸借契約の相手方となろうとする者の承諾を得て**、当該書面に記載すべき事項を電磁的方法により提供することができます（賃貸住宅管理業法31条2項、30条2項、同法施行令3条）。したがって、この方法により提供する場合、あらかじめ相手方の承諾を得なければなりません。

▶ テキスト 第1章 **2**

特定転貸事業者は、当該特定転貸事業者の業務状況調書等を、特定賃貸借契約に関する業務を行う営業所又は事務所に備え置き、特定賃貸借契約の相手方又は相手方となろうとする者の求めに応じ、閲覧させなければなりません（賃貸住宅管理業法32条）。しかし、**特定賃貸借契約の勧誘者には、このような規定はありません。**

▶ テキスト 第1章 **2**

業務状況調書等を電磁的方法による記録で保存する場合には、**電子計算機その他の機器を用いて明確に紙面に表示される状態**におかなければなりません（賃貸住宅管理業法施行規則49条2項）。

▶ テキスト 第1章 **2**

特定転貸事業者は、業務状況調書等を事業年度ごとに当該事業年度経過後3月以内に作成し、遅滞なく**営業所又は事務所ごと**に備え置かなければなりません（賃貸住宅管理業法施行規則49条3項）。

20 ☑☑☑

特定転貸事業者は、特定賃貸借契約の相手方及び入居者（転借人）からの求めが
あれば、営業所又は事務所の営業時間中、業務状況調書等の書類を閲覧させなけれ
ばならない。(2022-37-4)

21 ☑☑☑

国土交通大臣は、特定転貸事業者が誇大広告等の禁止に違反した場合、違反の是
正のための措置をとるべきことを指示できることがある。(2021-41-3)

22 ☑☑☑

国土交通大臣は、特定転貸事業者が国土交通大臣の指示に従わない場合でも、特定
賃貸借契約に関する業務の全部の停止を命じることはできない。(2021-41-1)

23 ☑☑☑

勧誘者が不当な勧誘等の禁止に違反した場合、特定転貸事業者が監督処分を受け
ることがある。(2021-41-2)

▶ テキスト 第1章 **2**

特定転貸事業者は、**特定賃貸借契約の相手方又は相手方となろうとする者**の求めに応じ、業務状況調書等を閲覧させなければなりません（賃貸住宅管理業法32条）。しかし、**入居者（転借人）には、閲覧させる必要はありません。**

▶ テキスト 第1章 **3**

特定転貸事業者には、誇大広告等が禁止されています（賃貸住宅管理業法28条）。これに違反した場合、国土交通大臣は、当該違反の是正のための措置その他の必要な措置をとるべきことを指示することができます（同法33条1項）。

▶ テキスト 第1章 **3**

国土交通大臣は、特定転貸事業者又は勧誘者が賃貸住宅管理業法における一定の規定に違反した場合に、特定賃貸借契約の適正化を図るため必要があると認めるときは、その特定転貸事業者に対し、当該違反の是正のための措置その他の必要な措置をとるべきことを指示することができます（賃貸住宅管理業法33条1項）。そして、この指示に従わないときは、国土交通大臣は、その特定転貸事業者に対し、1年以内の期間を限り、特定賃貸借契約の締結について勧誘を行い若しくは勧誘者に勧誘を行わせることを停止し、又はその行う特定賃貸借契約に関する業務の全部若しくは一部を停止すべきことを**命ずることができます**（同法34条1項、33条1項）。

▶ テキスト 第1章 **3**

勧誘者には、誇大広告等及び不当な勧誘等が禁止されています（賃貸住宅管理業法28条、29条）。そして、勧誘者がこれに違反した場合、特定転貸事業者が監督処分（指示、業務の停止等）を受けることがあります（同法33条1項、34条1項）。

24 ☑☑☑

国土交通大臣は、特定転貸事業者に対し業務停止の命令をしたときは、その旨を公表しなければならない。(2021-41-4)

25 ☑☑☑

特定転貸事業者が特定賃貸借契約締結時書面の交付を怠った場合、50万円以下の罰金に処される場合がある。(2021-36-4)

26 ☑☑☑

特定賃貸借標準契約書では、賃貸住宅の修繕に係る費用については、借主又は転借人の責めに帰すべき事由によって必要となったもの以外であっても、貸主に請求できないものがあるとされている。(2021-34-3)

27 ☑☑☑

特定賃貸借契約において、修繕を必要とする箇所を発見した場合、それが緊急を要する状況ではなかったときには、定期報告において貸主に書面を交付して報告を行うことができる。(2021-35-3)

▶ テキスト 第1章 3

国土交通大臣は、特定転貸事業者に業務の全部若しくは一部を停止すべきことを命令したときは、**その旨を公表しなければなりません**（賃貸住宅管理業法34条3項、1項）。

▶ テキスト 第1章 3

特定転貸事業者は、特定賃貸借契約を締結したときは、**特定賃貸借契約締結時書面を交付**しなければなりません。この規定に違反した者は、50万円以下の**罰金**に処せられます（賃貸住宅管理業法43条、31条1項）。

▶ テキスト 第2章 2

貸主が、賃貸借の目的物につき借主が使用するために必要な修繕を行った場合、その修繕に要する費用は、次の費用を除き、貸主が負担するとされています。①頭書に掲げる修繕**等で借主が費用を負担するとしているもの、②借主の責めに帰すべき事由（転借人の責めに帰すべき事由を含む。）によって必要となった修繕**（特定賃貸借標準契約書11条3項各号）。したがって、貸主に請求することができない費用は、上記②のほか、上記①のものもあります。

▶ テキスト 第2章 2

借主は、修繕が必要な箇所を発見した場合には、その旨を**速やかに貸主に通知**し、修繕の必要性を協議するものとされています（特定賃貸借標準契約書11条5項前段）。したがって、定期報告において貸主に書面を交付して報告を行うのではありません。なお、その通知が遅れて貸主に損害が生じたときは、借主はこれを賠償するものとされています（同11条5項後段）。

28 ☑☑☑

特定賃貸借標準契約書によれば、借主が、自然災害が発生し緊急に修繕を行う必要が生じたため、貸主の承認を受ける時間的な余裕がなく、承認を受けずに当該業務を実施したとき、借主は、貸主への報告をする必要はない。(2021-35-4)

29 ☑☑☑

特定賃貸借標準契約書では、借主が行う賃貸住宅の維持保全の内容及び借主の連絡先については、転借人に対し、書面又は電磁的方法による通知をしなければならないとされている。(2021-34-4)

30 ☑☑☑

特定賃貸借標準契約書では、貸主は、借主が家賃支払義務を3か月分以上怠っている場合であっても、相当の期間を定めて当該義務の履行を催告することなく契約を解除することはできないとされている。(2022-41-1)

31 ☑☑☑

特定賃貸借標準契約書は、賃貸住宅において借主が住宅宿泊事業法に基づく住宅宿泊事業（いわゆる民泊）を目的として転貸することは認めないことが前提とされているため、民泊を認める場合は、特約事項欄に記載する必要がある。(2022-41-2)

一問一答

▶ テキスト 第2章 **2**

借主は、災害又は事故等の事由により、緊急に行う必要がある業務で、貸主の承認を受ける時間的な余裕がないものについては、貸主の承認を受けないで実施することができるとされています。この場合において、借主は、**速やかに書面をもって、**その業務の内容及びその実施に要した費用の額を**貸主に通知（報告）**しなければならないとされています（特定賃貸借標準契約書11条7項）。

▶ テキスト 第2章 **2**

借主は、頭書の賃貸住宅について自らを転貸人とする転貸借契約を締結したときは、転借人に対し、遅滞なく、頭書に記載する維持保全の内容及び借主の連絡先を記載した**書面又は電磁的方法により**通知するものとされています（特定賃貸借標準契約書12条）。

▶ テキスト 第2章 **2**

貸主は、借主が家賃支払義務を3か月分以上怠った場合において、貸主が相当の期間を定めて当該義務の履行を**催告**したにもかかわらず、その期間内に当該義務が履行されないときは、賃貸借契約を解除することができます（特定賃貸借標準契約書18条1項1号）。したがって、当該義務の履行を催告することなく契約を解除することはできません。

▶ テキスト 第2章 **2**

民泊をめぐるトラブルを防止するためには、民泊事業としての使用を目的とした転貸を許容するかどうかについて、あらかじめ十分な協議を行い、その結果を踏まえて、頭書の転貸の条件、「民泊（住宅に人を宿泊させるサービス）の可否」の欄において、**民泊の可否について明確化しておく**とされています（特定賃貸借標準契約書コメント9条関係②、頭書(8)）。したがって、民泊を目的とする転貸を認めないことを前提としていません。

32 ☑☑☑

特定賃貸借標準契約書によれば、借主は、賃貸住宅の適切な維持保全を行うために必要な事項については、書面により貸主に情報の提供を求めなければならない。(2022-41-3)

33 ☑☑☑

特定賃貸借標準契約書によれば、特定賃貸借契約が終了した場合において借主が転借人から敷金の交付を受けているときは、これを転借人との間で精算し、転借人から貸主に敷金を交付させなければならない。(2022-41-4)

34 ☑☑☑

特定賃貸借標準契約書では、賃貸人が賃借人に契約期間の満了の1年前から6か月前までの間に特定賃貸借契約の更新をしない旨の通知をする場合に、借地借家法第28条に規定する正当の事由がなければすることができないとされている。(オリジナル)

35 ☑☑☑

特定賃貸借標準契約書によれば、貸主との合意に基づき定めた期日において、賃貸住宅の維持保全の実施状況や転貸条件の遵守状況、転借人からの転借料の収納状況について、貸主に対し書面を交付して定期報告を行わなければならない。(オリジナル)

▶ テキスト 第2章 **2**

貸主は、**借主**が賃貸住宅の適切な維持保全を行うために必要な情報を提供しなければなりません（特定賃貸借標準契約書3条2項）。借主が、書面により貸主に情報の提供を求めるのではありません。

▶ テキスト 第2章 **2**

特定賃貸借契約が終了した場合（賃貸住宅の全部が滅失その他の事由により使用できなくなった場合に基づき賃貸借契約が終了した場合を除く。）には、貸主は、転貸借契約における借主の転貸人の地位を当然に承継します（特定賃貸借標準契約書21条1項）。これに基づき貸主が転貸借契約における借主の転貸人の地位を承継する場合、**借主**は、転借人から交付されている**敷金**、賃貸借契約書、その他地位の承継に際し必要な書類を**貸主に引き渡さなければなりません**（同21条3項）。転借人から貸主に敷金を交付させるのではありません。

▶ テキスト 第2章 **2**

貸主又は借主は、特定賃貸借契約の更新を希望しない場合には、契約期間の満了の1年前から6カ月前までの間に相手方に対して更新をしない旨の通知（以下「更新拒絶通知」という）をするものとしています。ただし、貸主による更新拒絶通知は、借地借家法28条に規定する**正当の事由がなければすることができません**（特定賃貸借標準契約書2条3項）。

▶ テキスト 第2章 **2**

借主は、貸主と合意に基づき定めた期日に、貸主と合意した頻度に基づき定期に、貸主に対し、維持保全の実施状況の報告をします（特定賃貸借標準契約書13条1項前段）。この場合の報告の対象には、頭書に記載する**転貸の条件の遵守状況**を含みます（同条項後段）。しかし、**転借人からの転借料の収納状況は、当該定期報告の対象に含まれていません**。

36 ☑☑☑

特定賃貸借標準契約書では、転借人から交付された敷金について、自己の固有財産及び他の賃貸人の財産と分別管理することも借主（管理業者）の義務とされている。（オリジナル）

37 ☑☑☑

特定賃貸借標準契約書では、賃貸物件の引渡日と家賃支払義務発生日は同一でなければならないとされている。（オリジナル）

38 ☑☑☑

特定賃貸借標準契約書では、借主が賃貸住宅の維持保全をするに当たり、特定賃貸借契約締結時に貸主から借主に対し必要な情報の提供がなかったことにより借主に損害が生じた場合には、借主は、その損害につき貸主に負担を求めることができるとされている。（2021-34-1）

39 ☑☑☑

特定賃貸借標準契約書では、貸主が賃貸住宅の修繕を行う場合は、貸主はあらかじめ自らその旨を転借人に通知しなければならないとされている。（2021-34-2）

▶ テキスト 第2章 **2**

借主は、転貸借契約から生じる転借人の債務の担保として転借人から交付された敷金について、整然と管理する方法により、**自己の固有財産及び他の賃貸人の財産と分別して管理しなければならない**とされています（特定賃貸借標準契約書9条3項）。

▶ テキスト 第2章 **2**

貸主は、「引渡日」欄に記載する引渡日までに、借主に対し、賃貸物件を引き渡さなければならないとされています（特定賃貸借標準契約書3条1項、頭書(3)）。また、借主は、「家賃支払義務発生日」欄に記載する家賃支払義務発生日から家賃を貸主に支払わなければならないとされています（同6条2項、頭書(5)）。もっとも、引渡日から転借人を募集するまでの一定期間、借主から貸主に支払う家賃の支払い免責期間を設けるため（同コメント6条関係②前段）、借主は、「家賃支払義務発生日」欄に記載する支払い免責期間においては家賃支払い義務を負わないものとされています（同6条1項、頭書(5)）。したがって、**賃貸物件の引渡日と家賃支払義務発生日は同一でなければならないわけではありません。**

▶ テキスト 第2章 **2**

貸主は、借主が賃貸借の目的物の適切な維持保全を行うために必要な情報を提供しなければなりません（特定賃貸借標準契約書3条2項）。貸主が、引渡日に賃貸借の目的物を引き渡さず、又は、上記の情報を提供せず、そのために生じた借主の損害は、**貸主が負担**します（同3条3項、2項）。

▶ テキスト 第2章 **2**

貸主が修繕を行う場合は、貸主は、あらかじめ**借主を通じて**、その旨を転借人に通知しなければなりません（特定賃貸借標準契約書11条4項前段）。したがって、貸主は自らその旨を転借人に通知するのではありません。

特定賃貸借標準契約書では、借主が行う賃貸住宅の維持保全の内容及び借主の連絡先については、転借人に対し、書面による通知をしなければならず、電磁的方法によることはできないとされている。（オリジナル）

▶ テキスト 第2章 **2**

借主は、頭書の賃貸住宅について自らを転貸人とする転貸借契約を締結したときは、転借人に対し、遅滞なく、頭書に記載する維持保全の内容及び借主の連絡先を記載した**書面又は電磁的方法**により通知するとされています（特定賃貸借標準契約書12条）。

MEMO

第 4 編 管理実務・金銭管理等

テキスト

各章の重要度と 本試験の出題傾向	重要度	本試験の出題傾向								
		2015 (H27)	2016 (H28)	2017 (H29)	2018 (H30)	2019 (R1)	2020 (R2)	2021 (R3)	2022 (R4)	2023 (R5)
第1章　入居者の募集	B	●	●	●	●	●			●	●
第2章　建物管理	A	●	●	●	●	●	●	●	●	●
第3章　業務関連法令	A	●	●	●	●	●	●	●	●	●
第4章　金銭管理	A	●	●	●	●	●	●	●	●	●
第5章　賃貸不動産管理の意義と 社会的情勢	A	●	●	●	●	●	●	●		●
第6章　賃貸不動産経営管理士の あり方	A	●	●	●	●	●	●	●		●
第7章　賃貸業への支援業務	A	●	●	●	●	●	●	●	●	●

学習ポイント

実際の管理業者の業務内容や、金銭について
学ぶ章です。重要度も高い分野なので、しっ
かりと学習していきましょう！

第1章　入居者の募集

重要度 **B**

学習ポイント

入居者を募集するために広告を作成して取引を行うことは、宅地建物取引業に該当する場合があります。宅建業に該当する業務を行うためには、宅建業の免許が必要となります。免許のない管理業者は行うことができません。

1 借主の募集

出題
2015 2016 2017 2019

　宅建業者を兼ねる場合には、自社の客付部門（借主の募集や契約の媒介を行う部門）で募集を行います。管理業者が宅建業の免許を持っていない場合には、外部の宅建業者に依頼することとなります。その際にも、管理業者は物件に法的な問題がないかどうかの確認を行わなければなりません。

自ら賃借は宅建業法が適用されませんが、賃借の代理や媒介は宅建業法が適用されることがあります。

2 物件調査

出題
2016 2019

1 権利関係の調査

　物件の所在地を管轄する法務局で、登記事項証明書を取得します。登記記録は、一定の手続きを経ることにより、インターネットでも確認できます。主な調査事項は次の通りです。

> ❶ 建築物の構造
> ❷ 建築年月日
> ❸ 貸主の住所・氏名
> ❹ 権利部甲区にて所有権等の確認
> ❺ 権利部乙区にて抵当権や賃借権等の確認

2 貸主および近隣に対するヒアリング調査

貸主や近隣の居住者から、以下のことを確認します。

> ❶ 登記記録と貸主が異なる場合は、その理由と賃貸権限を確認★1
> ❷ 心理的瑕疵（火災や自殺など）の有無
> ❸ 物件の取壊しや建替えなどの計画の有無

★1
講師からひと言
所有者による転貸の承諾などを確認します。

3 現地での調査

現地においても、以下のものを確認します。

> ❶ 間取り・設備の確認
> ❷ 周辺環境（買物の利便や嫌悪施設★2の有無）

★2
講師からひと言
墓地やゴミ処理場などを指します。

4 分譲マンション賃貸における確認事項

分譲マンションの管理組合が規約を定めている場合、契約書には、借主が規約を遵守しなければならない旨を明記することが必要です。そのため、借主に管理規約のコピーを渡す

などして、内容を確認してもらう必要があります。

　マンションによっては、専有部分を貸借する際にはその旨を管理組合に届け出るように規約で定めている場合もあります。その際は、貸主に代わって管理組合に届出をすることも必要です。

5 附帯設備の調査

　附帯設備とは、エアコン・給湯器・照明器具等を指します。前の借主が設置した設備でも、それを附帯設備として新しい借主に貸す場合、貸主は修理費を負担しなければなりません。前の借主が置いていっただけで附帯設備として扱っていないのであれば、賃貸借契約の内容には含まれないので、貸主は修理費を負担する必要はありません。

3 広告

　宅建業法や不動産の表示に関する公正競争規約を守り、広告をしなければなりません。最近は、インターネットで検索する人も増えてきています。ですから、インターネットは募集媒体として重要視するべきです。

4 死の告知ガイドライン

出題
2022 2023

　「宅地建物取引業者による人の死の告知に関するガイドライン」が出されました。このガイドラインは、取引の対象不動産において過去に人の死が生じた場合において、宅地建物取引業者が宅地建物取引業法上負うべき義務の解釈について、現時点における裁判例や取引実務に照らし、一般的に妥当と考えられるものを整理し、とりまとめたものです。

1 調査について

　宅地建物取引業者は、販売活動・媒介活動に伴う通常の情報収集を行うべき業務上の一般的な義務を負っています。た

だし、人の死に関する事案が生じたことを疑わせる特段の事情がないのであれば、人の死に関する事案が発生したかどうかを自発的に調査すべき義務までは負っていません。

2 告知について

対象不動産で発生した**自然死**（老衰、持病による病死など）、**日常生活の中での不慮の死**（自宅階段からの転落、入浴中の溺死、食事中の誤嚥など）**が発生した場合には告げる必要がありません。**

これ以外の死が発生した場合にはその死が発生してからおおむね３年間を経過した後、もしくは上記の自然死や不慮の死の発生が発覚して特殊清掃等が行われることとなった場合にはその死が発覚してから３年経過後は原則として、告げる必要はありません。

また、日常生活において通常使用しない集合住宅の共用部分や隣接住戸において自然死・不慮の死以外の死が発生した場合は、原則として、これを告げる必要はありません。★1

しかし、事件性、周知性、社会に与えた影響等が特に高い事案については告げなければなりません。

★1
講師からひと言

日常生活上使用する共用部分において、自然死以外の死があった場合、対象不動産と同様に扱い、当該死について告知義務があります。

5 入居審査

出題
2015 2017 2018 2022

簡単に契約の解除ができないことから、入居審査には**慎重**さが求められるとともに、遅いと借主が他の物件に決めてしまうため**迅速**さも求められています。

1 本人確認

実際に申込みをしている人物が書類上の人物と同一か、確認をする必要があります。住民票などでの確認が望ましいとされています。現在は外国人にも日本に住所があれば住民票が発行されます。法人の場合、会社案内や登記事項証明書の確認を行います。

2 入居にふさわしい人物か確認

　借主や法人の関係者が反社会的勢力でないかを確認することが求められます。また、職業・年齢・家族構成・年収などが、申込物件にあった妥当なものかを確認することも求められます。

申込者が高齢であっても、それを理由に拒んではならないとされています。

3 入居者決定

　管理受託契約では、入居者決定の最終判断は**貸主**が行います。サブリース契約では特定転貸事業者が貸主となるため、最終判断は**特定転貸事業者**が行います。

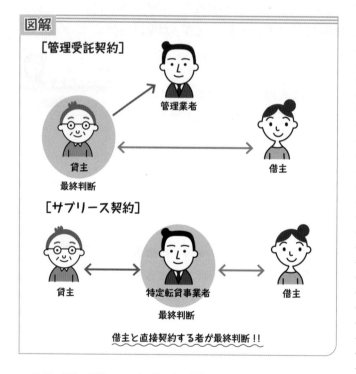

図解

［管理受託契約］

管理業者

貸主
最終判断

借主

［サブリース契約］

貸主

特定転貸事業者
最終判断

借主

借主と直接契約する者が最終判断!!

　入居可否の通知は、まずは電話等で連絡することが一般的ですが、その場合でも最終的には書面で行うことが望ましいとされています。入居を断る場合には、個人情報保護の観点から、入居申込書等の書類を返却する必要があります。

第2章 建物管理

重要度 **A**

学習ポイント

実際の管理の業務内容となります。日常の業務から緊急事態への対応まで、幅広い仕事内容となります。また、アウトソーシングに適するか否かも重要なポイントとなります。

1 鍵の管理

出題
2015 2016 2018 2019 2022

1 鍵の引渡し

鍵の引渡しは、原則として金銭の授受と同時に行います。★1

鍵を入居者に渡したら、入居者から鍵受領証を受け取り、保管します。管理業者が業務の必要性から各部屋の鍵を保管する場合は、借主に対してその目的を説明しておくことが望ましいです。

2 マスターキーの取扱い

マスターキー★2 は、管理物件において借主不在時に非常事態が発生したとき、管理業者等が室内に立ち入る際に使用されます。マスターキーの取扱いについては、管理・保管を担当する責任者を明確にするとともに、他の鍵と区別して管理・保管することや、通常使用される他の鍵とは区別した上で、施錠できる場所に保管しておくことが望ましいです。なお、マスターキーを用いて緊急で立ち入る際にも、1人ではなく数人で入るなどの配慮が必要となります。

管理業者が事前の了解を得ずにマスターキーを使用して立入りを行ったときは、速やかに報告を行わなければなりません。★3

★1

講師からひと言

鍵の引渡しの際には、管理業者と賃借人が立会い等により室内の状況を確認しておくことが望ましいです。後日の修繕や原状回復時のトラブルも防止することができます。

★2

Keyword

マスターキー
1つの鍵で複数の部屋を開けることのできる鍵

★3

講師からひと言

賃貸人の了承を得なかった場合は賃貸人に、賃借人の了承を得なかった場合は賃貸人への報告だけでなく賃借人にも報告が必要です。

3 鍵の取扱い

　管理業者が各部屋の鍵を管理する場合、管理業者の従業員が常時鍵を携行するのは、防犯上適切ではありません。また、管理業者では鍵を保管しないで、万が一のときには専門の解錠業者に解錠させるという管理の方法もあります。

4 鍵の交換

　貸主が鍵を交換せずに新しい借主に物件を引き渡してしまうと、盗難などのトラブルの可能性があります。損害賠償を問われる場合もあるので、鍵は交換することが望ましいです。なお、その際の費用は**貸主が負担すべき**です。鍵交換は退去後リフォームが終了し、実際に入居する借主が決まった後が最適です。鍵交換を行えば、ピッキング非対応であれ、管理責任は発生しません。それ以上のものを求める場合、交換を申し出たほうが費用負担をすべきとされています。

2 鍵の種類

出題 2016

　一般に鍵と呼ばれているものは、「鍵」★1と「錠」★2に分かれます。

図解

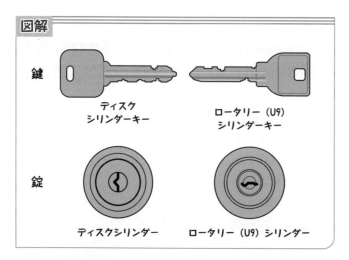

| 鍵 | ディスク
シリンダーキー | ロータリー（U9）
シリンダーキー |
| 錠 | ディスクシリンダー | ロータリー（U9）シリンダー |

★1
Keyword

鍵
入居者が解錠に利用するため携帯するもの。

★2
Keyword

錠
扉に固定されているもの。

現在、次の種類の錠があります。

❶ ディスクシリンダー

　　数年前までは広く普及していたタイプで、現在もオートロック対応物件などに見られます。しかし、ピッキング被害が増加したため、現在製造中止になっています。

❷ ロータリー（Ｕ９）シリンダー

　　ディスクシリンダーの製造中止後、最も普及しているシリンダーです。ピッキングに対する防犯性能も向上しています。

❸ ピンシリンダー

　　ピッキングに対する防犯性能に優れています。

❹ ディンプルキー対応シリンダー

　　鍵の表面に、ディンプル（くぼみ）があり、防犯性に優れています。高級物件などで多く使用されています。

❺ カードキー対応シリンダー

　　携帯に便利なカード式で、複製が困難なため、防犯に優れています。プラスティック製やペーパーカード、テレホンカードタイプなどがあります。ホテルなどで利用されています。

❻ 暗証番号設定式シリンダー

　　番号の変更ができるため、旧居住者が退去して新居住者が入居した際に番号を変更すればよく、鍵交換の必要がないので、初期費用は高いですが長期的にみれば経済的です。

❼ 指紋照合など、その他のハイテク機器

　　防犯性能が高く、さまざまな種類の鍵が開発・製造されています。

3 クレーム処理

出題
2016

　一方の言い分を鵜呑みにするのではなく、関係者の話を聞き公平な立場で処理することが求められます。また、借主の簡単な処置で解決する場合もあります。電話で状況を聞き出

しながら、その方法をアドバイスします。過去の事例の蓄積や他社の事例などを参考に、自社独自の対応マニュアルを作成し、社内で情報を共有しておくことが求められます。

4 借主の居住ルール遵守指導

ペットの飼育に関しては、別途、飼育細則などを作成したりします。また、分譲マンションの一住戸の賃貸管理を受託する場合、管理業者は借主に当該マンションの共用部分に関する管理規約の内容を提示することが望ましいとされています。

5 住環境の整備

出題
2017 2019 2021

1 除草・植栽

除草作業の基本は日常の清掃です。除草剤を散布する場合には、近隣への事前通知をする必要があります。洗濯物やペットの屋内への一時移動などの協力を求めることとなります。

2 駐車場・駐輪場

駐車場や駐輪場の整備も不十分であればクレームの原因となります。不法駐車や不法駐輪を防止するためにはカラーコーンなどを置くなどの対策が求められます。また、防犯カメラなどの設置も車上荒らし対策などに有効です。

3 共用部分

廊下や階段などに私物が置かれていると、緊急時の避難などの際の妨げとなります。管理業者はその私物の所有者に撤去を求めるなどの対策をする必要があります。ただし、私物を勝手に撤去することはできません。

> 事前の告知をしないでいきなり撤去すると、損害賠償責任が生ずるおそれがあります。

4 清掃作業

　基本は日常の清掃です。できれば毎日、最低でも週に2〜3回行うのが理想です。それとは別に月に1回程度、定期清掃をすることが一般的です。床のワックスがけなどは専門の清掃業者にアウトソーシングすることが一般的です。また、季節に応じた清掃も欠かせません。たとえば、台風シーズンの前にはドレイン★1の清掃を行うことが求められます。

★1
Keyword

ドレイン
排水設備。日本では「ドレン」ともいう。

図解

[ルーフドレイン（ドレン）]

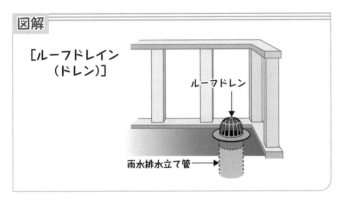

ルーフドレン

雨水排水立て管 →

　また、共用部分の清掃に関し、年間の清掃計画と定期点検計画を借主に事前に知らせることは、管理業者の重要な役割です。

6 残置物の処理

出題

2020 2021 2023

　退去後に残置物があったとしても、その所有権は借主にあるので、勝手に処分することはできません。そのためにも、「残置物については所有権を放棄する」旨の規定を契約書に記載することが望ましいとされています。このような取り決めをしておけば、粗大ゴミ程度のものであれば、借主の承諾があったものとして、貸主が処分できます。

　そのような取り決めがない場合、借主が死亡し、相続人が全員相続放棄をした場合であっても、貸主は借主の所有物を廃棄することはできません。★1

★1
チェック

残置物の処理については、強制執行によらなければなりません。

第2章
建物管理

また、借主が行方不明になった場合、当然に契約終了とはならないため、「残置物の所有権を放棄する」旨の取り決めがあったとしても、借主の所有物を廃棄することはできません。

7 緊急事態への対応

出題
2018 2020

管理業者が借主から連絡を受けた際には、借主は気が動転している可能性が高いので冷静に応対し、的確な指示を出すことが求められます。

1 漏水が発生した場合

管理会社が電話で連絡を受けた場合、まずは、漏水していることを上階の入居者に告げるよう伝えます。現場に到着したら、まず漏水被害を受けている居室を見て、次に上階の入居者の了解を得て上階の室内を見ます。漏水を止めることを最優先に対応します。★1

2 火災が発生した場合

1 建物に管理員が置かれているとき

管理員が現場に駆け付け、避難誘導などを行います。あわせて消防署への通報も行います。

2 建物に管理員が置かれていないとき

消防署への通報を行い、その後できるだけ早く現場に駆け付けるようにします。

3 地震が発生した場合

1 建物に管理員が置かれているとき

揺れがおさまった後、管理員が建物内外の点検を行い、危険性が生じている場合は避難誘導を行います。初期消火が可能であれば、消火器や消火栓で延焼防止に努めます。

★1
講師からひと言
上階入居者の使用方法に原因がある天井からの漏水には、上階入居者が加入する賃貸住宅居住者総合保険を適用することができます。建物所有者が加入する施設所有者賠償保険は適用できません。

2 建物に管理員が置かれていないとき

できるだけ早く対象建物を訪れて被害状況をつかみ、その復旧や後片付けを行う必要があります。

4 犯罪が発生した場合

借主から、空き巣被害の連絡が管理業者に入った場合には、警察に被害届を出したかどうか、盗難にあった財物の内容、侵入経路（窓、ドア等）などの被害状況を把握し、借主の加入保険内容を調べて、補償手続きを支援します。さらに、空き巣は再発する傾向があるため、侵入経路の遮断や非常警報装置の設置など、貸主と相談して対策を早急に講じ、今後の防犯を呼びかける掲示をして借主などに注意を促します。

8 防犯

出題

2018 2019 2020 2021

防犯で最も大事なことは一人一人の防犯意識を高めることです。空き巣などは再発することもあるため、掲示などで入居者に注意を促すことも重要です。

また、夜間の照明が暗いと防犯上の問題があります。よって、照明の明るさは、以下の基準となります。

[照明の明るさの基準]

50ルクス以上	人の顔、行動を明確に識別できる程度（10m先の人の顔、行動が明確に識別でき、誰であるか明確にわかる程度）以上の照度	・共用玄関（エントランス内側） ・メールコーナー（ポスト） ・エレベーターホール（共用玄関の存する階） ・エレベーターかご内
20ルクス以上	人の顔、行動を認識できる程度（10m先の人の顔、行動が識別でき、誰であるかわかる程度）以上の照度	・共用玄関（外側） ・共用玄関以外の共用出入口 ・エレベーターホール（共用玄関の存しない階） ・共用廊下・階段

3ルクス以上	人の行動を視認できる程度（4m先の人の挙動、姿勢等が識別できる程度）以上の照度	・自転車置き場 ・駐車場

　また、エレベーターには防犯カメラが有効です。ほかにも扉をガラス戸にして透明にするなどの防犯上の工夫が求められます。防犯の上では、見通しを確保することが重要です。

　その他の防犯対策としては、以下の対策が有効です。

[照度基準以外の防犯対策例]

音	警報機・非常ベル
光	玄関等入口の常夜灯 センサー式の照明器具 （人や物が通ると照明が点灯）
窓ガラス	二重ロックの取り付け 防犯用ガラスシールの貼付
のぞき	防犯カメラの設置 人の目を遮断するものを改善 （背の高い生垣など）
通報	警備会社への自動通報システム 近隣の人とのコミュニケーション
放火	家の周囲に燃えやすい物を置かない ゴミは夜間に出さない 車・バイクのカバーは不燃性を使用

　また、非常時の避難経路の確保（ベランダの物置・廊下の自転車・階段や踊り場の段ボールは撤去するよう入居者に注意すること）も求められます。

9 ブロック塀の点検について

ブロック塀について、以下の項目をチェックすることが必要です。

❶ 塀の高さは地盤から2.2ｍ以下か。

❷ 塀の厚さは10cm以上か（塀の高さが２ｍ超2.2ｍ以下の場合は15cm以上）。

❸ 塀の長さ3.4ｍ以下ごとに、塀の高さの1／5以上突出した控え壁があるか（塀の高さが1.2ｍ超の場合）。

❹ コンクリートの基礎があるか。

❺ 塀に傾き、ひび割れはないか。

❻ 塀に鉄筋は入っているか。

● 塀の中に直径９mm以上の鉄筋が、縦横とも 80cm 間隔以下で配筋されており、縦筋は壁頂部および基礎の横筋に、横筋は縦筋にそれぞれかぎ掛けされているか。

● 基礎の根入れ深さは30cm以上か（塀の高さが1.2ｍ超の場合）。

第2章 建物管理

10 空き家の不正利用対策

管理業者は、空き家の悪用を防止するため、適切な管理を行わなければなりません。

- キーボックスを郵便受け等のわかりやすい場所に隠しておかない
- 暗証番号をわかりやすいものにしない
- 暗証番号を定期的に変更する
- 内見希望者に対し、管理業者や仲介業者の同行なく室内の入り方を教えない

11 アウトソーシング

出題
2015 2016

管理業者が管理業務の一部を、協力業者に外部委託することをアウトソーシングといいます。アウトソーシングにより、人的資源を補い、自社の専門性や付加価値を高めることができます。アウトソーシングによるメリットは、業務量を調整してコストを削減することができることなどがあります。一方、デメリットとしては自社内にノウハウが蓄積されないことや、情報漏洩のリスクが高まることなどがあります。

管理業務の中には、アウトソーシングに適しているものと適していないものがあります。

[アウトソーシングしやすいもの]

（ハード面が中心）★1

- 水道の蛇口の不具合
- 排水管のつまり
- 給湯器の点火不良
- 受水槽の水漏れ
- 火災警報機の不調
- エアコンやテレビの故障

★1
講師からひと言
ハード面については、素人がやるよりも電気や設備の専門の人が行うほうが効率が良いです。

[アウトソーシングしにくいもの]

（ソフト面が中心）★2

- 動物や昆虫の鳴き声
- ゴミ置き場の管理
- 共用部分の清掃
- 騒音トラブル
- 鍵の紛失
- 迷惑駐車

★2
講師からひと言
ソフト面については、管理会社が直接入居者から話を聞いたり、管理物件の実情を把握しながら行うほうが効率が良いです。

　なるべく迅速な対応が求められますが、ハード面の一部は、夜間に連絡を受けた場合には翌日対応でも問題ありません。また最近では、管理業務の一部について、労働集約型から知識集積型へ転換させる動きがあります。IT化によりロボットが労働力となり、管理業務においても、業界のノウハウなどの知識を重視していくようになっていきます。

第3章 業務関連法令

重要度 **A**

学習ポイント

賃貸住宅管理とその周辺にかかわる法令について学習していきます。特に個人情報保護法や宅地建物取引業法（宅建業法）は重要度が高いです。

1 消費者契約法

出題 2021

　消費者と事業者では、持っている情報の質や量、交渉力に大きな差があります。そのため、消費者の利益を守る必要があります。そのために制定されたが消費者契約法です。これは、**消費者と事業者の間で結ばれる契約であれば、あらゆる契約が対象となります**。

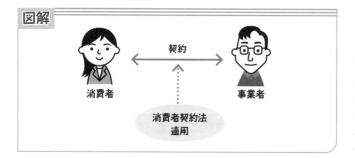

図解

契約

消費者　　　　　　　　事業者

消費者契約法
適用

事業者同士の契約は消費者契約に該当しないので、消費者契約法は適用されません。

　消費者とは、事業としてまたは事業のために契約の当事者となる場合を除いた個人であると定義されています。よって、当事者が法人である場合、または事業目的で取引する個人で

ある場合は除かれます。事業者とは、法人のみならず、個人事業主も含まれます。★1

1 取消しとなる事項

不当な勧誘により締結させられた契約は、後から取り消すことができます。

消費者契約法は、消費者である借受希望者が借り受けるか否かを決める際に影響する重要事項について、事業者が消費者契約の勧誘をするに際し、事実と異なる内容を告げられたり、消費者に不利益な事実を故意または重大な過失により告げられなかったために、その結果誤認して成約をした場合は、消費者は契約を取り消し得るものとしています。民法上の詐欺とまではいえないものであっても該当することに注意しましょう。

［取り消されることがある例］

- 貸家の南に高層ビルが建設されることを知っていたにもかかわらず、「日当たり良好」などと言って勧誘を行い、それによって契約が締結した場合
- 前賃借人がその部屋で死亡していたにもかかわらず、その事実を故意に告げずに勧誘を行い、それによって契約が締結した場合

これらの行為は、事業者本人が行った場合だけでなく、契約の締結について媒介を委託された者や、代理人が行った場合にも適用され、同様に、消費者である賃借人は契約を取り消すことができるとされています。

★1
講師からひと言
不動産賃貸借においては、専ら居住目的で物件を借りる個人の賃借人はすべて消費者に該当します。経営規模や専門的知識の有無を問わず、アパートの賃貸人や投資向けのマンションの賃貸人は一般的に事業者に該当します。

第**3**章 業務関連法令

2 無効となる事項

消費者の利益を不当に害する契約条項は無効となります。
★2

★2
チェック

敷引特約（P258参照）は、必ずしも消費者契約法に抵触して無効となるものではありません。

[無効とされる例]

- 滞納賃料にかかる遅延損害金の約定のように、消費者契約法に基づき支払うべき金銭にかかる損害賠償の予定や違約金の額が年14.6%を超えるとき

   →その超える部分は無効

- 賃借人の債務不履行による解除に伴う損害賠償の予定や違約金の額の合算額が、賃貸借契約の解除事由等に応じて貸主（事業者）に生じる「平均的な損害額」を超える場合

   →その超える部分は無効

- 事業者の損害賠償などの責任を全部免除する条項
- 消費者の解除権を放棄させる条項

---

3 差止請求

消費者の被害の発生または拡大を防止するため、適格消費者団体が事業者などに対して差止請求をすることができます。適格消費者団体とは、不特定かつ多数の消費者の利益のために差止請求権を行使するのに必要な適格性を有する消費者団体として内閣総理大臣の認定を受けた者です。

2 個人情報保護法

1 個人情報とは

個人情報保護法でいう「**個人情報**」とは、以下のものを指します。

> 生存する個人の情報であって
> ❶ 氏名・生年月日等の記述によって特定の個人を識別できるもの
> 　　→他の情報と容易に照合することで識別できるものも含む
> ❷ 個人識別符号の含まれるもの

「生存する個人の情報」なので、死亡者や法人等の情報は対象外となります。また、映像や音声であっても、特定の個人が識別できるものは「個人情報」に該当します。

個人識別符号とは以下のものを指します。

> ❶ 身体の一部の特徴を電子計算機のために変換した符号
> 　　→顔認識データ・指紋認識データなど
> ❷ サービス利用や書類において対象者ごとに割り振られる符号
> 　　→旅券番号・運転免許証番号・マイナンバーなど
> なお、携帯電話番号やメールアドレスやクレジットカード番号は個人識別符号には該当しません。

2 個人情報取扱事業者とは

個人情報保護法はすべての者に適用されるものではありません。**個人情報取扱事業者に該当する場合に**、個人情報保護法が適用されます。個人情報取扱事業者とは、個人情報データベース等を事業の用に供している者をいいます。取り扱う個人情報の数は問いません。★1「事業の用」とは必ずしも営利

第 **3** 章 業務関連法令

事業のみとは限りません。よって、いわゆる士業の団体（税理士会・行政書士会など）やNPO法人なども個人情報取扱事業者に当たります。なお、指定流通機構（レインズ）にアクセスできる業者も個人情報取扱事業者に当たります。★2

★2
チェック
レインズとは、国土交通大臣指定の不動産流通機構が運営・管理している不動産流通標準情報システムのことです。

3 個人情報データベース等

「個人情報データベース等」とは、以下のものを指します。

個人情報を含む情報の集合物で
❶ 特定の個人情報を電子計算機を用いて検索できるように体系的に構成したもの
（例：メールアドレスと氏名を記録したPC内のアドレス帳）
❷ 特定の個人情報を容易に検索できるように体系的に構成したもの
（例：メールアドレスと氏名を記載した紙を50音順に整理したもの）

また、個人情報データベース等にある個人情報を「個人データ」といいます。個人データのうち、個人情報取扱事業者が、開示・訂正等のできるものを「保有個人データ」といいます。

図解

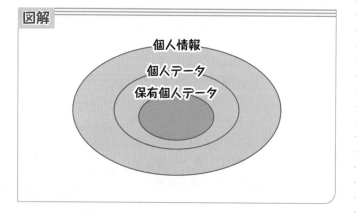

図解

> 私が作成した
> データベースを
> お渡しいたします

個人情報
データベース

> ありがとう
> ございます

個人情報
データベース

保有個人データ
〈訂正等が可能〉

個人データ
〈訂正等が不可能〉

4 個人情報取扱事業者の義務

1 利用目的の特定

　個人情報取扱事業者は、個人情報の利用目的をできる限り特定する義務があります。また、利用目的は変更できますが、変更前の利用目的と全く関連性のないものに変更することはできません。

2 目的外利用の制限

　個人情報取扱事業者は、事前に本人の同意なく、利用目的以外の目的で個人情報を取り扱うことは原則として禁止されています。

3 利用目的の通知

　個人情報取扱事業者は、個人情報を取得した場合、事前に利用目的を公表していなければ、速やかに、個人情報の利用目的を本人に通知するか、公表しなければなりません。個人情報を取得する前に利用目的を公表している場合には、通知も公表も必要ありません。

　また、個人情報取扱事業者は、本人から直接書面に記載された個人情報を取得する場合、事前に利用目的を明示しなければなりません。ただし、人の生命、身体または財産の保護

のため緊急に必要がある場合には除外されています。

4 漏えい等の報告

　個人情報取扱事業者は、取り扱う個人データの漏えい等の事態が起きた場合、その事態が起きたことを、**個人情報保護委員会に報告する義務があります。**

5 第三者提供

　個人情報取扱事業者は、あらかじめ本人の同意を得ないで、個人データを第三者に提供してはなりません。ただし、個人情報取扱事業者が、利用目的の達成に必要な範囲内において委託先に個人データ等を提供することは、当該個人データの第三者提供には該当しません。

　個人情報取扱事業者は、個人データを第三者に提供した場合、提供した年月日やその第三者の氏名等に関する記録を作成しなければなりません。

5 オプトアウト

　次の場合には、事前同意なく個人情報を第三者に提供することができます。★3

> ❶ 所定の事項を事前通知し、または本人が容易に
>   知り得る状態におくこと
> ❷ 個人情報保護委員会に届け出ていること

　しかし、上記の場合でも、本人の求めがあれば第三者への提供を停止しなければなりません。このような手続を**オプトアウト**といいます。

★3
講師からひと言

住宅地図業者などのように、あらかじめ全員の同意を得ることが困難な場合に用いられます。

6 要配慮個人情報

要配慮個人情報とは、本人の人種・病歴・犯罪歴・犯罪被害を受けた事実など、本人に対する差別や偏見が生じる可能性のある個人情報のことです。要配慮個人情報の取得については、原則として本人の同意を得ることが義務化され、また、要配慮個人情報については、オプトアウトの手続きそのものを認めないこととしました。

7 加工情報

1 仮名加工情報

仮名加工情報とは、他の情報と照合しない限り、特定の個人を識別できないよう加工した情報のことです。個人情報の一部を削除するなどして加工されたものです。後述の匿名加工情報に比べて加工が容易である一方、制約はやや厳しいものとなっています。★4

2 匿名加工情報

匿名加工情報とは、特定の個人を識別できないように個人情報を加工した情報のことです。個人情報の一部を削除するなどして復元不可能となるように加工されたものです。先述の仮名加工情報に比べて加工が難しい一方で、利用に関する制約は小さいものとなっています。★5

8 保有個人データ開示

本人は、個人情報取扱事業者に対して、自分の保有個人データの開示を請求できます。本人から保有個人データの開示請求があった場合、個人情報取扱事業者は、本人が請求した方法で、遅滞なく、開示する義務があります。その際、個人情報取扱事業者は、本人から、**手数料を徴収することは可能です。**

★4
チェック
仮名加工情報は基本的には「個人情報」に該当します。

★5
チェック
匿名加工情報は「個人情報」に該当しません。

出題
2015 2016 2017 2018 2019
2020 2021 2023

1 宅地建物取引業とは

宅地建物取引業（宅建業）を営むためには、宅建業法の規定が適用され、免許を受ける必要があります。宅建業とは、宅地や建物の取引を不特定多数の者に反復継続して行うことを指します。取引には以下の8種類があります。★1

	自 ら	代 理	媒 介
売 買	○	○	○
交 換	○	○	○
貸 借	×	○	○

○：宅建業法の適用あり
×：宅建業法の適用なし

★1
講師からひと言
宅地建物の取引をしていても、不特定多数の人に反復継続して行っていない（たとえば1回のみなど）場合、「業」ではないので宅建業法の適用はありません。

自ら貸借することは宅建業法における取引に当たらないため、宅建業法の適用はありません。また、転貸（サブリース）も自ら貸借することに当たるため、宅建業法の適用はありません。

2 宅地建物取引業者の義務

宅建業者は、土地や建物の売買や貸借を行う際には、以下の義務があります。

❶ 契約締結前に重要事項の説明を、書面を交付した上で行うこと
❷ 契約締結後に契約内容に係る書面（37条書面）を交付すること

3 広告について

　宅建業者が広告を行う際には、誇大広告等の禁止の規定に違反しないようにしなければなりません。重要な事項について故意に告げなかったり、不実を告げてはなりません。将来の環境または交通その他の利便について、借受希望者が誤解するような断定的判断を提供してはなりません。また、広告をする際には、取引態様（8種類の取引のうち、どの態様で行うのか）を明示する必要があります。

　宅建業者が不動産公正取引協議会に加盟している会員である場合、不動産の表示に関する公正競争規約に従う必要があります。これは不動産業界の自主規制です。

1　特定用語の使用基準
❶ 新築
　建築工事完了後1年未満であって、居住の用に供されたことがないものをいいます。
❷ 新発売
　新たに造成された宅地、新築の住宅（造成工事又は建築工事完了前のものを含む。）又は一棟リノベーションマンションについて、一般消費者に対し、初めて購入の申込みの勧誘を行うこと（一団の宅地又は建物を数期に区分して販売する場合は、期ごとの勧誘）をいい、その申込みを受けるに際して一定の期間を設ける場合においては、その期間内における勧誘をいいます。

2　所要時間
❶ 表示
　徒歩の場合、道路距離80メートルにつき1分間を要するものとして算出した数値を表示します。この場合において、1分未満の端数が生じたときは、1分として算出します。自転車の場合、道路距離を明示して、走行に通常要する時間を表示しなければなりません。

❷ 算出基準

　道路距離または所要時間を算出する際の物件の起点は、物件の区画のうち駅その他施設に最も近い地点（マンション及びアパートにあっては、建物の出入口）とします。

3 面積

　メートル法により算出します。1㎡未満の端数が生じたときは切り捨てます。

4 成約済み物件

　成約済みの物件を速やかに広告から削除せずに当該物件のインターネット広告等を掲載することは、おとり広告に該当します。

4 媒介報酬

　宅建業者が入居者募集業務により賃貸借契約を成立させた場合、媒介報酬を受領することができます。その合計額は、**賃料の1カ月分に消費税を加えた額**、つまり賃料の 1.1 倍に相当する額となります。複数の宅建業者が関与して契約が成立した場合、当該複数の業者が分配して受領することができます。賃貸人と賃借人のどちらからどの割合で受け取るかは基本的には自由ですが、**居住用建物の貸借の媒介の場合、貸主と借主の承諾がないときには、双方から月額借賃の 0.55 倍**（つまり、賃貸人と賃借人から半分ずつ）受け取らなければなりません。また、**依頼者からの依頼によって行った特別の広告の実費に関しては、報酬とは別に受け取れます。** ★2

★2

講師からひと言

AD（広告費）という建前で、賃貸人から1カ月分またはそれ以上の報酬を受け取るケースが横行していますが、こうした金銭の受領は宅地建物取引業法に違反します。

5 重要事項の説明

　商品はよく検討してから購入したいものです。しかし、土地や建物の詳しい情報は、素人が見ただけではよくわかりません。そこで、不動産の契約では、**契約前に重要事項の説明**というものを義務付けています。この重要事項の説明は、これからその不動産を使う人（買主・賃借人・交換の両当事者）に対して行う必要があります。

　この説明は宅地建物取引士でなければすることができません。なお、説明の際には、相手方からの請求がなくても宅地建物取引士証を提示しなければなりません。

　建物の賃貸借契約に必要な説明内容は以下の通りです。

---

❶ 登記された権利の種類・内容（例：抵当権など）

❷ 飲用水・電気・ガスの供給ならびに排水設備
　　● 整備されていない場合→整備の見通し・特別の負担

❸ 契約解除・損害賠償額の予定や違約金

❹ 借賃以外に授受される金銭の額・目的
　　（例：敷金・権利金など）

❺ 土砂災害警戒区域・造成宅地防災区域・津波災害警戒区域

❻ 水害ハザードマップの提示

❼ （未完成物件の場合）完成時の形状・構造
　　● 図面を必要とするときは図面を交付して説明

❽ 既存建物状況調査（インスペクション）の結果の概要等実施の有無
　　● 実施後１年を経過していないもの
　　● 実施している場合における建物状況調査の結果の概要

❾ 石綿（アスベスト）の使用の有無
　　● 記録があればその旨（調査を実施する義務はない）

❿ 耐震診断の結果
　　● 記録があればその旨（調査を実施する義務はない）
　　● 昭和56年6月1日以降に新築の工事に着手したものを除く

第**3**章 業務関連法令

⑪ 台所・浴室・便所その他の当該建物の設備の整備状況

⑫ 契約期間・契約の更新に関する事項

  ● 定めがない場合は「定めなし」と記載

⑬ 定期借家である場合はその旨

⑭ 敷金その他契約終了時において精算される金銭の精算について

[マンションのみ必要な説明]

⑮ 専有部分の利用制限（規約・案があるとき）

   （例：楽器演奏・ペット可など）

⑯ 管理会社の名称と住所

重要事項の説明について、テレビ会議等のITを活用できるようになりました。ただし、次の条件を満たしている場合に限られます。

[ITを活用した重要説明ができる条件]

❶ 双方向でやりとりできる環境において実施すること

❷ 重要事項説明書と添付書類を、説明を受ける者にあらかじめ送付すること

❸ 映像及び音声の状況について、宅地建物取引士が説明開始前に確認しておくこと

❹ 相手方が宅地建物取引士が提示した宅建士証を視認できたことについて、宅地建物取引士が確認すること

重要事項説明を開始した後、映像や音声に不具合が生じた場合、直ちに説明を中断し、不具合が解消された後に説明を再開しなければなりません。

6 37 条書面

　宅建業法では、トラブル防止のため、**契約締結後遅滞なく**、契約内容を証する書面の交付が必要となります。これを 37 条書面といいます。交付の相手は、重要事項の説明とは異なり、契約の両当事者（売主・買主／賃貸人・賃借人／交換の両当事者）です。

　貸借の契約をした場合、以下の内容は必ず記載します。

［37 条書面に記載する必要項目（貸借契約）］
❶ 賃貸人・賃借人の氏名・住所
❷ 物件の所在等
❸ 借賃の額・支払時期・方法
❹ 引渡し時期

　また、特約（定めがある場合）は、基本的には記載しますが、貸借の場合、以下のものについては特約があっても記載する必要はありません。

［特約があっても記載が不要な項目（貸借契約）］
❶ ローン（代金・交換差金に関する貸借）のあっせんに関する定め
❷ 契約不適合責任に関する定め
❸ 租税公課の負担に関する定め

第**3**章　業務関連法令

住宅宿泊事業法

1 住宅宿泊事業

　住宅宿泊事業とは、住宅内で宿泊客に宿泊を提供する事業です。住宅宿泊事業法による**都道府県知事**への届出を行えば、旅館業法の許可を得ることなく事業を行うことができます。住宅宿泊事業法には、住宅宿泊に関する事業として、住宅宿泊事業のほかに、住宅宿泊管理業、住宅宿泊仲介業という住宅宿泊事業をサポートするための事業形態も定められています。

図解

　住宅宿泊事業法による住宅宿泊事業においては、宿泊を提供する日数が1年間で180日が上限となります。それに加えて、都道府県等は、生活環境の悪化を防止するために必要があるときは、条例によって、区域を定めて住宅宿泊事業を実施する期間を制限することができます。住宅宿泊事業には、大きく分けて家主居住型（ホームステイを行うタイプ）と家主不在型（空き家に宿泊者を泊めるタイプ）があります。

2 住宅宿泊事業者の義務

　住宅宿泊事業者は、❶ 宿泊者の衛生の確保、❷ 宿泊者の安全の確保、❸ 外国人観光旅客である宿泊者の快適性および

第４編 ● 管理実務・金銭管理等

利便性の確保、❹ 宿泊者名簿の備付け等、❺ 周辺地域の生活環境への悪影響の防止に関し必要な事項の説明、❻ 苦情等への対応を講じなければなりません。なお、以上の項目については、住宅宿泊管理業者に委託をすれば、住宅宿泊事業者は義務を免れます。

第３章 業務関連法令

項　目	義　務
❶ 宿泊者の衛生の確保	各居室の床面積に応じた宿泊者数の制限、定期的な清掃その他の宿泊者の衛生の確保を図るために必要な措置を講じる。
❷ 宿泊者の安全の確保	非常用照明器具の設置、避難経路の表示その他の火災その他の災害が発生した場合における宿泊者の安全の確保を図るために必要な措置を講じる。
❸ 外国人観光旅客である宿泊者の快適性及び利便性の確保	外国人観光旅客である宿泊者に対し、届出住宅の設備の使用方法に関する外国語を用いた案内、移動のための交通手段に関する外国語を用いた情報提供その他の外国人観光旅客である宿泊者の快適性及び利便性の確保を図るために必要な措置を講じる。
❹ 宿泊者名簿の備付け等	届出住宅その他の場所に宿泊者名簿を備え、これに宿泊者の氏名、住所、職業その他の必要事項を記載する。また、都道府県知事の要求があったときは、これを提出する。
❺ 周辺地域の生活環境への悪影響の防止に関し必要な事項の説明	宿泊者に対し、騒音の防止のために配慮すべき事項その他の届出住宅の周辺地域の生活環境への悪影響の防止に関し必要な事項について説明する。また、外国人観光旅客である宿泊者に対しては、外国語を用いて説明する。
❻ 苦情等への対応	届出住宅の周辺地域の住民からの苦情及び問合せについては、適切かつ迅速にこれに対応する。

また、届出住宅ごとに、公衆の見やすい場所に、所定の様式の標識を掲示しなければなりません。さらに、届出住宅に人を宿泊させた日数等について、定期的に都道府県知事に報告しなければなりません。標識の掲示と定期報告については、住宅宿泊管理業者に委託をしても、住宅宿泊事業者は義務を免れることができません。

LEC東京リーガルマインド 2024年版 賃貸不動産経営管理士 合格のトリセツ テキスト＆一問一答 247

3 住宅宿泊管理業

　住宅宿泊管理業を行うためには、**国土交通大臣**の登録を受けなければなりません。また、住宅宿泊事業者は、次に該当する場合は、届出住宅の住宅管理業務を住宅宿泊管理業者に委託しなければなりません。

> ❶ 届出住宅の居室の数が５を超えるとき
> ❷ 届出住宅に人を宿泊させる間、不在となるとき
> 　（家主不在型）

　委託先は１つであることが必要であり、複数の委託先に分けて委託をすることは認められていません。なお、住宅宿泊事業者が住宅宿泊管理業者である場合で、住宅宿泊事業者が自ら届出住宅にかかる住宅宿泊業務を行う場合には委託する必要はありません。

　住宅宿泊事業者から委託された住宅宿泊管理業務の全部を他の者に対し再委託することは禁止されています。

　住宅宿泊管理業者は、管理受託契約を締結しようとするときは、委託者に対し、管理受託契約を締結するまでに、管理受託契約の内容およびその履行に関する事項について、書面を交付して説明しなければなりません。なお、委託者の承諾を得れば、この書面の交付に代えて、電磁的方法による情報の提供も認められます。

4 住宅宿泊仲介業

　住宅宿泊仲介業は、旅館業法に基づく登録を受けた旅行業者以外の者が、報酬を得て、住宅宿泊仲介業務を行う事業です。住宅宿泊仲介業を行うためには、**観光庁長官**の登録を受けなければなりません。

5 分譲マンション内の住宅宿泊事業

区分所有建物（分譲マンション）においては、規約で専有部分を住宅宿泊事業に使用することを禁止することができます。ただし、規約に「その専有部分を専ら住宅として使用する」という記述のみでは民泊の利用を禁止したことにはならないので、禁止する際には、規約に「住宅宿泊事業法に基づく住宅宿泊事業を禁止する」旨を明確にする必要があります。

5 住宅セーフティネット法

出題

 2020 2021

1 住宅セーフティネット法とは

低所得者・被災者・高齢者・障害者・外国人・子育て世帯など、住宅の確保に配慮の必要な方は今後も増加することが考えられます。また、空き家が増加していることから、そういった空き家を活用して住宅確保要配慮者の入居を拒まないよう、賃貸住宅の供給を促進することを目的として制定されました。

1 登録

住宅確保要配慮者の入居を拒まない賃貸住宅を登録できます。登録した賃貸住宅は国土交通省の管理するホームページに掲載されるため、入居者をスムーズに見つけることができます。

2 住宅に対する支援

登録住宅の改修や入居者への経済的な支援を行うことにより、賃貸人は改修費用の補助を受けたり、賃借人は家賃や保証料の支援を受けたりすることができます。

3 入居に対する支援

居住支援法人や居住支援協議会などにより、円滑な入居のサポートを行います。居住支援協議会とは、不動産関係団体（宅建業者や賃貸住宅管理業者など）、居住支援団体（NPO法人など）、地方公共団体などで構成される団体です。

2 住宅確保要配慮者とは

住宅確保要配慮者は次の通りです。

> - 低額所得者＝月収が15万8千円以下の世帯
> - 被災者
> - 高齢者
> - 障害者
> - 子育て世帯＝18歳未満の子供がいる世帯
>   （18歳となった子どもが年度末に至るまでの間も子育て世帯として扱われる）

これらに加えて、省令において、外国人などが定められています。

3 住宅の登録基準

賃貸住宅を登録する際には、その規模、構造等について一定の基準に適合する必要があります。住戸の床面積が25㎡以上であり、耐震性を有していることが求められます。なお、この登録基準については、地方公共団体が供給促進計画を定めることによって、強化・緩和をすることが可能です。

4 金融支援

住宅セーフティネット法における住宅セーフティネットの仕組みにおいては、適正に家賃債務保証を行う業者は、住宅金融支援機構における保険を受けることができます。保険を利用できるのは、居住支援法人と、家賃債務保証業者登録制度に登録された家賃債務保証業者です。

5 入居を受け入れる住宅確保要配慮者の範囲

登録の際には、入居を拒まない住宅確保要配慮者の範囲を限定することが可能です。たとえば、「障害者の入居は拒まな

い」として登録したり、「高齢者、低額所得者、被災者の入居は拒まない」として登録したりすることができます。

6 賃貸不動産経営管理士の役割

住宅セーフティネット機能の強化は重要な政策課題であるものの、家賃滞納等への不安から、住宅確保要配慮者の入居に否定的な感情を抱く賃貸人も少なくありません。賃貸不動産経営管理士は、同法の趣旨や制定の背景をよく理解し、固定観念で住宅確保要配慮者を拒むのではなく、受け入れるために何をすべきかを、賃貸人に働きかけていくことが求められています。

7 代理納付

セーフティネット住宅の賃借人が生活保護受給者であって家賃滞納のおそれがある場合、保護の実施機関である福祉事務所に通知することができます。そして、通知を受けた保護の実施機関は、必要があるときは、本来生活保護受給者が賃貸人に支払うべき家賃を、保護の実施機関が賃貸人に直接支払うという代理納付の方法をとることができます。

6 不動産登記法

出題

1 登記とは

不動産の戸籍のようなものが不動産登記です。どういう不動産で、誰のものであるのか記録してあるのです。土地と建物は別の不動産として扱われているため、土地の登記記録と建物の登記記録の両方が存在します。

登記記録は表題部と権利部に分けられていて、その権利部も甲区と乙区に分かれています。

> - 表題部　（物理的現状に関する事項）
> - 権利部 甲区（所有権に関する事項）
>   　　　　乙区（所有権以外に関する事項：抵当権など）

2 表題部と権利部

次に、表題部と権利部の違いについて説明します。

> - 表題部＝登記申請義務がある
> - 権利部＝登記申請義務がない

　表題部は建物のプロフィールのようなものです。そのため、どこにどういう土地や建物があるか把握しておくために、土地や建物ができたとき、または、なくなったときには1カ月以内に申請することが必要です。また、表題部に関しては、申請がない場合、登記官が職権で登記をすることもできます。それに対して、権利部の申請は原則として義務ではありません。★1 しかし、対抗要件とするには権利部に登記されていることが必要です。

3 所有権登記の仕組み

　最初の所有者が所有権保存の登記を行い、それから売買や相続によって所有者が変わったら所有権移転の登記を行います。

4 申請主義

　登記は当事者の申請で行うのが原則です。しかし、先述の通り、表題部などは、登記官の職権による登記が認められています。

★1
講師からひと言
相続（相続人に対する遺贈も含む）による所有権移転登記は申請義務があります。

5 出頭主義の廃止

以前は「出頭主義」といって、登記の申請は直接登記所に行く必要がありましたが、現在は廃止されました。現在では郵送でもオンライン申請でもできるようになっています。

6 共同申請主義

権利に関する登記によって直接利益を受ける者を登記権利者といい、権利に関する登記によって直接不利益を受ける者を登記義務者といいます。

権利に関する登記の申請は登記権利者と登記義務者の双方が共同で行うのが原則です。売買によって所有権が移ったときには、売った人（登記義務者）と買った人（登記権利者）の双方が共同して登記の申請をしなければなりません。

しかし、単独で申請できるものもあります。それが次の場合です。

[単独申請できるもの]
❶ 所有権保存の登記
❷ 登記名義人の氏名・住所の変更登記
❸ 相続または合併による登記
❹ 登記すべきことを命じる確定判決による登記
❺ 仮登記義務者の承諾がある仮登記

また、所有権保存の登記の申請ができるのは次の人に限られます。

[所有権保存登記の申請ができる人]
❶ 表題部所有者
❷ 表題部所有者の相続人その他の一般承継人
❸ 所有権を有することが確定判決により確認された者
❹ 収用により所有権を取得した者

　さらに、区分建物（マンション）の場合のみ、表題部所有者から所有権を取得した者も所有権保存の登記の申請ができます。

7 障害者差別解消法

出題
2021 2023

1 障害者差別解消法とは

　事業者が、障害のある人に対して、正当な理由なく、障害を理由とした不当な差別的な取扱いをして、障害者の権利利益を侵害することを禁止しています。具体的には、以下のような例が該当します。

[禁止事項]
- 物件一覧に「障害者不可」と記載すること
- 物件広告に「障害者お断り」として入居者募集を行うこと
- 宅建業者が障害者に対して「当社は障害者向けの物件を取り扱っていない」といって門前払いをすること
- 宅建業者が、賃貸物件への入居を希望する障害者に対して、障害があることを理由に、賃貸人や家賃債務保証会社への交渉等必要な調整を行うことなく仲介を断ること

　また、障害者から事業者に対して、何らかの対応が必要であるとの意思が伝えられた場合には、合理的な配慮を行うべきです。具体的には以下のような例が該当します。

［合理的配慮の具体例］

- 障害者が物件を探す際に、障害者や介助者等からの意思の表明に応じて、最寄り駅から物件までの道のりを一緒に歩いて確認したり、1軒ずつ中の様子を手を添えて丁寧に案内すること

- 車椅子を使用する障害者が住宅を購入する際に、住宅購入者の費用負担で間取りや引き戸の工夫、手すりの設置、バス・トイレの間口や広さ変更、車椅子用洗面台への交換等を行うこと等を希望する場合において、宅建業者が住宅のリフォーム等に関わるときは、売主等に顧客の希望を適切に伝える等必要な調整を行うこと

- 障害者や介助者等からの意思の表明に応じて、バリアフリー物件等、障害者が不便と感じている部分に対応している物件があるかどうかを確認すること

- 障害者や介助者等からの意思の表明に応じて、ゆっくり話す、手書き文字（手のひらに指で文字を書いて伝える方法）、筆談を行う、分かりやすい表現に置き換える、IT機器（タブレット等による図や絵）の活用等、相手に合わせた方法での会話を行うこと

- 種々の手続きにおいて、障害者や介助者等からの意思の表明に応じて、文章を読み上げたり、書類の作成時に書きやすいように手を添えること

- 書類の内容や取引の性質等に照らして特段の問題が無いと認められる場合に、自筆が困難な障害者からの要望を受けて、本人の意思確認を適切に実施した上で、代筆対応する。

- 障害者や介助者等からの意思の表明に応じて、契約内容等に係る簡易な要約メモを作成したり、家賃以外の費用が存在することを分かりやすく提示したりする等、契約書等に加えて、相手に合わせた書面等を用いて説明すること

- 物件案内時に、障害者や介助者等からの意思の表明に応じて、段差移動のための携帯スロープを用意すること
- 物件案内時に、障害者や介助者等からの意思の表明に応じて、車椅子を押して案内をすること
- 物件案内の際、障害者や介助者等からの意思の表明に応じて、肢体不自由で移動が困難な障害者に対し、事務所と物件の間を車で送迎すること
- 障害者や介助者等からの意思の表明に応じて、物件の案内や契約条件等の各種書類をテキストデータで提供する、ルビ振りを行う、書類の作成時に大きな文字を書きやすいように記入欄を広く設ける等、必要な調整を行うこと
- 障害者や介助者等からの意思の表明に応じて、物件のバリアフリー対応状況が分かるよう、写真を提供すること
- 障害者の居住ニーズを踏まえ、バリアフリー化された物件等への入居が円滑になされるよう、住宅確保要配慮者居住支援協議会の活動等に協力し、国の助成制度等を活用して適切に改修された住戸等の紹介を行うこと

2 障害者とは

障害者差別解消法における「障害者」とは、障害者手帳を持っている人のみを指すのではなく、身体障害、知的障害、精神障害などの障害がある人で、障害や社会の中にあるバリアによって、継続的に日常生活や社会生活に相当な制限を受けている人すべてが対象となります。

3 事業者とは

個人事業者、対価を得ない無報酬の事業を行うもの、非営利事業を行う社会福祉法人やNPO法人などもこの「事業者」に含まれます。宅建業者や管理業者も同法の対象となります。

4 罰則

事業者に違反行為があった場合、直ちに罰則が科されることはありませんが、主務大臣から法令違反が疑われる行為があるとして報告を求められた際に、虚偽の報告をしたり、報告を行わなかった場合には、20万円以下の過料に処せられることがあります。

8 家賃債務保証業者登録制度

出題
2021

保証人の代わりに、家賃債務の保証を行う者が登場するようになりました。それに伴って、家賃債務保証業者の登録制度が創設されました。家賃債務保証業を営む者は、国土交通大臣の登録を受けることができます。国土交通大臣は、家賃債務保証業者登録簿を一般の閲覧に供しなければなりません。

この制度は任意のため、登録を受けなくても家賃債務保証業を営むことは可能です。また、登録を受けていることによって何らかの特別の保証が与えられるものでもありません。

9 特定家庭用機器再商品化法（家電リサイクル法）

特定家庭用機器再商品化法（家電リサイクル法）では、家庭用のエアコン、テレビ、冷蔵庫・冷凍庫、洗濯機・衣類乾燥機が使用済みとなったもの（廃家電4品目）について、小売業者と製造業者による引取りと再商品化（リサイクル）の義務を定めています。

［対象となる廃家電4品目］

❶ **エアコン**

❷ **テレビ（ブラウン管、液晶・プラズマ）**

❸ **冷蔵庫・冷凍庫**

❹ **洗濯機・衣類乾燥機**

管理業者においても、上記4品目の家電の販売を行っている場合、家電リサイクル法による規制の対象となります。

第3章 業務関連法令

第4章　金銭管理

重要度 **A**

学習ポイント

賃料を回収するための手段として、裁判所の力を借りるという手段があります。そのための手続き等を学んでいきましょう。債務名義・執行文など見慣れない用語も出てきますが頑張りましょう！

1 家賃改定

出題 2017

　管理業者は、賃料改定に影響を及ぼす各種要因のうち、有利な変化が生じた場合に限らず、不利な変化が生じた場合にも、賃貸条件を変更すべきかどうかについて、直ちに検討しなければなりません。

2 家賃以外の金銭

出題 2017 2019

1 保証金

　事業用建物の賃貸借で、保証金という名目で金銭授受が行われることがあります。保証金について法律に定めはありません。したがって、どのような趣旨で保証金が授受されたのかを契約書で明確に定めておく必要があります。

2 礼金

　礼金は、賃貸借契約が成立したことを前提に、賃借人から賃貸人へ謝礼として交付されたものと解釈されています。したがって、賃貸借契約終了後にも返還義務はありません。

3 敷引き

　敷引きは、賃借人の故意・過失による損傷の有無を問わず、

賃貸物件の明渡し時に、預けておいた敷金から一定額を控除する旨の合意を指します。賃貸人が契約条件の１つとして定め、賃借人も明確に認識した上で契約を行った場合で、かつ、額が賃料等に比べて明らかに高額とはいえない場合には、これを有効としています。

4 更新料・更新手数料

更新料とは更新の際に、賃借人が賃貸人に対して支払う金銭のことをいいます。更新料を授受することは可能です。ただし、その場合には初回契約時に特約を設定し、それを書面に記載した上で賃借人等に十分説明をして理解を得ておかなければなりません。それらの額が、賃料の額や契約更新期間等から考えて高額すぎるなどの事情がある場合には、その特約は無効となります。

更新手数料とは更新事務の手数料として、賃借人が管理業者に対して支払う金銭のことをいいます。

3 会計(簿記)

出題
2022

1 簿記とは

簿記とは、「帳簿記入」のことです。帳簿とは、お金を受け取ったり、お金を支払ったりしたときに書いていく書類です。したがって、お小遣い帳や家計簿への記入も簿記の一種です。

家計簿などであれば、本人（や家族）だけがわかればよいので、形式は自由ですが、企業などの帳簿は、多くの人に見せることが前提の書類となるため、誰が見てもわかるように、統一のルールで書く必要があります。皆が同じルールで書くことによって、企業間で比較することができます。また、同じルールで書かれているため、初めて見る書類も素早くチェックすることができます。

企業には、毎年２種類の書類を作成する義務があります。

それは、「いくらくらいお金を持っているのか」を明らかにしている**貸借対照表**、「どのくらい稼いでいるのか」を明らかにしている**損益計算書**の２種類です。なお、この２種類の書類を合わせて「**財務諸表**」といったり、単に「**決算書**」といったりします。★1管理会社も企業であるため、財務諸表を作成しなければなりません。

財務諸表は、１年に１回作ります。報告書を作るとき、１年間の最初の日のことを「**期首**」、１年間の最後の日のことを「**期末**」、期首から期末までの１年間のことを「**会計期間**」と呼びます。また、期末のことを「**決算日**」ともいいます。したがって、財務諸表は会計期間ごとに作るという言い方をすることもできます。

★1

講師からひと言

上場企業の場合、キャッシュフロー計算書の作成も必要です。そのため、貸借対照表・損益計算書・キャッシュフロー計算書の3種類を財務諸表ということもあります。

図解

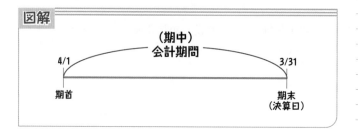

（期中）
会計期間

4/1　　　　　　　　　　　　　　3/31

期首　　　　　　　　　　　**期末**
　　　　　　　　　　　　　　（**決算日**）

2 簿記の流れ

年１回作成するからといって、締切前に一気にやるのは効率が悪いです。効率的に作成するためには、毎日の記録が大切です。そこで、取引があるごとに**仕訳**というものを行います。

さて、ここでいう取引とは何でしょうか。簿記の世界での取引とは、お金や物が増えたり減ったりする行為を指します。したがって、「お金を落とした」ことも、「物を盗まれた」ことも、簿記上では取引となります。

取引が発生したら、補助記入帳がある取引はその内容を補助記入帳に記帳し、補助記入帳がない取引は直接仕訳帳に記帳します。次に補助記入帳に記帳した取引の仕訳を仕訳帳に

記帳します。そして、仕訳帳から**総勘定元帳**★2と補助元帳に
転記するという流れになります。さらに、期末になったら総勘
定元帳を見ながら貸借対照表と損益計算書を作ります。

★2
Keyword

総勘定元帳
勘定科目ごとにまと
めた帳簿。

図解

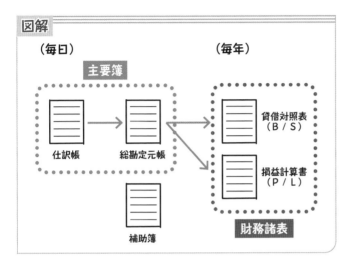

3 主要簿と補助簿

1 主要簿

「主要簿」とは、簿記上の取引がすべて記録される**仕訳帳**と
総勘定元帳の２冊の帳簿のことをいいます。

2 補助簿

企業が必要に応じてつける帳簿を「補助簿」といいます。
簿記上の取引があるたびに記入しなければならない主要簿と
は異なり、補助簿には特定の事がらについての詳細な情報を
記入します。

補助簿がある場合には、簿記上の取引を仕訳帳に仕訳をし、
総勘定元帳に転記をした後に、補助簿にも記入します。なお、
補助簿には「**補助記入帳**」と「**補助元帳**」の２つの種類があ
ります。補助記入帳は特定の取引についての管理目的で、補
助元帳は特定の勘定科目の管理目的で作成されるものです。

補助記入帳	補助元帳
① 現金出納帳	① 商品有高帳
② 預金出納帳	② 買掛金元帳（仕入先元帳）
③ 仕入帳	③ 売掛金元帳（得意先元帳）
④ 売上帳	④ 固定資産台帳
⑤ 受取手形記入帳	
⑥ 支払手形記入帳	

4 貸借対照表と損益計算書

1 貸借対照表（B/S）

　決算時点で、会社が現金や不動産といった資産をどれくらい持っているのか、借金はどれくらいあるのかを示す書類が**貸借対照表**（B/S）です。

　貸借対照表は「資産」「負債」「純資産」という3つのグループに分類して記載します。たとえば、ある人が1,000万円の土地を持っていた（＝資産）としても、自分で出したお金が200万円で、残り800万円は銀行から借りていた（＝負債）としたら、実際は200万円しか持っていないのに等しいということになります。このように、貸借対照表を見れば、一見財産があるように見えても、それが本当の資産なのか、借金して立派に見えているだけなのかが見えてくるのです。

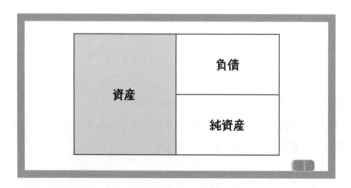

2 損益計算書（P/L）

会計期間で、会社の儲けがどのくらいあったのか（もしくは損失があったのか）を示す書類が**損益計算書**（P/L）です。

損益計算書は「収益」と「費用」という 2 つのグループに分類して記載します。たとえば、100 円のパンを売った（＝収益）場合、材料費など（＝費用）が 80 円かかっていれば、お店の儲け（＝利益）は 20 円となります。ですが、費用が 70 円であれば、利益は 30 円となります。このように同じ「100 円のパンを売った」としても、利益は異なることがあります。逆に、100 円のパンを売っても、費用が 120 円かかっていれば、たえパンを売っても 20 円の損失となってしまいます。このように、どのくらい売ったのかと、どのくらい儲けたのかは違うので、損益計算書を見れば、本当に利益が出ているのかが見えてくるのです。

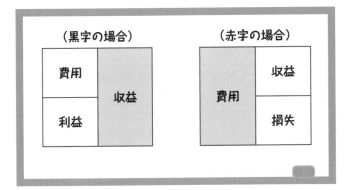

5 企業会計の原則

1 総論

企業会計原則は、企業会計の実務の中に慣習として発達したものの中から、一般に公正妥当と認められたところを要約した基準です。法律ではありませんが、企業が会計業務を実施する場合の基本的なルールとなっています。企業会計原則は、**一般原則・損益計算書原則・貸借対照表原則**の 3 つの原則で構成されています。

2 企業会計の一般原則

　企業会計の一般原則は、会計行為に対する規範または一般指導原理を示した基本原則です。次の7つから構成されています。

原　　則	内　　容
① 真実性の原則	企業をとりまく利害関係者に対して、企業の財政状態及び経営成績に関する**真実な情報を提供すべきこと**を要求する原則
② 正規の簿記の原則	一定の要件を具備した**正確な会計帳簿を作成すべきこと**と、この**会計帳簿に基づいて報告書を作成すべきこと**を要求する原則
③ 資本取引・損益取引区分の原則 （資本・利益区分の原則）	**資本と利益の区分を明瞭**にし、混同してはならないとする原則
④ 明瞭性の原則	企業の利害関係者が企業の実態を正しく把握し理解することができるように、**明瞭な報告書を作成すべきこと**を要求する原則
⑤ 継続性の原則	企業会計は**その処理の原則及び手続を毎期継続して適用**し、みだりにこれを変更してはならないという原則
⑥ 保守主義の原則	企業の財政に不利な影響を及ぼす可能性がある場合には、これに備えて**適当に健全な会計処理を行う**との原則
⑦ 単一性の原則	利用目的に応じて、異なる形式の報告書を作成する必要がある場合でも、その**内容は実質的に単一**でなければならないとする原則

4 会計処理

1 考え方

1 複式簿記

仕訳をする場合、お金などが増減した結果と、その増減の原因を2つに分けて書いていきます。このように、取引の結果だけではなく、原因と結果の2つの視点で考える簿記を複式簿記といいます。

複式簿記の場合、帳簿の左側を「借方」、右側を「貸方」と呼びますが、名前に特に意味はありません。なお、**貸方の合計金額と借方の合計金額は必ず一致します**。

2 発生主義

「発生主義」とは、取引が発生した際に金額を計上する考え方です。★1発生主義のほかにも、現金主義や実現主義もあります。「現金主義」とは、実際に現金が動いた時点で記帳する考え方であり、「実現主義」とは、すべての損益を実現した時点で計上するものです。

2 仕訳の方法

勘定記入のルールに従って、主な仕訳を見てみましょう。

まず、お金の動き（入出金）に着目します。賃貸住宅管理業者に、現金・預金が「**入金**」されれば、現金・預金を借方（**左方**）に計上します。そして、原因となる科目「預り家賃」等を反対の貸方（右方）に計上します。

賃貸住宅管理業者により、現金・預金が「**出金（支払）**」されれば、現金・預金を貸方（右方）に計上します。そして、原因となる科目「預り家賃」等を反対の借方（左方）に計上します。

★1
講師からひと言
取引を適正に処理するためには発生主義が好ましいとされています。

第4章 金銭管理

(例1) 駐車場使用料として、普通預金で 15,000 円入金があった場合			
【借方】		【貸方】	
普通預金	15,000 円	駐車場使用料収入	15,000 円

　普通預金に**入金**があるので、左側（借方）に「普通預金15,000 円」と計上します。この入金は駐車場使用料収入によるものなので、右側（貸方）に「駐車場使用料収入 15,000 円」と計上します。

(例2) 清掃料として現金で 100,000 円支払った場合			
【借方】		【貸方】	
清掃料	100,000 円	現金	100,000 円

　現金による**出金**があるので、右側（貸方）に「現金 100,000 円」と計上します。この出金は清掃料によるものなので、左側（借方）に「清掃料 100,000 円」と計上します。

(例3) 物件Aの入居者から集金した家賃 15 万円のうち、管理手数料として 10,000 円を差し引いた上で残額をオーナーに送金する場合			
【借方】		【貸方】	
預り家賃（物件A）	150,000 円	現金預金・○○銀行（物件A）	140,000 円
		管理手数料収入（物件A）	10,000 円

　預かり家賃として受け取った 150,000 円のうち、10,000 円を管理手数料として受け取っているので、管理手数料収入10,000 円の増加を右側に書きます。また、預かり家賃から管

理手数料を差し引いた 140,000 円をオーナーに支払っているので、現金預金 140,000 円も右側に書きます。今回、オーナーに現金預金 140,000 円を送金し、管理手数料として 10,000 円受け取ったことにより、これに対応する預かり家賃はなくなります。したがって、預かり家賃 150,000 円を左側に書きます。

5 賃料回収のための制度

1 自力救済の禁止と弁護士法

　賃貸住宅管理業者は、法的手続きによらず自分で実力行使をすることはできません。この実力行使を自力救済といいますが、**自力救済は禁止されています。**

　賃料未払いの賃借人に対して、勝手に鍵を交換することは、民法では不法行為に当たり、刑法では住居侵入罪・器物損壊罪等に該当します。契約時に「家賃滞納の場合、鍵を交換できる」と規定したとしても、自力救済はできません。その契約が公序良俗に反して無効になることが多いためです。

　また、賃料回収等を行うには、弁護士法に抵触しないように留意することも大切です。内容証明郵便を発信したり、訴訟を提起する場合、サブリース方式であれば、特定転貸事業者は賃貸借契約の当事者となっているので、本人として内容証明郵便発信や訴訟提起をすることが可能です。しかし、管理受託方式の場合、賃貸人の代理人となるので、内容証明郵便を発信することや訴訟提起などは弁護士法に抵触する可能性があります。

2 内容証明郵便と公正証書

1 内容証明郵便

　内容証明郵便とは、いつ、いかなる郵便を、誰が、誰に宛てて差し出したかを郵便局が証明するものです。内容の真実性を証明するものではありません。契約の解除等は内容証明郵便を用いなくとも効力を生じますが、内容証明郵便で行うことが望ましいでしょう。

2 公正証書

　公正証書とは、公証人の作成する文書のことです。公正証書の原本は原則として公証役場に20年間保管することとされています。

3 少額訴訟

　少額訴訟は訴訟の目的の価額が **60万円以下**の金銭の支払いの請求を目的とした訴訟となります。**簡易裁判所**で行い、**即日判決**となります。同一の簡易裁判所において同一年に **10回まで**という回数制限があります★1。**即日判決**のため、時間のかかりそうなものを避けて行います。

★1

講師からひと言

消費者金融などが何度も利用するのを避けるためです。

> ［少額訴訟の特徴］
> ● 証人尋問を証人の宣誓なしで行うことが可能
> ● 即時に取調べ可能な証拠に限り証拠調べ可能
> ● 電話会議方式の証人尋問も認められる
> ● 反訴を提起することはできない

　原告が少額訴訟を希望する場合、訴えを提起する際にその旨を申述する必要があります。

[少額訴訟の流れ]

● 原告が少額訴訟を希望
　　　　　　　↓
被告は訴訟を通常の手続きに移行させる旨の申述が可能
（被告が最初にすべき口頭弁論の期日において弁論をし、またはその期日が終了した後にはすることができない）

簡易裁判所は、被告の資力などの事情を考慮して、特に必要がある場合には、判決の言渡しの日から3年を超えない範囲内で、支払猶予もしくは分割払いの定めをすることができます。

4 支払督促

支払督促は、金額の制限がありません。簡易裁判所の書記官に対して申立てを行います。それに対して、債務者が異議申立てをしなかった場合、仮執行の宣言を付された支払督促に「確定判決」と同一の効力が与えられます。★2 異議申立てを行うと通常の民事訴訟に移行します。

★2
講師からひと言
仮執行宣言が付されていない場合、確定判決と同一の効力はありません。

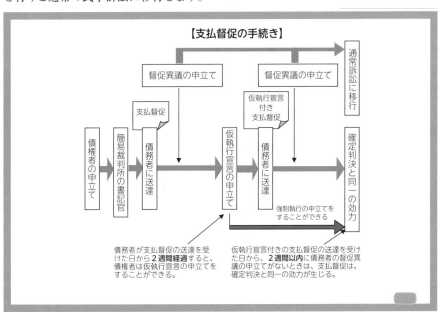

【支払督促の手続き】

債務者が支払督促の送達を受けた日から**2週間経過**すると、債権者は仮執行宣言の申立てをすることができる。

仮執行宣言付きの支払督促の送達を受けた日から、**2週間以内**に債務者の督促異議の申立てがないときは、支払督促は、確定判決と同一の効力が生じる。

5 通常の民事訴訟

　民事訴訟を行う場合、原則として訴額が 140 万円を超える場合には地方裁判所が、140 万円以下の場合には簡易裁判所が管轄となります。

6 公示送達

　相手方の住所等が不明な場合、公示送達という制度を利用することができます。公示送達とは、裁判所の書記官等に申し立てることにより、実際に相手方に送達しなくても、送達されたものとして扱って訴訟することができるという制度です。

　公示送達は、裁判所書記官が送達すべき書類を保管して、送達を受けるべき者に交付する旨を裁判所の掲示場に掲示することにより行うものです。原則として、掲示を始めた日から 2 週間を経過することで効力を生じます。公示送達は、通常の民事訴訟では利用できますが、少額訴訟や支払督促では利用することができません。

7 強制執行

　債権を回収するため、財産を競売にかけ、そこから回収することとなります。これを強制執行といいます。そして、強制執行が可能であることを証明する文書のことを**債務名義**といいます。ただ、債務名義だけでは強制執行はできません。裁判所書記官等が発行する「強制執行をしてもよい」という書類があってはじめて強制執行が可能となります。この書類を**執行文**といいます。

> ### 債務名義＋執行文＝強制執行可能！

　ただし、支払督促や少額訴訟の判決では、執行文がなくても債務名義さえあれば執行可能です。

「債務名義」の具体例	「執行文」の付与機関
確定判決・仮執行宣言付き判決 仮執行宣言付き支払督促 和解調書・調停調書	裁判所の書記官
強制執行認諾文言付き公正証書 （執行証書）	公証人

　執行証書により強制執行ができるのは金銭の支払いを求める請求に限定されます。不動産の明渡し請求は、賃貸借契約の公正証書があっても公正証書に基づく強制執行ができません。訴えを提起して給付判決を取得する必要があります。

第4章 金銭管理

第5章 賃貸不動産管理の意義と社会的情勢

重要度 **A**

学習ポイント

不動産業をとりまく状況がどのような感じなのか、そしてその中で管理業者の役割はどのような位置付けになるのでしょうか。その部分について見ていきたいと思います。

1 不動産業の分類

出題
2020

「日本標準産業分類」によれば、不動産業は不動産取引業と不動産賃貸業・管理業に大別されます。不動産取引業には、建物・土地売買と代理・仲介があり、不動産賃貸業・管理業には、不動産賃貸業、貸家・貸間業、駐車場業、不動産管理業があります。賃貸管理は、ビル・店舗の管理業、分譲マンション管理業、住宅宿泊管理業とともに、不動産管理業に含まれます。賃貸管理は、貸主から貸室および共用部分の契約管理および建物設備の維持管理の委託を受けるものです。

[不動産業の分類]

不動産業	不動産取引業	建物売買業 土地売買業	宅地分譲 戸建・マンション分譲 中古住宅売買
		代理・仲介	分譲販売の代理 持家売却の仲介 賃貸住宅の仲介
	不動産賃貸業・管理業	不動産賃貸業	ビル・店舗の賃貸
		貸家・貸間業	マンション賃貸 戸建て住宅賃貸
		駐車場業	
		不動産管理業	ビル・店舗の管理業 分譲マンション管理業 賃貸住宅管理業 住宅宿泊管理業

2 社会的責務と役割

出題
2015 2016 2017 2018 2019 2020

1 中立性

　従来は、賃貸不動産の管理は賃貸人の賃貸経営のためという視点が強調されてきたので、賃貸人の立場を重視した管理を行ってきました。しかし、優良な賃借人に長く契約を継続してもらうニーズも大きくなり、賃借人を消費者と位置付けて、消費者保護的な視点からとらえる動きも活性化しています。そのため、賃借人の立場を配慮した管理のあり方が要請されています。また、賃貸不動産の適切な利用は、入居者の利益のみならず、公共の福祉にも貢献するものです。

2 専門性

　賃貸不動産をとりまく環境も変化し、複雑化しています。不動産の証券化により、賃貸人が所有者でないケースや、賃貸人が不特定多数の投資家であるケースもあります。そのため、不動産経営を総合的に代行する専門家に委ねるニーズも高まっています。管理業者には、専門家として、新たな経営管理方法の研究や提案も求められています。

3 住生活基本計画

出題
2019 2020 2021 2023

　住生活基本計画は、住生活基本法に基づき決定された計画です。この住生活基本計画はおおむね５年ごとに見直しされることになっています。2021年３月に見直された新たな住生活基本計画が以下のものとなります。

第5章 賃貸不動産管理の意義と社会的情勢

【社会環境の変化からの視点】

目標1

　「新たな日常」やDXの進展等に対応した新しい住まい方の実現

目標2

　頻発・激甚化する災害新ステージにおける安全な住宅・住宅地の形成
　と被災者の住まいの確保

【居住者・コミュニティからの視点】

目標3

　子どもを産み育てやすい住まいの実現

目標4

　多様な世代が支え合い、高齢者等が健康で安心して暮らせるコミュニ
　ティの形成とまちづくり

目標5

　住宅確保要配慮者が安心して暮らせるセーフティネット機能の整備

【住宅ストック・産業からの視点】

目標6

　脱炭素社会に向けた住宅循環システムの構築と良質な住宅ストックの
　形成

目標7

　空き家の状況に応じた適切な管理・除却・利活用の一体的推進

目標8

　居住者の利便性や豊かさを向上させる住生活産業の発展

1 目標1

　テレワーク等の働き方も多くなる昨今、住居内にテレワーク
スペースを確保したりする必要性や、郊外移住の推進を目指し
していきます。

デジタルトランスフォーメーション（DX）とは、進化した IT技術を生活に浸透させ、人々の生活をより良くすることです。DX推進計画を策定し、実行した大手事業者の割合を令和7年までに100％にすることを目標としています。

2 目標2

不動産取引時における災害リスク情報の提供をすることや、災害の危険度が高いエリアでの住宅立地を抑制していきます。

また、災害発生時に被災者の住まいの早期確保を目指します。

3 目標3

防音性や省エネルギー性能、防犯性、保育・教育施設や医療施設等へのアクセスに優れた賃貸住宅の整備を行うことを目指します。

子育て支援施設やコワーキングスペースの整備など、職住や職育が近接する環境の整備を行うことを目指します。

4 目標4

サービス付き高齢者向け住宅等について、地域の需要や医療・介護サービスの提供体制を考慮した地方公共団体の適切な関与を通じての整備・情報開示を推進することを目指します。医療福祉施設、高齢者支援施設のみならず、多様な世代がつながり交流する、ミクストコミュニティの形成を目指します。

5 目標5

住宅確保要配慮者（低額所得者、高齢者、障害者、外国人等）の住まいの確保を目指します。

福祉政策と一体となった住宅確保要配慮者の入居・生活支援を目指します。

6 目標6

ライフスタイルに合わせた柔軟な住替えを可能とする既存住宅流通の活性化を目指します。

長寿命化に向けた適切な維持管理・修繕、老朽化マンションの再生(建替え・マンション敷地売却)の円滑化を目指します。

7 目標7

空き家の適切な管理の促進とともに、周辺の居住環境に悪影響を及ぼす空き家の除却を目指します。

立地・管理状況の良好な空き家の多様な利活用の推進を行います。

8 目標8

大工技能者等の担い手の確保・育成について、職業能力開発等とも連携して推進。地域材の利用や伝統的な建築技術の継承、和の住まいを推進します。

AIによる設計支援やロボットを活用した施工の省力化等、住宅の設計・施工等に係る生産性や安全性の向上に資する新技術開発の促進を目指します。

4 空き家対策

▶出題 ◀
2016

居住世帯のある住宅は約5,361万戸（全体の85.9%）であるのに対して、居住世帯のない住宅は約879万戸（全体の14.1%）となっており、その中で空き家は約848万戸となっています。★1 このことからもわかるように、現在、空き家率の上昇が社会的な問題となっています。空き家があることによって、周辺の地域に対して防犯・防災・衛生・景観上のさまざまな悪影響を及ぼすおそれがあります。空き家は賃貸用の住宅が過半数に達しています。空き家の活用等についての適切な管理業者の関与が求められています。

★1

チェック

居住世帯のない住宅であっても、必ずしも空き家とは限りません。建築中であったり一時現在者（昼のみ住むなど）も居住世帯のない住宅となっていますが、これらは空き家ではありません。

使用目的のない空き家は、今後も増加することが考えられます。そこで、平成26年に「空家等対策の推進に関する特別措置法」が制定され、令和5年にこの法律が改正されました。改正では、従来からの「所有者の適切な管理の努力義務」に加え、「所有者の国、自治体の施策に協力する努力義務」が加えられました。主な内容は以下の通りです。

---

❶ 活用拡大

- 市区町村が空家等活用促進区域を定め、用途変更や建替え等を促進
- 財産管理人による所有者不在の空家の処分
- 市区町村長がNPO法人、社団法人等を空家等管理活用支援法人に指定

❷ 管理の確保

- 特定空家★2化を未然に防止する管理
    →管理不全空家★3に対し市区町村長から指導・勧告
- 市区町村から電力会社等に所有者把握のための情報提供を要請

❸ 特定空家の除去等

- 市区町村長に報告徴収権（勧告等を円滑化）
- 代執行の円滑化（緊急時の代執行制度創設等）
- 財産管理人★4による空家の管理・処分（管理不全空家、特定空家等）

Keyword

★2
周辺地域に悪影響を及ぼす状態にある空き家。

Keyword

★3
放置すれば特定空家になるおそれのある空き家。

Keyword

★4
所有者に代わり財産を管理・処分できる者。

第**5**章　賃貸不動産管理の意義と社会的情勢

第6章 賃貸不動産経営管理士のあり方

重要度 A

学習ポイント

いよいよ国家資格となった「賃貸不動産経営管理士」ですが、どのような業務を行う者なのでしょうか。また、どのような役割を担うことを期待されているのでしょうか。

1 倫理憲章

出題

2015 2016 2017 2018 2019 2020

　賃貸不動産経営管理士の社会的地位の向上、社会的信用の確立と品位保持、資質の向上を図るため、賃貸不動産経営管理士倫理憲章が制定されています。この倫理憲章の具体的な内容は、次の通りとなっています。

❶ **公共的使命**

　賃貸不動産経営管理士のもつ、公共的使命を常に自覚し、公正な業務を通して、公共の福祉に貢献しなければなりません。

❷ **法令の遵守と信用保持**★1

　賃貸不動産経営管理士は関係する法令とルールを遵守し、賃貸不動産管理業に対する社会的信用を傷つけるような行為、および社会通念上好ましくないと思われる行為を厳に慎まなければなりません。

❸ **信義誠実の義務**

　賃貸不動産経営管理士は、信義に従い誠実に職務を執行することを旨とし、依頼者等に対し重要な事項について故意に告げず、または不実のことを告げる行為を決して行ってはなりません。

❹ **公正と中立性の保持**★2

　賃貸不動産経営管理士は常に公正で中立な立場で職務を行い、万一紛争等が生じた場合は誠意をもって、その円満解決に努力しなければなりません。

❺ 専門的サービスの提供及び自己研鑽の努力

　賃貸不動産経営管理士はあらゆる機会を活用し、賃貸不動産管理業務に関する広範で高度な知識の習得に努め、不断の研鑽により常に能力、資質の向上を図り、管理業務の専門家として高い専門性を発揮するよう努力しなければなりません。

❻ 能力を超える業務の引き受け禁止

　賃貸不動産経営管理士は、自らの能力や知識を超える業務の引受けはこれを行ってはなりません。

❼ 秘密を守る義務★3

　賃貸不動産経営管理士は、職務上知り得た秘密を正当な理由なく他に漏らしてはなりません。その職務に携わらなくなった後も同様です。

★1★2★3
講師からひと言

「❷法令の遵守と信用保持」では、所属する管理業者の社会的信用だけではなく、賃貸不動産管理業全体に対する社会的信用を傷つける行為も禁止されています。
「❹公正と中立性の保持」では、常に公正、中立な立場で職務を行う必要があるため、常に依頼者の立場に立って職務を行うことは許されません。
「❼秘密を守る義務」では、本人の同意がある場合や法令上の提供義務がある場合は正当な理由があるといえます。

2 賃貸住宅管理業法上の位置付け

出題
2021 2023

　賃貸不動産経営管理士試験は、業務管理者に必要とされている知識及び能力を有すると認められることを証する事業（登録証明事業）に係る登録試験に位置付けられています。

　賃貸不動産経営管理士に求められる役割としては、次のものがあります。

第6章 賃貸不動産経営管理士のあり方

❶ 賃貸住宅管理業法上の業務及び役割（法定業務及び関連業務）

（1）「業務管理者」として行うべき業務に関すること

（2）「業務管理者」以外で賃貸住宅管理業者の一員として行うべき業務に関すること

（3）特定転貸事業者の一員として行うべき業務に関すること

❷ 賃貸借関係一般に係る業務及び役割（一般業務）

❸ 新たな政策課題への積極的な取組に係る業務及び役割（発展業務）

1 法定業務および関連業務

　賃貸不動産経営管理士は「業務管理者」となることができます。したがって、「業務管理者」である場合には、賃貸住宅管理業法で管理受託契約における「業務管理者」として行うべき業務を行うことが求められています。

　また、サブリース契約においても、以下のことを賃貸不動産経営管理士が行うことが求められています。

❶ 広告に関する事項（誇大広告等の禁止（28条）の遵守）

❷ 勧誘に関する事項（不当な勧誘等の禁止（29条）の遵守）

❸ 特定賃貸借契約の締結前の書面の交付及び説明（重要事項説明）（30条）

❹ 特定賃貸借契約成立時の書面の交付（原賃貸借契約書の作成交付）（31条）

❺ 書類の閲覧に関する事項（32条）

2 一般業務

　賃貸住宅管理業法で規定する「管理業務」のみならず、実際の賃貸不動産経営では、賃貸人からの委託に基づいて多くの業務を行っています。

　したがって、「業務管理者」が行うべき業務とはいえないも

のの、やはり専門的知識を有する者が行うほうが望ましい業務も存在します。そこで、以下の業務に関しては、賃貸不動産経営管理士が行うことが望ましいとされています。

---

❶ **家賃等の収納に係る業務**
→受領等の一連の業務やオーナーへの定期的な報告

❷ **家賃等の改定に係る業務**
→家賃改定の申出があった時の一連の業務

❸ **家賃等の未収納の場合の対応業務**
→未払い家賃の請求や解除の手続の遂行

❹ **賃貸借契約の更新に係る業務**
→当事者双方の意思確認や更新後の書面交付等

❺ **定期建物賃貸借契約の再契約業務**
→宅地建物取引業者と連携して再契約手続を進める

❻ **契約終了時の債務の額及び敷金の精算等の業務**
→書面の作成・交付や、説明を求められた際の対応等

❼ **原状回復の範囲の決定に係る業務**
→ガイドラインに基づき負担額等の調整

❽ **明渡しの実現に係る業務**
→円滑かつ適法な明渡しの実現

また、サブリース方式における転貸借契約は宅建業法が適用されない（＝自ら貸借に当たる）ので、重要事項説明書等の交付は義務ではありません。また、賃貸住宅管理業法においてもマスターリース契約の規定をするにとどまり、転貸借契約については定めがないため、こちらにおいても重要事項説明書等の交付は義務ではありません。

しかし、この手続きは賃借人が安心して入居するには大切な手続きとなります。そこで、賃貸不動産経営管理士には、宅地建物取引業者が仲介等をしない場合、宅地建物取引業法

に準じて以下の業務を行うことが望ましいとされています。

> ❶ 転貸借契約締結前の重要事項説明
> ❷ 転貸借契約成立時の書面の交付

3 発展業務

賃貸不動産経営管理士には、賃貸不動産経営・管理の専門家として、次のような業務を行うことが期待されます。

1 住宅セーフティネットにおける役割

住宅セーフティネット法が施行されていますが、まだ登録件数も十分とはいえない状況です。したがって、賃貸不動産経営管理士は、賃貸人に対する説明などを通して、住宅確保要配慮者が安心して暮らせる賃貸住宅の確保に一定の役割を果たすことが期待されています。

2 民泊における役割

賃貸不動産経営管理士には、住宅宿泊管理業者による適法かつ適正な民泊管理が実現できるようにするとともに、住宅宿泊管理業の普及にも一定の役割を果たすことが期待されています。

3 空き家対策における役割

賃貸不動産経営管理士には、空き家所有者への積極的な働きかけを通して、空き家所有者が安心して賃貸不動産経営に参加できるようにするとともに、その環境の整備等にも一定の役割を果たすことが期待されています。

第7章 賃貸業への支援業務 重要度 A

学習ポイント

保険・経費・税金などについて学んでいきましょう。
管理業者として、オーナー（貸主）に対してどのような提案をすればよいのでしょうか。

1 企画提案

出題
2015 2016 2017 2018 2021

1 事業期間と提案

　不動産所有者に対して、適切な企画提案をする必要があります。依頼者がどの程度の期間で投資したコストの回収を希望しているかによって、提案内容も変わってきます。

[不動産所有者への提案例]

事業期間		優先すべき事項	提案内容
10～20年	短期	コスト	アパート／ローコストマンション
20～30年	中期	近隣物件との差別化	付加価値のあるマンション
30～50年	長期	近隣物件との差別化	**ライフサイクルコスト★1**を抑える仕様のマンション
50～100年	超長期	近隣物件との差別化	ライフサイクルコストを抑えるのみならず、**スケルトンインフィル★2**まで視野に入れたマンション

★1
Keyword

ライフサイクルコスト
建物が造られたときから解体までの間にかかる費用をトータルでとらえたもの。

★2
Keyword

スケルトン・インフィル
建物を支える構造躯体（スケルトン）と、住戸内の内装（インフィル）を分離した建築方法。リフォーム等を容易に行うことができる。

2 用途によるリスクの違い

オフィスビルや店舗ビルの場合、ハイリスク・ハイリターンですが、賃貸住宅はローリスク・ローリターンとなります。オフィスビルや店舗ビルの場合、需給のバランスが崩れると賃料を大幅に下げなければならないこともあります。賃貸住宅は賃料を1〜2割程度下げれば入居者が見つかることが多いのが一般的です。そのため、オフィスビルや店舗ビルのほうがリスクは高くなります。しかし、オフィスビルや店舗のほうが賃料は高いため、リターンも大きくなります。

3 不動産の調査と事業計画

相談者に対して不動産活用のアドバイスをするためには、不動産調査が必要です。不動産調査は、客観的な資料を収集して「物件調査」や「市場調査」を行います。

調査に基づき、「事業計画」を策定します。「事業計画」の策定には、「建築する建物の種類・規模・用途」、「必要資金の調達方法」、「事業収支計画」の3点が重要な項目となります。

そして、策定した事業計画を「企画提案書」という形で相談者に提出します。

4 賃貸不動産の入居者像

賃貸住宅に入居する希望者は、次のような特徴があります。

仕方なく賃貸派	持家購入の資力・意欲なし	家賃が安いほど良い
とりあえず賃貸派	将来は持家がほしい	最小限の性能、賃料の安さ
あえて賃貸派	持家と賃貸とを比較した上で賃貸を選択	多少の付加価値を求める
当然賃貸派	持家にこだわらない	設備等の機能の充実
積極的賃貸派	住宅は賃貸で十分	良質な賃貸住宅を求める

5 付加価値のある賃貸建物

1 学生用マンション

　支払える賃料に限界があるので、空間の質よりも支払い賃料の額が重視されます。広さも 19㎡〜 23㎡で十分で、限られた広さで生活を楽しむ設備や仕掛けが求められます。

2 ペット可能な賃貸住宅

　動物専用汚物流し・足洗い場の設置といったハード的な対応よりも、糞や鳴き声などによる他の住民とのトラブルといったソフト面の対応のほうが困難となります。

3 音楽専用マンション

　楽器演奏のための防音設備などが必要なので、一般に学生用マンションよりも賃料を高く設定できます。

4 高齢者用マンション

　高齢者専用の賃貸住宅としては、サービス付き高齢者向け住宅（サ高住）などがあります。これは、賃貸住宅や有料老人ホームにおいて、状況把握や生活相談サービスなどを提供するものです。

5 シェアハウス

　複数の者が借主となり、契約期間等も異なることがあるので契約関係が複雑となります。契約や管理において、通常の賃貸物件とは異なる取扱いが要求されます。

6 DIY型賃貸住宅

　改修費用の負担が厳しいから現状のまま貸したいという貸主と、自分好みにカスタマイズしたいという借主のニーズから誕生しました。空き家を活用するための仕組みとしても期待されています。

6 資金関係

1 借入金の返済方法

　借入金の返済方法には、**元利均等方式**と**元金均等方式**があります。元利均等方式は毎月の返済額が一定となる方式で、

借入金残高の減り方が遅くなります。元金均等方式は返済が進むにつれ返済額が少なくなっていく方式で、当初の返済負担が重くなっています。

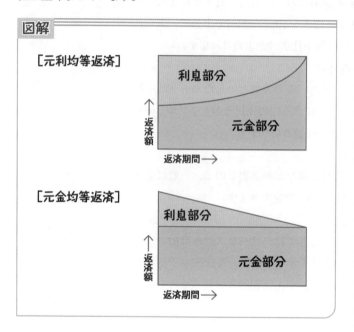

図解

[元利均等返済]

利息部分

元金部分

↑返済額

返済期間→

[元金均等返済]

利息部分

元金部分

↑返済額

返済期間→

不動産賃貸事業資金で多く採用されているのは元利均等方式です。

2 レンタブル比

賃料収入を想定するにはレンタブル比が要素となります。レンタブル比とは、延べ面積に対して賃料収入を得られる専用部分割合で、グレードが高いものや規模の小さいものほどレンタブル比は低くなります。

2 保険

1 保険の活用

出題

2015 2016 2017 2018 2019
2020 2021 2022

賃貸不動産の経営には多くのリスクがあるため、それを軽減させる方法として、保険を活用するというものがあります。

保険とは、万が一の事故に対して備える相互扶助の精神から生まれた助け合いの制度です。保険を利用して、賃貸不動産の経営における危険を軽減、分散することができます。保険は保険会社の商品によって特性が異なり、補填の対象も限度も異なっていますから、関係者に適切にアドバイスできるように、管理業者は保険の内容を詳しく理解しておく必要があります。★1

保険は次のように分類されます。

> ★1
> **講師からひと言**
> 保険料は、保険会社が引き受けるリスクの度合いに比例するものとしなければなりません。たとえば木造建物といっても、建物の構造や建っている地域により危険度は異なります。そうすると、保険料は全国一律ではなく、危険度によって異なることとなります。

[保険の分類]
第1分野＝生命保険（終身保険・定期保険など）
第2分野＝損害保険（火災保険★2・賠償責任保険
　　　　　　など）
第3分野＝その他（傷害保険・医療保険など）

> ★2
> **講師からひと言**
> 失火責任法により、失火者に重大な過失がある場合を除き、失火者には不法行為による損害賠償責任を問えません。したがって、類焼被害に対しては被害者自らが火災保険に加入して備えておく必要があります。

2 すまいの保険

賃貸不動産の経営には特に損害保険が有効です。このうち、住宅に関する火災保険はいわゆる「**すまいの保険**」といわれています。これは、火災のほか、落雷・爆発などにより建物や家財に損害が生じた場合に適用されます。また、地震保険もすまいの保険といわれています。

3 地震保険

地震・噴火・津波による損害について補償を得るには、地震保険に加入する必要があります。地震保険は火災保険に付帯して加入するもので、**地震保険のみの単独加入はできません**。なお、地震保険の保険金額は附帯する火災保険の保険金額の 30 〜 50%（上限は建物 5,000 万円／家財 1,000 万円）となります。

右側縦書き：第7章 賃貸業への支援業務

4 借家人賠償責任保険

　借家人賠償責任保険というものもあります。これは、賃借人が火災・爆発・水ぬれ等の偶然の事故によって借りている部屋に損害を与えてしまい、賃貸人に対する損害賠償を負った場合の賠償金等を補償するものです。故意の事故等は補償されません。なお、この保険も火災共済や火災保険に付帯して加入するものであり、**単独での加入はできません**。

3 不動産の証券化

出題
2015 2016 2017 2018 2019
2020 2022 2023

1 不動産の証券化とは

　1,000㎡の土地があったとします。これを売りたいと思った場合に、1,000㎡を全部買ってくれる人を見つけるのは大変です。だからといって、1㎡ずつ1,000人に売っても1㎡の土地では、何にも利用できません。価値はない土地であれば、誰も買ってくれません。

　そこで、その不動産の価値を証券にして売ることにしました。Aさん（所有者）が1,000㎡の土地を所有している場合、Aさんが1,000枚の証券を発行してその証券を1,000人に売ります。すると、土地を分割したわけではないため普通に1,000㎡の土地として利用できるので大きなマンションを建てることも可能です。そうして得た利益を1,000等分して、証券を買った人に割り当てれば、証券を買った人も喜びます。

　証券は「配当を得ることができる権利」として販売するため配当が大きければ購入者が得をします。配当がなければ、そのリスクは購入者が負うことになるのです。そのため、所有者にも証券化はメリットがあります。

　では、みんな証券を発行すれば儲かるではないかと考えるかもしれません。しかし、購入者（＝投資家）は、その証券を買う価値があるのか慎重に見定めます。証券の発行元の信

頼が大きな問題となるのです。

2 SPC による運用

　まず、企業は、所有している不動産を別会社（SPC★1）に譲渡します。普通、企業は利益を上げるのを目的としていますが、SPC は利益を目的としているわけではありません。**資産を小口化する、つまり証券化の器（ビークル）になることを目的として設立されたペーパーカンパニーのようなものです。**

　なぜこのようなことをするのかといえば、資産を元の所有者から切り離すためです。元の所有者は、さまざまな資産を保有しており、さまざまな事業も展開しています。そのため、証券化の対象資産とは全く関係のないところで経営が悪化してしまうと、対象の資産を差し押さえられてしまうリスクがあります。そのため、SPC は企業や投資家から独立した存在であることが求められるのです。このような仕組みにより、投資家は企業の業績とは無関係に証券の購入ができることになります。SPC は、その証券代金によって企業に不動産の購入代金を支払うことができます。

3 デットとエクイティ

1 デット

　金融機関等からの借入れや社債のことをデットといいます。器（ビークル）内の資金の性格では、負債にあたります。利益が固定され、**安全性は高いですが、リターンの割合は低くなります**（ローリスク・ローリターン）。

2 エクイティ

　組合出資や優先出資証券等を通じて払い込まれる資金のことをエクイティといいます。器（ビークル）内の資金の性格では、資本にあたります。利益が固定されず、**安全性は高くないですが、リターンの割合は高くなります**（ハイリスク・ハイリターン）。

★1
チェック

SPC（Special Purpose Company）は特別目的会社のことです。会社以外の仕組みを用いることもあり、それらをまとめてSPV（特別目的事業体）ということもあります。また、TMK（特定目的会社）は、特別目的会社の一種で、資産の流動化に関する法律に基づいて設立される会社です。

第7章 賃貸業への支援業務

4 ノンリコースローン

ノンリコースローンとは、**特定の事業や資産から生じる収益のみを返済原資とするローン**のことです。返済原資が限られるため、投資家にとってはリスクが高くなりますが、ハイリターンでもあります。一般に、不動産の証券化においては、ノンリコースローンが用いられています。

5 アセットマネジメント（AM）

アセットマネジメント（Asset Management）★2とは、不動産投資について、**資金運用の計画、決定・実施、実施の管理を行うこと**をいいます。★3アセットマネジメントは、投資家から委託を受け、総合的な計画を策定して、投資を決定・実行し、借主管理、建物管理、会計処理などについて、プロパティマネジメント（Property Management）★2会社からの報告を受けて投資の状況を把握し、現実の管理運営を指示しながら、売却によって投下資金を回収するという一連の業務です。この一連の業務を行う専門家を、アセットマネージャーといいます。

6 プロパティマネジメント（PM）

プロパティマネジメントは、**実際の賃貸管理・運営を行うこと**をいいます。★4プロパティマネジメントは、投資家から委託を受けて、投資家のために行われる業務です。なお、プロパティマネジメント会社またはプロパティマネジメント業務に携わる担当者を、プロパティマネージャーといいます。

7 プロパティマネジメント会社

プロパティマネジメント会社は、自らの業務に合理性があることについて、投資家に説明責任を負担しており、説明責任を果たすための客観的な根拠を常に準備しておかなければなりません。プロパティマネジメントの業務のうち、調査・提案業務においては、投資家の投資判断に資することが求められます。プ

★2
チェック

アセットマネジメントを「AM」、プロパティマネジメントを「PM」と呼ぶことも多いです。

★3
講師からひと言

信託銀行などをイメージすればよいと思います。

★4
講師からひと言

管理会社などをイメージすればよいと思います。

ロパティマネジメントの業務には、中・長期的な改修・修繕の計画を策定して実施するコンストラクションマネジメント（CM）が取り入れられはじめています。所有者の交代に際し、旧所有者から新所有者に貸主の地位が円滑に引き継がれるように尽力することも、重要なプロパティマネジメントの業務です。★5

　プロパティマネジメントにおいては、賃料等を徴収し、預託金を受領し、必要な経費を支出し、アセットマネージャーとの間で精算を行い、これらを取りまとめて報告書を作成します。運営費用の中には、PMフィー★6が含まれています。

8 AMとPMとの関係<ruby>関係<rt>かんけい</rt></ruby>

　お金を持っている投資家は、そのお金の運用を相談するためにAMに運用委託することもあれば、実際に自分で不動産を購入し、PMに管理委託をすることもあります。

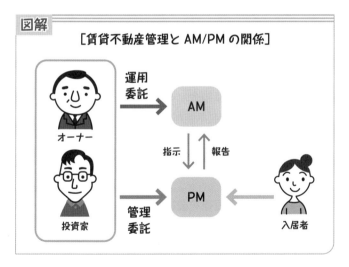

［賃貸不動産管理とAM/PMの関係］

　AMに委託をした場合、AMはその不動産の管理をPMに委託します。ということは、PMはAMから委託される場合もあれば、投資家から委託される場合もあります。

　賃貸管理の分野では、アセットマネジメントとプロパティマネジメントの分離（アンバンドリング）が一般化しています。

★5
講師からひと言

可能な限り既存の借主が退出しないように努めることもPM会社の責務です。

★6
Keyword

PMフィー
プロパティマネジメント・フィーの略。対象不動産の管理業務にかかる経費のこと。具体的には賃料などの条件設定などの手数料を指す。手数料であり、収益ではない。

第7章 賃貸業への支援業務

[AM と PM]
AM［資産運用］資産収益の最大化が目的
PM［不動産経営代行］資産価値の最大化が目的

AM は不動産にこだわることなく、投資家のお金を増やすことが目的となります。それに対して PM は不動産の価値を高めていくことが目的となります。つまり、AM と PM は目指すものが違うので、分離するほうが都合が良いのです。

4 経費と計算

出題
2015 2016 2017 2018 2019
2020 2021 2023

1 収入金額の考え方

収入金額とは、賃貸借の契約などでその年の1月1日〜12月31日までの間に受領すべき金額として確定した金額のことをいいます。**未収の場合も収入金額に含めます。** たとえば、12月分の賃料が12月31日時点で未収でも、収入金額としなければなりません。必要経費（法人の場合は損金）として経理処理することはできません。**未収賃料の回収不能が確定（契約解除や貸倒れ等）すれば、必要経費に算入します。** 滞納期間の長期短期にかかわらず、ただ滞納状況というだけでは必要経費とはなりません。

また、**返還を要しない敷金・保証金は、返還を要しないことが確定したとき計上します。** たとえば、賃貸借契約書に「保証金は退去時にその10%を償却するものとする」との記載がある場合、貸主は、契約当初から返還を要しないことが確定していますから、償却額を契約初年度の収入金額に含めなければなりません。

2 必要経費

必要経費として認められるものと認められないものは、次の通りです。

必要経費として認められるもの	事業税・消費税（税込で経理処理をしている場合に限る）固定資産税・都市計画税（ただし、自宅に係るものを除く）印紙税
必要経費として認められないもの	所得税・住民税・借入金の元本返済部分 家事費（自宅兼住宅でも自宅部分の固定資産税など）

事業用不動産のためにかかるお金であれば経費として認める、不動産事業をしていなくても個人にかかるお金であれば経費として認めない、と考えましょう。

3 減価償却費

建物や備品などは時間の経過によって価値が減っていきます。そのため、購入した年に購入金額の全額を必要経費とするのではなく、その資産の使用可能期間で分割して必要経費としていきます。

取得価額が10万円未満の場合、全額をその業務の用に供した年分の必要経費として計算します。

減価償却の方法には**定額法**と**定率法**があります。定額法とは、毎年の減価償却費を同額とする方法です。それに対して定率法とは、初期に減価償却費を多くして、年が経つにつれて減価償却費を一定割合で逓減させる方法です。個人の場合には原則的には定額法で計算し、法人の場合は原則として定率法で計算します。ただし、建物本体・建物附属設備・構築物には定額法しか選択することができません。

第7章 賃貸業への支援業務

減価償却すべき資産	建物 建物の附属設備（電気・ガス・水道など） 構築物（塀・門扉など） 器具・備品（家具・パソコンなど）
減価償却の 対象外の資産	土地 「減価償却すべき資産」のうち、事業の用に供していない部分 （自己居住用・自己利用部分）

　減価償却費は、資産の種類・建築構造・用途に応じた法定耐用年数に従って計算します。

［建物の法定耐用年数（住宅として使用した場合）］

鉄骨鉄筋コンクリート造 鉄筋コンクリート造	47年
重量鉄骨造	34年
軽量鉄骨造※	19年
木造（サイディング張り）	22年
木造（モルタル塗り）	20年

※金属の厚みが3mm超4mm未満は27年。

4 確定申告

1 確定申告とは

　確定申告とは、1月1日から12月31日までの1年間に生じた所得について、翌年の2月16日から3月15日までの間に所得税額を計算して申告・納税を行うことです。提出先は**住所地を管轄する税務署**です。したがって、東京に住んでいる人が岡山に賃貸物件があり収入を得ていても、申告は東京で行うこととなります。

　給与所得者は勤務先が所得税を源泉徴収しており、勤務先が行う会社の年末調整により税額が確定し納税されるので、通常は確定申告をする必要はありません。しかし、不動産所得がある場合には原則として確定申告による計算、納付をしなければなりません。

❷ 青色申告制度

　青色申告とは、複式簿記に基づいて所得税を計算して申告する人が利用できる制度です。この制度を利用すれば、通常の申告（白色申告という）よりも多くの控除が受けられます。この制度を利用するには、一定の要件と申請が必要となります。
★1

[青色申告の要件]
❶ 不動産所得・事業所得・山林所得のいずれかがある
❷ 原則として７年間帳簿書類を保存する

[青色申告の申請]
原則：その年の３月15日までに「青色申告承認申請書」を提出する
例外：新規開業の場合
　　　開業日から２カ月以内に申請すれば可

---

5 修繕費

　事業用資産に対して、通常の維持管理や原状回復のために支出するものは修繕費として必要経費となります。しかし、資産の使用期間を延長させるための支出や、資産の価額を増加

★1
講師からひと言

不動産の貸付が事業的規模であること、正規の簿記の原則（複式簿記）により取引を記帳していること、確定申告書に貸借対照表・損益計算書等を添付して申告期限内に提出すること、これらの条件を満たすことで青色申告による控除額は最高55万円となります。さらに、電子申告要件等一定の要件を満たす場合には控除額は65万円となります。

第７章 賃貸業への支援業務

させる支出などは修繕費という名目であったとしても、修繕費ではなく資本的支出となります。資本的支出は、資産の取得価額に含めて減価償却費として経費化します。ただし、その金額が20万円以下のものについては、支出の区別にかかわらず修繕費として認められます。

　事業用資産の修理等のための支出が修繕費か資本的支出か明らかではない場合、その金額が60万円未満であるときか、その金額が修理等をした資産の前年末取得価額のおおむね10％相当額以下であるときのいずれかに該当すれば、修繕費として認められます。

6 法人化

　個人事業は超過累進税率が適用され、所得が増えれば増えるほど税率が上がります。そのため、資産管理会社を設立し収入を会社に移転させ、所得を分散させて超過累進税率の緩和を図ることもできます。ただし、法人化すると社会保険に加入するなどのコストもかかるので、法人化するかどうかはよく考えなければなりません。★2

　不動産所有者が自ら設立した資産管理会社に対して支払った管理料が不相当に高額である場合には、税務調査により、管理料の一部につき、必要経費計上が否認されることがあります。

★2

講師からひと言

所得が700万円くらいまでは個人、800万円を超えると法人のほうが有利とされています。

7 管理料

　管理受託方式の場合、一般的に賃料の4～6％程度の管理料で業務を請け負う場合が多く、サブリース方式の場合、一般的に10～15％程度の管理料で業務を請け負う場合が多いです。サブリース方式のほうの管理料が高いのは、空室リスクをサブリース会社が負うためです。

5 税金(ぜいきん)

1 所得税(しょとくぜい)

　所得税は、「個人の所得」に課される税金です。所得は、給与所得や事業所得、雑所得など10種類あります。そのうち、不動産の貸付け（アパート経営など）による所得は「**不動産所得**」であり、土地や建物を売却することによる所得は「**譲渡所得**」です。★1

　所得税の税率は、5％から45％の超過累進税率です。 超過累進税率とは、所得が多くなるに従って段階的に税率が高くなる方式です。

　10種類の所得に対する課税方法は、原則としてすべての所得を合計してから課税する**総合課税**という方式となります。ただし、一部の所得についてはそれぞれの所得ごとに課税する**分離課税**という方式をとっています。不動産所得は総合課税であり、譲渡所得（土地・建物等）は分離課税です。徴収方法は普通徴収と特別徴収があります。

　マイナスの所得を他のプラスの所得と相殺することを損益通算といいます。たとえば、不動産所得で損失があった場合、その者の給与所得と相殺するため、給与所得で源泉徴収された税金が還付されます。ただし、不動産所得の損失額のうち、土地等を取得するための借入金利息がある場合には、その金額は損益通算ができません。一方、建物を取得するための借入金利息は損益通算をすることができます。

2 消費税(しょうひぜい)

1 不動産取引での消費税

　消費税とは、国内で事業者が事業として対価を得た上で行う資産の譲渡や貸付等に課せられるものです。事業者は、国内において行った課税資産の譲渡等について消費税を納める義務があります。★2

★1
講師からひと言
売却する不動産が賃貸住宅と自宅の併用住宅、店舗と事務所併用住宅等である場合、事業用の特例だけでなく居住用財産の譲渡の特例も組み合わせて採用することができます。

★2
講師からひと言
基準期間（前々事業年度）における課税売上高が1,000万円以下の場合、原則として納税義務を免除されます。

第7章 賃貸業への支援業務

［不動産取引での消費税の扱い］

消費税が課される	消費税が課されない
建物の購入代金	土地の購入代金
店舗賃料	住宅賃料★3
仲介手数料の支払い	火災保険料

★3
チェック
貸付期間が1カ月未満のものは課税となります。

❷ インボイス制度

令和5（2023）年10月1日から消費税の仕入税額控除制度における適格請求書等保存方式（インボイス制度）が始まりました。これにより、消費税の課税事業者は**適格請求書（インボイス）**を適切に交付・保存する必要があります。

インボイスの交付は、課税事業者である「**適格請求書発行事業者**」に限られます。適格請求書発行事業者になるには、登録申請書を提出して登録を受けることが必要です。

登録をしない場合、相手方（売上先）にインボイスを交付できません。相手方は、インボイスがなければ仕入税額控除ができなくなります。ただし、制度開始後**6年間**は、仕入税額の次の一定割合を控除できる経過措置が設けられています（請求書の保存などの要件があります）。

> 令和5年10月〜令和8年9月　　80%
> 令和8年10月〜令和11年9月　　50%

3 固定資産税

固定資産税は毎年1月1日時点の土地・建物などの所有者に対し、市町村（東京都の23区を含む）によって課税される税金です。適切な管理がされていない空き家の建つ土地は、特例を受けることができないため、固定資産税が高くなります（最大で6倍になる）。**固定資産税の標準税率は1.4%**です。

しかし、あくまで「標準」であり、1.4％でなければならないというわけではありません。★4固定資産税の納税者は、固定資産課税台帳に登録された価格について不服がある場合、固定資産評価審査委員会に審査の申出をすることができます。

4 都市計画税

市街化区域では、固定資産税とあわせて都市計画税も徴収されることがあります。都市計画税とは、都市整備を目的とする都市計画事業または土地区画整理事業に要する費用に充てるため、原則として、これらの事業によって利益を受ける市街化区域内の土地または家屋の所有に対して課せられる地方税です。都市計画税の税率は0.3％を超えることはできません。

5 相続税

1 基礎控除

相続税は、相続財産が一定金額を超えなければ課税されません。相続税が課税されない一定金額が基礎控除額です。基礎控除額により、大きな財産を持たない一般国民については、資産をそのまま引き継ぐことができます。

[相続税の基礎控除額]　3,000万円＋600万円 × 法定相続人の数
（例）相続人が配偶者と子供２人の場合（＝法定相続人は３人）
　　　3,000万円＋600万円 × 3＝4,800万円

2 小規模宅地等の特例

被相続人の住居や事業用の土地をそのまま評価すると相続税の額が高額になってしまい、財産を引き継げなくなってしまいます。そこで、一定要件を満たした宅地については、その評価額を減額する特例があります。

第7章 賃貸業への支援業務

		限度面積	減額割合
居住用	特定居住用宅地等※	330㎡	80%
事業用	特定事業用宅地等	400㎡	80%
	特定同族会社事業用宅地等	400㎡	80%
貸付用	貸付事業用宅地等	200㎡	50%

※被相続人と同一の生計を営む親族が居住していた自宅の敷地を取得する場合

所有地に賃貸住宅や賃貸ビルを建設すると、相続税の評価額の計算上、その土地は、貸家建付地となり、更地のときと比べて相続税の評価額が下がります。

6 贈与税

　個人から贈与により財産をもらった場合に、そのもらった個人に対して課される税金です。なお、法人が個人からもらった場合、または法人が法人からもらった場合、そのもらった法人には法人税が課されます。また、個人が法人からもらった場合、そのもらった個人には所得税が課されます。贈与税は、暦年課税か相続時精算課税か受贈者（受け取る側）が選択できます。

❶ 暦年課税

　　［1年間にもらった財産の合計］—［基礎控除額（110万円）］が課税標準

❷ 相続時精算課税

　　2,500万円までの贈与額が非課税で、2,500万円を超えた部分について20%が課税されます（相続時に贈与財産と相続財産を合算した額に10〜55%で課税され、支払った贈与税は相続時に相続税から控除されます。）。

　贈与税の相続時精算課税制度では、親の死亡による相続時に贈与財産は相続財産に加算されて相続税を計算し、支払った贈与税は、相続時に相続税から控除されます。

相続時精算課税を選択した場合、その選択した年以降の贈与にはすべて相続時精算課税が適用され、暦年課税による基礎控除は使えません。★5

7 印紙税

印紙税とは、契約書や領収書などの課税文書の作成者に国が課す税金です。課税文書に印紙をはり、印章や署名によって消印することによって印紙税を納付したことになります。業務上の契約書等や領収書に貼付した場合、個人は所得計算の必要経費となり、法人も損金となります。なお、建物の賃貸借契約書には印紙税はかかりません。

8 住民税

都道府県民税と市町村税を合わせて住民税といいます。住民税には、所得額にかかわらず課税される「均等割」と、所得に比例して課税される「所得割」があります。**所得割の税率は一律10%です。**

住民税は、所得税法上の所得をもとに計算され、住所地の市区町村が税額を計算して通知します。納税には自ら納付書で納付する方法（普通徴収）と、給料から天引きされる方法（特別徴収）があります。

★5
講師からひと言

相続時精算課税制度の適用を受けた贈与財産は、相続税を計算する場合、贈与時の価額（相続税評価額）で計算されます。

第7章 賃貸業への支援業務

6 土地の価格

出題
2019 2021

　土地の価格には、通常取引されている価格（時価）以外に、次のものがあります。

	公示価格	基準地標準価格	相続税評価額 （路線価）	固定資産税評価額
発表機関	国土交通省	都道府県	国税庁	市区町村
利用目的	一般の土地取引の指標	公示価格の補完	相続税等の算出基準	固定資産税等の算出基準
基準日	毎年1月1日	毎年7月1日	毎年1月1日	1月1日～4月上旬
発表時期	3月下旬	9月下旬	7月上旬	3月下旬
価格水準	──	公示価格と同じ	公示価格の80%程度	公示価格の70%程度

第**4**編

管理実務・金銭管理等

一問一答

1 ☑☑☑

申込者が外国人の場合、住民票が発行されないので身元確認書類としてパスポート等を利用する。(2015-12-3)

2 ☑☑☑

入居資格審査は、時間をかけすぎると、借受希望者がほかの物件を賃借してしまうこともあり得るため、迅速性が求められる。(2017-11-4)

3 ☑☑☑

入居希望者の年収と募集賃料とのバランスがとれていないと判断される場合であっても、契約者ではない同居人の年収の申告を求めるべきではない。(2022-47-2)

4 ☑☑☑

入居審査のため借受希望者から提出された身元確認書類は、入居を断る場合には、本人に返却する必要がある。(2022-47-4)

5 ☑☑☑

サブリース方式による賃貸住宅の管理業者は、入居者の最終決定権者にならない。(2018-11-4)

6 ☑☑☑

借主の入れ替えに伴う鍵交換のタイミングは、新しい借主が決定した後ではなく、従前の借主が退去したときが望ましい。(2021-6-1)

▶ テキスト 第1章 5

外国人住民も住民基本台帳法の適用対象であり、**外国人住民に対しても住民票が作成されます**。

▶ テキスト 第1章 5

現在の借手優位の市場状況においては、決定にあまり時間をかけすぎると、希望者が、いったん入居を申し込んだ後であっても、ほかの物件を賃借してしまうこともあり得ます。したがって、入居資格審査は、**迅速性**が求められます。

▶ テキスト 第1章 5

入居希望者の年収と募集賃料とのバランスがとれていないと判断される場合に、**契約者ではない同居人の年収の申告を求めるのは適切**といえます。

▶ テキスト 第1章 5

入居を断る場合には、個人情報保護法の観点から、借受希望者から提出された「入居申込書」等、身元確認書類を**返却する**必要があります。

▶ テキスト 第1章 5

借受希望者が当該物件に入居するのにふさわしいかどうか、あるいは交渉の結果出てきた入居条件の妥当性などを最終的に判断するのは**貸主**です。そして、**サブリース方式**の場合は、貸主（転貸人）である**管理業者**が、入居者を最終的に決定する権限があります。

▶ テキスト 第2章 1

鍵交換のタイミングは、前の賃借人の退出後にリフォームが終了し、借受希望者に対する案内も終えて、**実際に入居する賃借人が決定した後**とすることが望ましいです。

7 ☑☑☑

新しい借主が決まり、新しい鍵を取り付けたところ、借主から「防犯面に強い鍵」に交換するよう要望された場合、借主にその費用の負担を請求できない。(2018-26-3)

8 ☑☑☑

建物共用部分の廊下や階段に借主の私物が放置されている場合、賃貸住宅管理業者は発見後、直ちに自らその私物の移動や撤去をする必要がある。(2021-6-4)

9 ☑☑☑

借主から退去前に取得した「借主は退去後の残置物については所有権を放棄する。」という念書がある場合、貸主は、借主が粗大ゴミを残して退去したときは、これを処分することができる。(2015-22-2)

10 ☑☑☑

管理員が置かれてない建物では、自動火災報知器の発報や借主からの通報で火災の発生を感知後、通報を受けた者は直ちに現場へ駆けつけ、火災を確認し借主等の避難誘導を行った後に消防署へ通報しなければならない。(2018-27-1)

11 ☑☑☑

共用玄関の照明設備の照度は、その内側の床面においては概ね50ルクス以上とされている。(2021-11-4)

▶ テキスト 第2章 **1**

ピッキング対応の鍵に交換する場合には、**交換を申し出たほう**が交換費用を負担するのが一般的な慣行として定着しつつあります。借主からの申出により防犯面に強い鍵を交換するよう要望された場合、管理業者は、借主に対してその費用の負担を請求できます。

▶ テキスト 第2章 **5**

共用部分である階段や廊下に私物を放置することは、火災などの万一の場合に避難を妨げることにもなるため、**即座に撤去を求めなければなりません**。共用部分に私物が放置されているなどの場合には、賃貸住宅管理業者は、占有物の所有者が把握できれば本人に直接撤去を求めます。しかし、**賃貸住宅管理業者が自らその私物の移動や撤去をすることはできません**。

▶ テキスト 第2章 **6**

賃貸借契約の解除後借主が任意に明け渡すことを承諾している場合、明渡し期限の厳守および期限経過後の残置物の所有権放棄を内容とする念書を取っておけば、引越し後の残置物があったとしても、**粗大ゴミ程度のもの**であれば、借主の承諾があったものとして、貸主において処分をすることができます。

▶ テキスト 第2章 **7**

火災発生時に管理員が置かれていない建物では、警報盤や借主からの通報で火災の発生を感知後、通報を受けた者は**消防署へ通報**し、その後できるだけ早く現場に駆け付け、被害の拡大防止に協力します。

▶ テキスト 第2章 **8**

「共用玄関の照明設備は、その内側の床面においては概ね**50ルクス以上**の平均水平面照度を確保することができるものとする」とされています（防犯に配慮した共同住宅に係る設計指針第三2（1）エ）。

12 ☑☑☑

エアコン故障やテレビが映らない等のクレームへの対応は、緊急性が高いため、アウトソーシングしなければならない。(2015-27-2)

13 ☑☑☑

管理物件内で死亡した借主に関する情報は、個人情報保護法による個人情報に該当する。(2019-4-1)

14 ☑☑☑

特定の個人を識別することができる情報のうち、氏名は個人情報保護法による個人情報に該当するが、運転免許証番号やマイナンバーのような符号は、個人情報保護法による個人情報に該当しない。(2019-4-2)

15 ☑☑☑

指定流通機構（レインズ）にアクセスできる管理業者は、自ら作成した個人情報を保有していなくても、個人情報保護法による個人情報取扱事業者である。(2019-4-4)

▶ テキスト 第2章 **11**

エアコン故障やテレビが映らない等のクレームについて、夜間に連絡を受けた場合には、状況によっては、翌日対応でも差し支えない場合もあります。いずれの事象も緊急度は高くはなく、**アウトソーシングしなければならないものでもありません。**

▶ テキスト 第3章 **2**

個人情報保護法における個人情報とは、**生存する個人に関する情報**です（個人情報保護法2条1項柱書）。したがって、管理物件内で借主が死亡した場合、借主の情報は個人情報保護法における個人情報ではなくなります。

▶ テキスト 第3章 **2**

個人情報とは、①情報に含まれる氏名、生年月日その他の記述等（文書、図画もしくは電磁的記録で作られる記録に記載・記録され、または音声、動作その他の方法を用いて表された一切の事項）により特定の個人を識別することができるもの（他の情報と容易に照合することができ、それにより特定の個人を識別することができることとなるものを含む）、または、②個人識別符号が含まれるもの、のいずれかに該当するものをいいます（個人情報保護法2条1項）。そして、上記①から、氏名は個人情報保護法による個人情報に該当します。また、**旅券の番号、基礎年金番号、免許証の番号、住民票コード、個人番号（マイナンバー）などは個人識別符号に該当する旨定められており**、上記②から、これらは個人情報保護法による個人情報に該当します（同法2条2項、同法施行令1条）。

▶ テキスト 第3章 **2**

個人情報取扱事業者とは、個人情報データベース等を事業の用に供している者をいいます（個人情報保護法16条2項本文）。**指定流通機構（レインズ）にアクセスできる管理業者は、自ら作成した個人情報を保有していなくても、個人情報取扱事業者となります。**

16 ☑☑☑

個人情報取扱事業者が個人情報を取得する場合は、利用目的をできる限り特定して通知又は公表する必要があるが、要配慮個人情報でない限り、本人の同意を得る必要はない。(2022-42-ア)

17 ☑☑☑

取り扱う個人情報の数が5,000人分以下である事業者であっても、個人情報データベース等を事業の用に供している者には、個人情報保護法による規制が適用される。(2022-42-エ)

18 ☑☑☑

成約済みの物件を速やかに広告から削除せずに当該物件のインターネット広告等を掲載することは、おとり広告に該当する。(2021-44-1)

19 ☑☑☑

宅地建物取引業者が受けるべき居住用建物の賃貸借の媒介報酬は、借主と貸主のそれぞれから賃料の0.5か月分とこれに対する消費税を受け取ることができるのが原則だが、借主及び貸主双方の承諾がある場合には、それぞれから報酬として賃料の1か月分と消費税を受け取ることができる。(2020-17-1)

▶ テキスト 第3章 **2**

個人情報取扱事業者は、個人情報を取り扱うにあたっては、**利用目的をできる限り特定し**なければなりません（個人情報保護法17条1項）。そして、個人情報取扱事業者は、個人情報を取得した場合は、あらかじめその利用目的を公表している場合を除き、速やかに、その利用目的を、本人に通知し、又は公表しなければなりません（同法21条1項）。しかし、**本人の同意を得る必要はありません**。他方、個人情報取扱事業者は、一定の場合を除くほか、あらかじめ本人の同意を得ないで、要配慮個人情報を取得してはなりません（同法20条2項）。

▶ テキスト 第3章 **2**

「個人情報取扱事業者」とは、個人情報データベース等を事業の用に供している者をいいます（個人情報保護法16条2項）。そして、個人情報取扱事業者が取り扱う個人情報の数が**5,000人分以下であっても、個人情報保護法による規制が適用されます**。

▶ テキスト 第3章 **3**

成約済みの物件を速やかに広告から削除せずに当該物件のインターネット広告等を掲載することや、広告掲載当初から取引の対象となりえない成約済みの物件を継続して掲載する場合は、故意・過失を問わず**おとり広告**に該当します（国不動指第65号令和3年1(2)）。

▶ テキスト 第3章 **3**

居住の用に供する建物の賃貸借の媒介に関して依頼者の一方から受けることのできる報酬の額（当該媒介に係る消費税等相当額を含む）は、当該媒介の依頼を受けるにあたって当該依頼者の承諾を得ている場合を除き、借賃の1カ月分の0.55倍に相当する金額以内です。また、当該承諾を得ている場合でも、その**合計額は、建物の借賃の1カ月分の1.1倍に相当する金額以内となります**（宅地建物取引業者が宅地又は建物の売買等に関して受けることができる報酬の額第4）。したがって、「それぞれから」報酬として賃料の1カ月分と消費税を受け取ることはできません。

20 ☑☑☑

宅地建物取引業者は、宅地又は建物の貸借に関し、その媒介により契約が成立した
ときは、当該契約の各当事者に、契約内容に係る書面を交付しなければならない。
(2015-13-4)

21 ☑☑☑

住宅宿泊管理業を行うためには、国土交通大臣の登録を受けなければならない。
(2019-24-ウ)

22 ☑☑☑

住宅宿泊事業者は、狭義の家主不在型の住宅宿泊事業については、住宅宿泊管理
業務を住宅宿泊管理業者に委託しなければならない。(2019-24-エ)

23 ☑☑☑

セーフティネット住宅の貸主は、バリアフリー等の改修費に対し、国や地方公共団
体等による経済的支援を受けることができる。(2020-5-2)

▶ テキスト 第3章 **3**

賃貸借契約が成立するには、両当事者の合意で足ります。ただ、トラブルを防ぐためには、契約書等の書面を作成したほうがよいといえます。そこで、宅地建物取引業者は、宅地又は建物の貸借に関し、その媒介により契約が成立したときは、当該契約の各当事者に、**契約内容に係る書面を交付しなければなりません**（宅地建物取引業法37条2項）。

▶ テキスト 第3章 **4**

住宅宿泊管理業を行うためには、**国土交通大臣**の登録を受けなければなりません（住宅宿泊事業法22条1項）。

▶ テキスト 第3章 **4**

住宅宿泊事業法においては、住宅宿泊事業の適法性が確保され、適切な業務が実施されるように、住宅宿泊事業のうち、**居室数5を超える家主居住型**、および、**狭義の家主不在型**では、住宅宿泊事業者は、住宅宿泊管理業務を委託することが義務付けられています（住宅宿泊事業法11条1項本文）。

▶ テキスト 第3章 **5**

独立行政法人住宅金融支援機構は、登録住宅の改良（登録住宅とすることを主たる目的とする人の居住の用その他その本来の用途に供したことのある建築物の改良を含む。）に必要な資金を貸し付けることができます（住宅セーフティネット法19条）。したがって、**セーフティネット住宅の賃貸人は、バリアフリー等の改修費に対し、国や地方公共団体等による経済的支援を受けることができます**。

24 ☑☑☑

セーフティネット住宅に入居する住宅確保要配慮者が支払う家賃に対し、国や地方公共団体等による経済的支援が行われる。(2020-5-3)

25 ☑☑☑

物件の権利関係の調査のために登記記録を閲覧するときは、乙区に基づき、登記上の名義人と貸主が異ならないかを確認する必要がある。(2019-12-2)

26 ☑☑☑

不動産登記において建物の床面積は、区分所有建物の専有部分の場合を除き、各階ごとに壁その他の区画の中心線で囲まれた部分の水平投影面積により計算する。(2021-46-3)

27 ☑☑☑

企業会計原則は、企業会計の実務の中に慣習として発達したものの中から、一般に公正妥当と認められたところを要約した基準である。(2022-22-1)

28 ☑☑☑

企業会計原則は、一般原則、損益計算書原則、貸借対照表原則の3つの原則により構成されている。(2022-22-2)

▶ テキスト 第3章 5

住宅確保要配慮者のために用いられる登録住宅については、①バリアフリー等の改修費を国・地方公共団体が補助する、②地域の実情に応じて、要配慮者の家賃債務保証料や家賃低廉化に対し国・地方公共団体が補助する助成措置が講じられています（住宅セーフティネット法42条参照）。したがって、**セーフティネット住宅に入居する住宅確保要配慮者が支払う家賃に対し、国や地方公共団体等による経済的支援が行われます。**

▶ テキスト 第3章 6

物件の権利関係を調査するためには、登記記録の確認が必要です。登記記録の権利部は甲区と乙区に分かれており、甲区には所有権に関する事項が記録され、乙区には所有権以外の権利が記録されます。登記上の名義人と貸主が異ならないかどうか確認するには、**登記記録の甲区**（所有権に関する事項）に記録される所有者について確認しなければなりません。

▶ テキスト 第3章 6

建物の床面積は、区分建物にあっては壁その他の区画の**内側線**、それ以外の建物は各階ごとに壁その他の区画の**中心線**で囲まれた部分の水平投影面積により計算します（不動産登記規則115条）。

▶ テキスト 第4章 3

企業会計原則は、企業会計の実務の中に慣習として発達したものの中から、**一般に公正妥当と認められたところを要約した基準**です。

▶ テキスト 第4章 3

企業会計原則は、**一般原則**、**損益計算書原則**、**貸借対照表原則**の３つの原則で構成されています。

29 ☑☑☑

明瞭性の原則とは、企業会計は、すべての取引につき、正規の簿記の原則に従って、明瞭かつ正確な会計帳簿を作成しなければならないことをいう。(2022-22-3)

30 ☑☑☑

収益又は費用をどの時点で認識するかについて、発生主義と現金主義の2つの考え方があり、取引を適正に会計処理するためには、発生主義が好ましいとされている。(2022-22-4)

31 ☑☑☑

債権者は、同一の簡易裁判所において、同一の年に、同一の債務者に対して年10回を超えて少額訴訟を選択することはできないが、債務者が異なれば選択することは可能である。(2018-21-1)

32 ☑☑☑

裁判所は、原告が希望すれば、被告の意見を聴くことなく少額訴訟による審理を行うことになる。(2018-21-4)

33 ☑☑☑

強制執行を申し立てるに当たって必要となるのは、債務名義のみである。(2018-22-2)

▶ テキスト 第4章 3

明瞭性の原則とは、企業会計は、財務諸表によって、利害関係者に対し必要な会計事実を明瞭に表示し、企業の状況に関する判断を誤らせないようにしなければならないことをいいます。本肢は、**正規の簿記の原則**の記述です。

▶ テキスト 第4章 4

収益又は費用をどの時点で認識するかですが、「収益又は費用は発生の事実をもってその計上を行う」という考え方を発生主義といい、「現金の入出金が生じた時点で収益又は費用の計上を行う」という考え方を現金主義といいます。取引を適正に会計処理するためには、**発生主義のほうが好ましい**とされています。

▶ テキスト 第4章 5

同一の簡易裁判所において、同一の年に**10回**を超えて少額訴訟を選択することはできません（民事訴訟法368条1項ただし書）。この規定は、債務者が異なっても同様です。

▶ テキスト 第4章 5

原告が少額訴訟を希望するときは、訴えを提起する際に、少額訴訟による審理および裁判を求める旨の申述をする必要があります（民事訴訟法368条2項）。これに対し、**被告が通常の手続きに移行させる旨の申述をしなければ**、少額訴訟手続によることになりますが、被告は、第1回口頭弁論期日で弁論をするまでは、訴訟を通常の手続に移行させる旨の申述をすることができます（同法373条1項、2項）。

▶ テキスト 第4章 5

強制執行は、**執行文**の付された**債務名義**の正本に基づいて実施します（民事執行法25条）。執行文は、裁判所の書記官または公証人が、強制執行をしてもよいことを認める文書です。

34 ☑☑☑

日本標準産業分類（平成25年10月改定）によれば、賃貸住宅管理業は、不動産賃貸業・管理業に区分される。（2020-1-1）

35 ☑☑☑

賃貸不動産を良質な状態で長く利用するためには、その所在する環境も重要な要素となることから、管理業者は、街並み景観の維持を含むまちづくりにも貢献していく社会的責務を負っている。（2018-1-3）

36 ☑☑☑

今日、あらゆる分野において消費者保護の要請が高まっているが、個人である借主を消費者と位置づけて、消費者保護の観点から不動産賃貸借をとらえようとする動きは、まだ活発化していない。（2016-1-1）

37 ☑☑☑

住生活基本法に基づき令和3年3月19日に閣議決定された住生活基本計画では、基本的な施策として、子育て世帯等が安心して居住できる賃貸住宅市場の整備が掲げられている。（2021-46-1）

▶ テキスト 第5章 **1**

日本標準産業分類によれば、賃貸住宅管理業は、**不動産賃貸業・管理業**に区分されています。

▶ テキスト 第5章 **2**

住宅・ビル等を良質な状態で長く利用するためには、その建物のある環境も重要な要素となるため、管理業者は、**街並み景観、まちづくりにも貢献していく社会的責務**を負っています。

▶ テキスト 第5章 **2**

現在では、特に住宅賃貸借を中心に、個人である借主を消費者と位置づけて、**消費者保護の観点**から不動産賃貸借関係をとらえようとする動きも活発化してきている。

▶ テキスト 第5章 **3**

住生活基本計画では、目標として、「新たな日常」や DXの進展等に対応した新しい住まい方の実現を挙げています（住生活基本計画1）。そして、基本的な施策では、家族構成、生活状況、健康状況等に応じて住まいを柔軟に選択できるよう、性能が確保された物件の明確化、紛争処理体制の整備などの既存住宅市場の整備とともに、計画的な修繕、長期優良住宅や持家の円滑な賃貸化など、**子育て世帯等が安心して居住できる賃貸住宅市場の整備**の推進が挙げられています。

38 ☑☑☑

空家等対策の推進に関する特別措置法の適用対象となる特定空家等には、賃貸住宅が含まれないので、管理業者として独自の対応が必要である。(2016-37-3)

39 ☑☑☑

賃貸不動産経営管理士は、常に依頼者の立場で職務を行い、万一紛争等が生じた場合には、誠意をもって、その円満解決に努力しなければならない。(2018-38-ウ)

40 ☑☑☑

賃貸不動産経営管理士は、自らの能力や知識を超える業務を引き受けてはならない。(2018-38-イ)

41 ☑☑☑

サービス付き高齢者向け住宅とは、賃貸住宅又は有料老人ホームにおいて、状況把握・生活相談サービス等を提供するものである。(2018-40-1)

42 ☑☑☑

シェアハウスとは、宿泊用に提供された個人宅の一部やマンションの空室等に宿泊するものである。(2018-40-4)

▶ テキスト 第5章 **4**

特定空家等とは、そのまま放置すれば倒壊等著しく保安上危険となるおそれのある状態又は著しく衛生上有害となるおそれのある状態、適切な管理が行われていないことにより著しく景観を損なっている状態その他周辺の生活環境の保全を図るために放置することが不適切である状態にあると認められる空家等をいい（空家等対策の推進に関する特別措置法2条2項）、**賃貸住宅も含まれています。**

▶ テキスト 第6章 **1**

賃貸不動産経営管理士は**常に公正で中立な立場で**職務を行い、万一紛争等が生じた場合は誠意をもって、その円満解決に努力することとされています（倫理憲章4）。

▶ テキスト 第6章 **1**

賃貸不動産経営管理士は、**自らの能力や知識を超える業務の引き受けを行ってはならない**とされています（倫理憲章6）。

▶ テキスト 第7章 **1**

サービス付き高齢者向け住宅とは、サービス付き高齢者向け住宅事業（高齢者向けの賃貸住宅又は有料老人ホームであって居住の用に供する専用部分を有するものに高齢者を入居させ、状況把握サービス、生活相談サービスその他の高齢者が日常生活を営むために必要な福祉サービスを提供する事業）に係る賃貸住宅又は有料老人ホームをいいます（高齢者居住法5条1項）。

▶ テキスト 第7章 **1**

シェアハウスは、建物賃貸借の目的物である建物を、複数の者が、キッチン、浴室等の施設を共用し、それ以外の居住部分を専用し使用する形態をいいます。

43 ☑☑☑

借入金の返済方法には、元利均等返済と元金均等返済の二つの方法があるが、不動産賃貸事業資金の融資には、元利均等返済が多く採用されている。(2016-33-3)

44 ☑☑☑

賃貸不動産経営において最も活用される損害保険は、保険業法上、第一分野に分類される。(2021-49-2)

45 ☑☑☑

賃貸不動産の借主は、自己の家財に対する損害保険として、借家人賠償責任保険に単独で加入することができる。(2020-42-3)

46 ☑☑☑

地震、噴火又はこれらによる津波を原因とする建物や家財の損害を補償するものは地震保険と呼ばれ、現在の扱いにおいては、他の保険に関係なく単独で加入することができる。(2019-40-3)

47 ☑☑☑

建物の火災保険の保険金額が3,000万円の場合、地震保険金額の限度額は3,000万円×50％＝1,500万円であるが、火災保険の保険金額が1億1,000万円の場合の地震保険の限度額は1億1,000万円×50％＝5,500万円とはならず、5,000万円になる。(2022-48-2)

▶ テキスト 第7章 **1**

借入金の返済方法には、**元利均等返済**と**元金均等返済**の２つの方法があります。このうち、元利均等返済は、返済期間中一定額を返済する方式であり、不動産賃貸事業資金の融資で多く採用されています。

▶ テキスト 第7章 **2**

保険商品は、保険業法上、第一分野の生命保険、第二分野の損害保険、第三分野のその他の保険があります。そして、賃貸不動産経営において最も活用される損害保険は、**第二分野**に分類されます。

▶ テキスト 第7章 **2**

借家人賠償責任保険は、賃借している戸室の水漏れや小火（ボヤ）などにより賃借人が賃貸人に対して負う損害を補償するものであり、単独での加入はできず、**火災保険に付帯して加入**することができるものです。

▶ テキスト 第7章 **2**

地震、噴火又はこれらによる津波を原因とする建物や家財の損害を補償するものを**地震保険**といいますが、これは住宅の**火災保険に付帯して**加入する保険で、単独での加入はできません。

▶ テキスト 第7章 **2**

地震保険の保険金額は、主契約の火災保険の保険金額の**30〜50％以内の範囲**で、**建物5,000万円、家財1,000万円まで**とされています（地震保険に関する法律2条2項4号、同法施行令2条本文）。したがって、建物の火災保険の保険金額が3,000万円の場合、地震保険金額の限度額は3,000万円×50％＝1,500万円ですが、火災保険の保険金額が1億1,000万円の場合の地震保険の限度額は1億1,000万円×50％＝5,500万円とはならず、5,000万円になります。

48 ☑☑☑

アセットマネジメントは、実際の賃貸管理・運営を行うのに対し、プロパティマネジメントは、資金運用の計画・実施を行う。(2016-34-4)

49 ☑☑☑

プロパティマネジメント会社は、アセットマネージャーから委託を受け、その指示の下にプロパティマネジメント業務を行う。(2016-34-3)

50 ☑☑☑

プロパティマネジメントは、投資家から委託を受けて、投資家のために行われる業務である。(2018-33-4)

51 ☑☑☑

所得税、住民税及び事業税は、いずれも不動産所得の計算上、必要経費に含めることができない。(2015-36-4)

52 ☑☑☑

所得金額の計算上、購入代金が10万円未満の少額の減価償却資産については、全額をその業務の用に供した年分の必要経費とする。(2018-35-1)

53 ☑☑☑

不動産所得がある場合には、賃貸物件の所在地を管轄している税務署ごとに確定申告を行う。(2018-35-4)

▶ テキスト 第7章 **3**

アセットマネジメントは、**資金運用の計画・実施**を行います。他方、プロパティマネジメントは、実際の賃貸管理・運営を行います。

▶ テキスト 第7章 **3**

プロパティマネジメント会社は、**アセットマネージャーから委託を受け**、その指示のもとに、プロパティマネジメント業務を行います。

▶ テキスト 第7章 **3**

プロパティマネジメントは、**投資家から委託を受けて**、投資家のために行われる業務です。

▶ テキスト 第7章 **4**

事業税は、不動産所得の計算上、必要経費に含めることができます。他方、**所得税**、**住民税**は、不動産所得の計算上、必要経費に含めることができません。

▶ テキスト 第7章 **4**

個人所得税では、取得価額が**10万円未満**の少額の減価償却資産については、全額をその業務の用に供した年分の必要経費とします。

▶ テキスト 第7章 **4**

確定申告は、原則として、**住所地を管轄する税務署**において行います。

54 ☑☑☑

不動産の貸付が事業的規模であること、正規の簿記の原則により取引を記帳していること、及び電子申告要件等一定の要件を満たす場合には、青色申告による控除額は65万円である。（2022-49-ウ）

55 ☑☑☑

遊休土地にアパート等の居住用の家屋を建築した場合、その完成が令和5年1月15日であったときは、建物に関する令和5年の固定資産税は課税されない。（2022-49-イ）

56 ☑☑☑

都市計画税は、毎年1月1日時点の市街化区域内にある土地・建物等の所有者に対して課される地方税であり、固定資産税と一括して納付する。（2016-35-2）

57 ☑☑☑

土地・建物の譲渡所得は、他の所得と分離して税額を計算する「申告分離課税」という計算方法をとる。（2016-36-4）

58 ☑☑☑

所有地に賃貸住宅や賃貸ビルを建設すると、相続税の評価額の計算上、その土地は、貸家建付地となり、更地のときと比べて相続税の評価額が下がる。（2018-36-1）

▶ テキスト 第7章 **4**

事業的規模により不動産の貸付を行っていること、正規の簿記の原則（複式簿記）により取引を記帳していること、確定申告書に貸借対照表・損益計算書等を添付して申告期限内に提出することで、青色申告による場合には**最高55万円**（電子申告要件等一定の要件を満たす場合には**65万円**）を、不動産所得から控除できます。

▶ テキスト 第7章 **5**

固定資産税は**毎年1月1日時点の土地・建物などの所有者**に対し、市区町村によって課税される税金です。したがって、家屋の完成が令和5年1月15日であったときは、建物に関する令和5年の固定資産税は課税されません。

▶ テキスト 第7章 **5**

都市計画税は毎年1月1日時点の**市街化区域内**にある土地・建物の所有者に対し、市区町村が課税する税金です。**固定資産税と一括して納付**することになります。

▶ テキスト 第7章 **5**

個人の不動産の譲渡所得は他の所得と分離して税額を計算する「**申告分離課税**」という計算方法をとります。

▶ テキスト 第7章 **5**

更地に賃貸住宅や賃貸ビルを建設した場合、相続税の評価額の計算上、貸家建付地となり、更地の場合と比べ、土地の相続税の評価額は**下がります**。

59 ☑☑☑

法定相続人が配偶者と子2人の場合の遺産に係る基礎控除額は、「3,000万円 + 600万円 × 3人 = 4,800万円」となる。(2019-36-1)

60 ☑☑☑

相続時精算課税制度を選択した場合には、選択した時から5年が経過した年以降は、暦年課税へ変更することができる。(2019-36-4)

▶ テキスト 第7章 5

遺産に係る基礎控除額は、**3,000万円＋（600万円×法定相続人数）**により算定されます。法定相続人が配偶者と子供2人の合計3人の場合には、3,000万円＋600万円×3人＝4,800万円となります。

▶ テキスト 第7章 5

相続時精算課税制度は、贈与を受けた年の1月1日において60歳以上の親または祖父母から、同年1月1日において18歳以上の子または孫に財産を贈与した場合、財産を取得した人が、暦年課税に代えて、贈与財産が2,500万円を超えたとしても、超えた部分の金額について一律20％の税率の贈与税を支払えばよいという制度です。もっとも、相続時精算課税を選択した場合には、その選択した年以降、その贈与者から受ける贈与については、すべて相続時精算課税が適用され、**暦年課税（110万円の基礎控除）を適用することはできません**。これは、選択した時から5年経過した後でも、同様です。

MEMO

第 **5** 編 テキスト

維持保全

各章の重要度と 本試験の出題傾向	重要度	本試験の出題傾向								
		2015 (H27)	2016 (H28)	2017 (H29)	2018 (H30)	2019 (R1)	2020 (R2)	2021 (R3)	2022 (R4)	2023 (R5)
第1章　原状回復	A	●	●	●	●	●	●	●	●	●
第2章　建築系法令	A	●	●	●	●		●	●	●	●
第3章　建物	B		●	●		●			●	●
第4章　設備	A	●	●	●	●	●	●	●	●	●
第5章　維持・点検	A	●	●	●	●	●	●	●	●	●

学習ポイント

管理する建物についての知識を持つことも大切です。内装、法令、建物の構造、設備、点検等、幅広く建物についての知識を学んでいきましょう。

原状回復 （げんじょうかいふく）

重要度 **A**

学習ポイント

原状回復については以前からトラブルが多いものでした。そこで、「原状回復ガイドライン」を作成し、原状回復の費用が貸主負担か借主負担なのかを明確にしました。

1 ガイドラインの扱い（あつかい）

出題 2015 2016 2017

　賃貸住宅の退去時における原状回復をめぐるトラブルが急増したため、原状回復に係る契約関係、費用負担等のルールのあり方を明確にし、賃貸住宅契約の適正化を図ることを目的として、「原状回復をめぐるトラブルとガイドライン」（原状回復ガイドライン）が作成されました。

　原状回復ガイドラインは、あくまでも「指針」であって、契約当事者に対し何ら法的拘束力を及ぼすものではありません。したがって、民間賃貸住宅の賃貸借契約については、契約自由の原則により、民法、借地借家法等の法令の強行法規に抵触しない限り、**原状回復ガイドラインの内容と異なる特約は有効です。**

　賃借人に経年劣化や通常損耗に対する修繕義務等の負担を課す特約が有効であるためには、次の要件を満たす必要があります。

❶ 特約の必要性があり、かつ暴利的でない等の客観的・合理的理由が存在すること

❷ 賃借人が特約によって、通常の原状回復義務を超えた修繕等の義務を負うことについて認識していること

❸ 賃借人が特約による義務負担の意思表示をしていること

早い話が、「その特約に理由があって、常識的範囲内であり、賃借人が内容を理解した上で了解しているか」ということです。

2 義務負担者

1 基本的な考え方

出題
2015 2016 2017 2018 2019
2020 2021 2022 2023

ガイドラインでは、原状回復を「賃借人の居住、使用により発生した建物価値の減少のうち、賃借人の故意・過失、善管注意義務違反、その他通常の使用を超えるような使用による損耗・毀損を復旧すること」と定義しています。したがって、賃借人がその部屋を使用した損耗・毀損のすべてを復旧する義務はないということになります。以下のような原則となります。

賃貸人負担	①経年劣化による損耗等 ②通常損耗 ③リフォーム ④不可抗力による損耗等 ⑤賃借人と無関係な第三者による損耗等
賃借人負担	①賃借人の故意・過失による損耗等 ②賃借人の善管注意義務違反による損耗等 ③通常の使用を超える使用による損耗等

2 賃貸人負担となる具体例

❶ **経年劣化による損耗等**
- エアコンの内部洗浄（たばこの臭い等が付着している場合を除く）
- 台所やトイレの消毒

❷ **通常損耗**
- 家具の設置による床・カーペットのへこみ・設置跡
- 壁のポスターによるクロスの変色
- 壁のポスター掲示のための画鋲穴

❸ **リフォーム**

❹ **不可抗力による損耗等**

❺ **賃借人と無関係な第三者による損耗等**

図解

[損耗・毀損事例の区分]

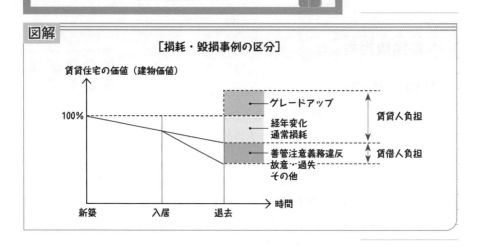

3 賃借人負担となる具体例

❶ **賃借人の故意・過失による損耗等**
- 落書き等の故意による毀損

❷ **賃借人の善管注意義務違反による損耗等**
- 風呂・トイレの水垢やカビ
- 庭に生い茂った雑草

❸ **通常の使用を超える使用による損耗等**
- ペットにより生じた傷や臭い
- 鍵の紛失による取替え
- 天井に直接つけた照明器具の跡

3 経過年数

出題

`2015` `2016` `2017` `2018` `2019`
`2020` `2021` `2022` `2023`

1 経過年数と費用負担

　通常の損耗であれば賃貸人が負担するべきですが、故意に汚した（落書きや喫煙など）場合には賃借人負担です。しかし、1年経過したクロスを交換するのと、5年経過したクロスを交換するのとでは同じ扱いをすることは難しいでしょう。

　5年経過した場合、本来は損耗がなければ5年使用した状態で返還されるはずなのに、賃貸人は新品を手に入れることになります。だとしたら、全額を賃借人が負担するのは平等ではありません。そこで、耐用年数を考慮して、賃借人の使用する年数が多いほど負担割合を減少させることにしました。

2 負担割合と耐用年数

1 負担割合

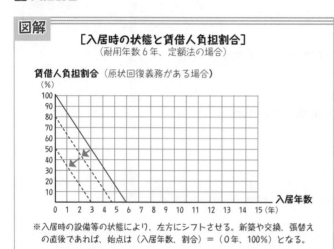

[入居時の状態と賃借人負担割合]
（耐用年数6年、定額法の場合）

賃借人負担割合（原状回復義務がある場合）

※入居時の設備等の状態により、左方にシフトさせる。新築や交換、張替え
の直後であれば、始点は（入居年数、割合）＝（0年、100％）となる。

新築3年後に入居した場合、耐用年数6年のクロス（6万円）は入居時の価値を50％（3万円）として考えます。入居1年後に退去した場合、賃借人の負担は2万円、入居2年後に退去した場合、賃借人の負担は1万円となります。

2 耐用年数

建物や設備の耐用年数は次の通りです。

カーペット クッションフロア	6年で残存価値1円
フローリング	部分的張り替えは経過年数を考慮しない。床全体の張り替えは耐用年数で残存価値1円
壁（クロス）	6年で残存価値1円

入居時に耐用年数を経過している設備であっても、まだ使用可能である場合もあります。それを賃借人が故意や過失により使用不能としてしまった（例:クロスに落書きをしてしまった）場合、本来機能していた状態まで戻す（例:落書きを消す）費用は、賃借人負担となることもあります。

3 経過年数を考慮しないもの

ガイドラインでは、一定の設備について、経過年数を考慮しないものとしています。

- フローリングの部分補修費用
- 襖紙・障子紙・畳表等の交換費用
- 鍵を紛失した場合の交換費用
- ハウスクリーニング費用

これらの設備について賃借人が原状回復義務を負う場合には、賃借人の負担割合が100％となります。

4 原状回復の範囲

出題

2015 2016 2017 2018 2019
2020 2021 2022 2023

原状回復の範囲については、原則として、毀損部分に限定されます。したがって、賃借人が費用負担をするのも、この範囲に限定されます。

たとえば、壁のクロスを交換する際に、他の面の色や模様と合わせなければ不自然になってしまう場合、部屋全体のクロス張り替えを行うこととなります。この場合、さすがに費用全額を賃借人負担とすることは妥当ではありません。しかし、毀損部分のみを交換したのではさすがに不自然です。そこで、ガイドラインでは、両者のバランスを考慮し、「毀損箇所を含む1面分の張り替え費用を賃借人負担とする」と定めているのです。

畳	原則1枚単位
カーペット クッションフロア	毀損箇所が複数にわたる場合は当該居室全体
フローリング	原則㎡単位。ただし、毀損等が複数にわたる場合には当該居室全体
壁（クロス）	原則㎡単位。ただし、毀損箇所を含む1面分の張り替え費用を賃借人負担とすることはやむを得ない

第2章 建築系法令

重要度 **A**

学習ポイント

建築基準法を中心に学んでいきます。建築基準法は、建物についてかなり細かく規定されています。その規定をすべて守って建築物を建築しなければなりません。

1 都市計画法

1 都市計画区域

　人が集まると、そこに建物が建てられ、街がつくられていきます。しかし、きちんと規制をしておかないと、きれいな街にはならず、住みにくい街になってしまいます。

　そこで、都市計画法で、計画的な街づくりの方法を規定し、みんなが住みよい街をつくるようにしました。街づくりをするといっても、食糧を生産しないと生きていけないので、自然を残す場所（農地など）と街づくりをする場所で分けようとしました。街づくりをしていく区域を都市計画区域といいます。区域を決めたら、次にそこをどのような街にするのかを決めます。

　都市計画区域を定めたら、市街化区域と市街化調整区域に線引きをしていきます。

> ❶ **市街化区域**　すでに市街地を形成している区域
> 　　　　　　　　おおむね10年以内に優先的かつ計画的に市街化を図るべき区域
> ❷ **市街化調整区域**　市街化を抑制すべき区域

この線引きは必ずしなければならないというものではなく、線引きをしないこともあります。

2 用途地域

　土地の計画的な利用を目的とする都市計画のことです。住居系・商業系・工業系あわせて 13 種類があります。市街化区域は用途地域を必ず定めます。

【住居系】

❶ 第一種低層住居専用地域

　低層住宅のための良好な住居の環境を保護するため定める地域

❷ 第二種低層住居専用地域

　主として低層住宅のための良好な住居の環境を保護するため定める地域

❸ 第一種中高層住居専用地域

　中高層住宅のための良好な住居の環境を保護するため定める地域

❹ 第二種中高層住居専用地域

　主として中高層住宅のための良好な住居の環境を保護するため定める地域

❺ 第一種住居地域

　住居の環境を保護するため定める地域

❻ 第二種住居地域

　主として住居の環境を保護するため定める地域

❼ 準住居地域

　道路の沿道としての地域の特性にふさわしい業務の利便の増進を図りつつ、これと調和した住居の環境を保護するため定める地域

❽ 田園住居地域

　農業の利便の増進を図りつつ、これと調和した低層住宅に係る良好な住居の環境を保護するために定める地域

【商業系】

⑨ 近隣商業地域

近隣の住宅地の住民に対する日用品の供給を行うことを主たる内容とする、商業等の業務の利便を増進するため定める地域

⑩ 商業地域

主として商業等の業務の利便を増進するため定める地域

【工業系】

⑪ 準工業地域

主として環境の悪化をもたらすおそれのない工業の利便を増進するため定める地域

⑫ 工業地域

主として工業の利便を増進するため定める地域

⑬ 工業専用地域

工業の利便を増進するため定める地域

---

2 建築基準法

出題

2015 2016 2017 2018 2019
2020 2021 2022 2023

1 用途規制

用途地域に基づいて、ある土地にどのような建物が建てられるかにつき具体的に規制を加えているのが、建築基準法の用途規制です。

［用途地域内の用途規制］

建築物の用途		住居系								商業系		工業系		
		一低	二低	一中高	二中高	一住	二住	準住居	田園住居	近隣商業	商業	準工業	工業	工業専用
神社・教会・保育所・診療所・巡査派出所		●	●	●	●	●	●	●	●	●	●	●	●	●
住宅・図書館・老人ホーム		●	●	●	●	●	●	●	●	●	●	●	●	×
小中高		●	●	●	●	●	●	●	●	●	●	●	×	×
高専・大学・病院		×	×	●	●	●	●	●	×	●	●	●	×	×
飲食・物販	2階以下150㎡以内	×	●	●	●	●	●	●	×	●	●	●	●	×
	2階以下500㎡以内	×	×	●	●	●	●	●	×	●	●	●	●	×
	1,500㎡以内	×	×	×	●	●	●	●	×	●	●	●	●	●
車庫	2階以下300㎡以内	×	×	●	●	●	●	●	×	●	●	●	●	●
	3階以上300㎡超	×	×	×	×	×	●	●	×	●	●	●	●	●
営業用倉庫		×	×	×	×	×	●	●	×	●	●	●	●	●
自動車教習所		×	×	×	×	●	●	●	×	●	●	●	●	●
ボーリング・スケート・水泳場		×	×	×	×	●	●	●	×	●	●	●	●	×
カラオケボックス		×	×	×	×	×	●	●	×	●	●	●	●	●
マージャン・パチンコ		×	×	×	×	×	●	●	×	●	●	●	●	×
ホテル・旅館		×	×	×	×	●	●	●	×	●	●	●	×	×
自動車修理工場（150㎡以内）		×	×	×	×	×	×	●	×	●	●	●	●	●
劇場・映画館	200㎡未満	×	×	×	×	×	×	●	×	●	●	●	×	×
	200㎡以上	×	×	×	×	×	×	×	×	●	●	●	×	×
料理店・キャバレー		×	×	×	×	×	×	×	×	×	●	●	×	×
個室付浴場		×	×	×	×	×	×	×	×	×	●	×	×	×

● : 自由に建築可
× : 建築には特定行政庁の許可必要

2 建蔽率
けんぺいりつ

建蔽率とは、建築物の建築面積の敷地面積に対する割合のことです。敷地に適度な空地を確保することにより日照や風通しを確保するとともに、火災の延焼を防ぐことを目的とする規制です。

用途地域が定められている場合、次の範囲で、都市計画で定めます。

- 住居系　30〜80%の範囲で指定
- 商業系　60〜80%の範囲で指定（商業地域は80%）
- 工業系　30〜80%の範囲で指定

3 容積率
ようせきりつ

容積率とは、建築物の延べ面積（＝各階の床面積の合計）の敷地面積に対する割合のことです。延べ面積を抑えることで前面道路の混雑防止を目的としています。

次の場合には、容積率の制限が緩和されます。

❶ 共同住宅・老人ホーム等の共用廊下・階段は延べ面積に算入しない
❷ エレベーターの昇降路部分は延べ面積に算入しない
❸ 建物の地階にある住居部分の床面積は、その建物の住宅部分の床面積の1/3までは延べ面積に算入しない（老人ホームにも適用）

容積率の規制は、前面道路の混雑防止のためなので、前面道路が狭い場合、規制はより厳しいものとなります。前面道路の幅員（道幅）が12m未満であれば、次の計算式に当てはめて、出た数字と都市計画で決められた数字とを比較して、厳しいほうがこの場所の容積率となります。

> - 前面道路の幅員×4/10　（住居系用途地域）
> - 前面道路の幅員×6/10　（その他の地域）

　なお、複数の道路に接している場合、広いほうの道路の幅員で計算します。

4 アスベスト

　石綿（アスベスト）は、人体に有害な物質です。そのため、建築材料に石綿を添加してはならず、石綿をあらかじめ添加した建築材料を使用してはならないとされています。また、吹付けロックウール★1でも、その含有する石綿の重量が、建築材料の0.1％を超えるものをあらかじめ添加した建築材料は使用禁止となります。

5 シックハウス

　居室を有する建築物においては、いわゆるシックハウス症候群★2への対策のため、石綿等以外の物質でその居室内において衛生上の支障を生ずるおそれがあるものとして政令で定める物質についても規制がされています。具体的には**クロルピリホス**と**ホルムアルデヒド**です。★3★4

　また、持ち込まれた家具から化学物質飛散の可能性があるため、居室には常時換気設備を設置する必要があります。

　居室を有する建築物は、その居室内においてホルムアルデヒド等の発散による衛生上の支障がないよう、建築材料および換気設備について政令で定める技術基準に適合するものとしなければなりません。そのため、建材による措置、換気設備による措置が必要となります。なお、気密層・通気止めによる措置は必要となるわけではありません。

★1

Keyword

ロックウール
工場で製造された人造の鉱物繊維。アスベストとの違いは、結晶のような規則的配列をもたない非晶質繊維で、発がん性がない点である。ただし、吹付けロックウールには、アスベストが少量含まれていたことがあった。

★2

チェック

シックハウス症候群の原因として、ホルムアルデヒドや揮発性有機化合物（VOC）等が考えられています。

★3

Keyword

クロルピリホス
シロアリを駆除するために使われていた有機リン系化合物。建築材料にこれを添加してはならないとされている。

第2章 建築系法令

図解

［ホルムアルデヒド対策］

（対策Ⅰ） 内装仕上げ	（対策Ⅱ） 換気設備	（対策Ⅲ） 天井裏など
内装仕上げに使用するホルムアルデヒドを発散する建材の面積制限	原則としてすべての建築物に機械換気設備の設置を義務付け	天井裏などから居室へのホルムアルデヒドの流入を防ぐための措置

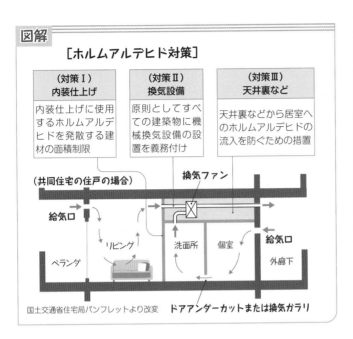

（共同住宅の住戸の場合）　　換気ファン

給気口　リビング　洗面所　個室　給気口
ベランダ　　　　　　　　　　　外廊下

国土交通省住宅局パンフレットより改変　ドアアンダーカットまたは換気ガラリ

★4
Keyword

ホルムアルデヒド
家具や塗料などの建築資材、接着剤や塗料等に含まれている物質。ホルムアルデヒドの発散による衛生上の支障がないように、建築資材および換気設備について、一定の技術的基準に適合することなどが定められている。

6 共同住宅の避難規定

共同住宅には直通階段★5が必要です。その階の居室の床面積の合計が100㎡を超える場合、2つ以上設置しなければなりません。また、6階以上の階には、床面積にかかわらず2つ以上設置しなければなりません。

★5
Keyword

直通階段
避難階または地上に直通する階段。

［避難用廊下の幅（住戸の床面積が100㎡を超える階における共用廊下の場合）］

片側廊下	1.2m以上
両側に居室がある場合	1.6m以上

［避難階段★6の幅］

直上階の居室の床面積200㎡超	120cm以上
直上階の居室の床面積200㎡以下	75cm以上
屋外階段	90cm以上

★6
Keyword

避難階段
直通階段に必要な防火措置を施した階段。

共同住宅では、直通階段に至る歩行距離を、主要構造部が準耐火構造または不燃材料の場合は 50 m 以下、その他の場合は 30 m 以下としなければなりません。また、建築物の居室から地上へ至る避難通路となる廊下や階段（外気に開放された部分は除く）には、非常用照明を設置しなければなりません。

★7

講師からひと言

有効な照明器具の設置などの措置を講じれば、床面積の10分の1までの範囲で緩和することが認められます。

7 居室の開口部

　外の明るさを部屋の中に入れるために、窓などについても決まりがあります。居室・病院の病室・学校の教室などには採光のため、窓その他の開口部を設けなければなりません。

（住宅の居住のための居室の場合）

● 採光に有効な部分の面積 ＝ 居室の床面積 × 1/7 以上★7

　新鮮な空気を中に入れるために、窓などについても決まりがあります。居室には換気のため、窓その他の開口部を設けなければなりません。

（住宅の居室の場合）

● 換気に有効な部分の面積 ＝ 居室の床面積 × 1/20 以上

　なお、襖など常に開放できるもので間仕切られた２つの居室は、採光規定上および換気規定上、１室とみなすことができます。

8 居室の高さ

居室の天井の高さは **2.1m 以上**でなければなりません。一室で天井の高さの異なる部分や傾斜天井のある場合においては、その**平均の高さ**によります。

また、天井の高さが 1.4 m 以下で、かつ設置される階の床面積の2分の1未満であるなどの一定の基準を満たした小屋裏物置（ロフト）は、床面積には算入されません。ただし、ロフトを居室として使用することはできません。

9 避雷設備

高さ 20m を超える建築物には、原則として、有効な避雷設備を設けなければなりません。

10 昇降機設備

高さ 31m を超える建築物には、原則として、非常用の昇降機（エレベーター）を設けなければなりません。

11 内装制限

火災の発生により建物内部の延焼を防ぐため、その用途規模に応じて内装材料などにさまざまな制限（内装制限）を加えています。これは、新築時だけではなく、賃貸借契約による内部造作工事も対象となります。

12 界壁

共同住宅の各戸の界壁★8は、**小屋裏または天井裏に達する**ものとするほか、その構造を隣接する住戸からの日常生活に伴い生ずる音を衛生上支障がないように低減するために界壁に必要とされる性能に関して政令で定める技術的基準に適合する一定のものとしなければなりません。

★8
Keyword

界壁
各住戸の間を仕切る壁。

第2章 建築系法令

第3章 建物
たてもの

重要度 **B**

学習ポイント

代表的なものでも、木造・鉄骨造・鉄筋コンクリート造とあります。それぞれがどのような特徴を持っているのか。また、地震に強くするために耐震・免震・制震という構造があります。

1 基礎
きそ

基礎とは、建築物の最下部にあり、一般に建築物の上部造からの荷重を地盤に伝え、安定的に建築物を支持する下部構造の総称のことです。

基礎には、杭などを用いない直接基礎と、杭を用いる杭基礎の2種類があります。★1 また、直接基礎はフーチング基礎とべた基礎に分かれます。

出題
2015

★1
講師からひと言

直接基礎を用いるか、杭基礎を用いるかは地盤によって決定します。比較的浅い部分に支持層という堅い地盤があれば直接基礎を用いますが、深い部分まで行かないと支持層がない場合には杭基礎を用います。

図解

［基礎の構造］

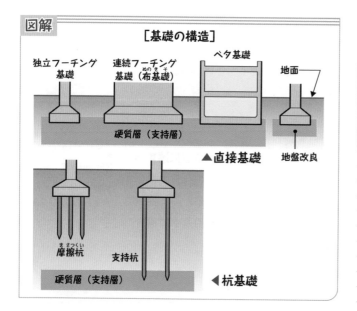

独立フーチング基礎　　連続フーチング基礎（布基礎）　　ベタ基礎　　地面

硬質層（支持層）

▲直接基礎　　地盤改良

摩擦杭　　支持杭

硬質層（支持層）　　◀杭基礎

2 構造

1 材料による分類

どんな材料を使用して建築するかによって、作り方も異なってきます。また、各構造にメリットとデメリットも存在します。

1 木造

木造は、木材でその骨組みを造った建造物をいいます。木材は、水が含まれているほど弱くなります。また、辺材より心材のほうが腐りにくいという性質があります。

[長所] 重量が軽い／施工しやすい／設計の自由度が高い

[短所] 防火・耐火性能に劣る

図解

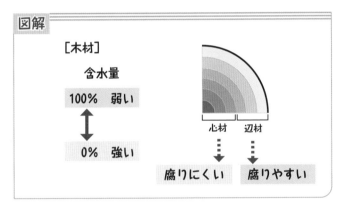

[木材]

含水量

100% 弱い

0% 強い

心材　辺材

腐りにくい　腐りやすい

集成材★1は、単板などを積層したもので、伸縮、変形、割れなどが生じにくくなるため、大規模な木造建築物の骨組みにも使用されます。

★1

Keyword

集成材
木材を切った「挽き板」を乾燥させて、木目方向に平行にして接着剤で貼り合わせて作ったもの。

図解

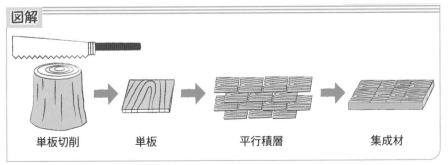

単板切削　　単板　　平行積層　　集成材

第3章 建物

[木材を用いた工法]

1　ツーバイフォー工法

枠組みに構造用合板を張った壁・床で構成された壁式構造の工法です。断熱や保温などの居住性能に優れていますが、湿気がたまりやすいという特徴があります。

2　プレハブ工法

構成部材を事前に工場製作して、現場で組立てのみを行う工法です。低コストで工期を短くすることができますが、設計の自由度は低いです。

3　CLT工法

木質系工法で、繊維方向で直交するように板を交互に張り合わせたパネルを用いて、床、壁、天井（屋根）を構成する工法です。

② 鉄骨造（S造）

骨組みに鉄の鋼材を使って組み立てた構造を鉄骨造といいます。鉄骨造は、地震に強いが、腐食しやすく、耐火性が低いため、耐火材料などで覆う必要があります。

[長所] 工期が短く、省力化が可能

[短所] 熱に弱い・腐食しやすい

③ 鉄筋コンクリート造（RC造）

熱や圧縮に強く、引っ張りに弱いコンクリートと、引っ張りに強く熱や圧縮に弱い鉄筋を合わせた構造が鉄筋コンクリート造です。

[長所] 耐火・耐久性に富む

[短所] 大部分が現場施工であり、品質に差が出やすい

鉄筋コンクリート造は、現場でコンクリートを打ち込むので、乾燥収縮によるひび割れが発生することがあります。

図解

[鉄筋コンクリート] ★2★4

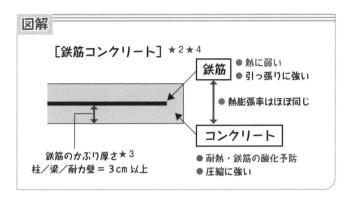

鉄筋
- 熱に弱い
- 引っ張りに強い
- 熱膨張率はほぼ同じ

コンクリート
- 耐熱・鉄筋の酸化予防
- 圧縮に強い

鉄筋のかぶり厚さ★3
柱／梁／耐力壁＝3cm以上

なお、コンクリート材料は以下の通りです。

図解

[コンクリートの材料]

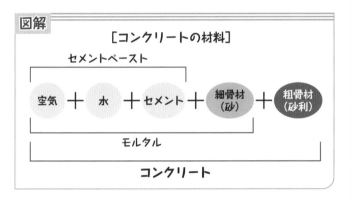

セメントペースト

空気 ＋ 水 ＋ セメント ＋ 細骨材（砂）＋ 粗骨材（砂利）

モルタル

コンクリート

4 鉄骨鉄筋コンクリート造（SRC造）

鉄骨造と鉄筋コンクリート造の長所を組み合わせたものです。主に高層建築物に用いられます。

[長所] 鉄骨より耐火性あり／鉄筋より耐震性あり

[短所] 工期が長い／施工の難易度が高い

★2
チェック

コンクリートはアルカリ性なので、覆っている鉄筋の酸化を防止できます。なお、空気中の二酸化炭素（炭酸ガス）によってアルカリ性が失われることを中性化といいます。

★3
チェック

「かぶり厚さ」とは、鉄筋を覆っているコンクリートの厚さのことです。コンクリートの表面から鉄筋の表面までの距離をいいます。かぶり厚さは、耐力壁以外の壁や床は2cm以上、直接土に接する壁、柱、床、梁などは4cm以上、基礎にあっては捨コンクリートの部分を除いて6cm以上としなければなりません。

★4
チェック

コンクリート工法には、施工現場で鉄筋や型枠を組み立ててコンクリートを打つもののほか、工場などであらかじめ製造したプレキャストコンクリートを用いたものもあります。

第**3**章

建物

2 構造による分類

1 ラーメン構造

柱と梁を組み合わせた直方体で構成する骨組みのことです。

★5

図解

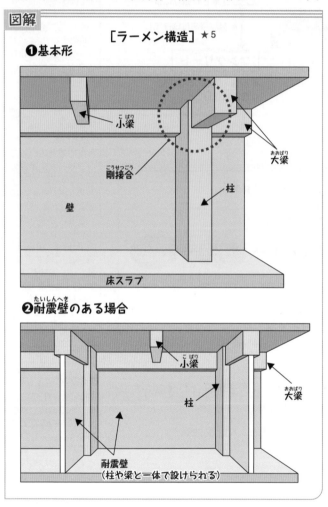

[ラーメン構造] ★5

❶基本形

小梁
剛接合
大梁
壁
柱
床スラブ

❷耐震壁のある場合

小梁
柱
大梁
耐震壁
（柱や梁と一体で設けられる）

★5
チェック

ラーメン構造の「ラーメン」とは、ドイツ語で「額縁」「枠」、つまりフレームのことです。

低層から高層まで幅広い建物に対応でき、出入口や窓などの開口部を広くとることができます。

❷ 壁式構造★6

柱と梁ではなく、壁板により構成する構造のことです。

★6
チェック

そのほかにも、細長い部材を三角形に組み合わせた構成の構造であるトラス式構造や、スポーツ施設のような大空間を構成するのに適したアーチ式構造などがありますが、賃貸住宅に用いることはまれであるので、ラーメン構造と壁式構造をおさえておけばよいでしょう。

図解

[壁式構造]

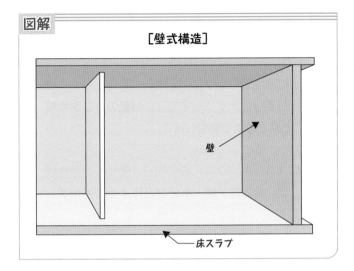

壁

床スラブ

中低層の建物で採用され、開口部の大きさに制約が生じます。

❸ 屋根

建物の屋根には、傾斜屋根と陸屋根があります。

❶ 傾斜屋根

傾斜屋根は、傾斜をつけることで雨水等を排水させる形状をした屋根で、金属屋根、スレート屋根、瓦屋根の種類があります。夏の温度上昇、冬の温度低下の繰り返しにより、素地自体の変形やゆがみ等を起こし、漏水の要因となります。そのため、おおむね10年前後での表面塗装の補修が必要です。

❷ 陸屋根

陸屋根は、平坦な屋根です。防水を施したり、水はけのための勾配をつけたりして排水させます。土砂や落ち葉、ゴミ等が排水口をふさいでしまうと、屋上に雨水が溜まり、防水の性能に影響を与え、漏水の原因にもなります。

第3章 建物

3 外壁の劣化現象

次のような劣化現象があります。

---

❶ 白華現象（エフロレッセンス）

　セメントの石灰が水に溶けてコンクリート表面に染み出して、空気中の炭酸ガスと化合して白色化する現象です。**外壁のひび割れ部分に雨水が浸入したことなどにより発生**します

❷ 白亜化（チョーキング）

　塗装やシーリング材（コーキング材）の表面で、顔料などが粉状になって表れる現象です。**紫外線・熱・水分などによって劣化することにより発生**します

❸ ポップアウト

　コンクリートの表面の一部分が円錐形のくぼみ状に破壊された現象です。**コンクリートの骨材が内部で膨張し、一部が劣化したことにより発生**します

　タイル外壁やモルタル外壁等に多く発生する現象は、外壁を直接目視することによって確認するほか、外壁周辺におけるタイルなどの落下物の有無によって確認できることがあります。

4 漏水

　漏水している水が雨水なのか配管からの漏水なのかを特定することが重要です。

　雨水による漏水は発生源を特定するのが困難な場合が多くあります。最上階の場合は屋上や屋根・庇からの漏水、中間階では外壁や出窓やベランダからの浸水などが考えられます。★1 また、外壁がタイル張りの場合、タイルの剥がれやクラッ

★1
講師からひと言
出窓からの雨水の浸入は、出窓の屋根と外壁との取り合い箇所やサッシ周りが主な原因になることが多いです。

ク（ひび割れ）、目地やコーキング（隙間を充填すること）の劣化による漏水などがあります。

雨水の浸入による漏水は、レンジフード、浴室、トイレの換気扇の排気口などから発生します。

配管からの漏水の場合、箇所によっては床や壁を壊さなければ漏水箇所を特定できない場合があります。また、給水管の保温不足により結露が生じ、それが原因となって漏水することも考えられます。

5 防水

出題 2017 2021

大別すると、メンブレン防水とシーリング防水に分けられます。

1 メンブレン防水

メンブレン防水とは、薄い皮膜を面状に形成する工法です。屋根、屋上、廊下、バルコニーなど、漏水を避けたい場所に施工します。

[メンブレン防水の種類]

❶ アスファルト防水

アスファルトを加熱溶融して、下地に貼り付けることで防水するものです。

❷ シート防水

合成ゴム、塩化ビニル（塩ビ）などのシートを接着剤やビスで貼り付けて防水するものです。ゴム系は非歩行用の部位、塩ビ系は軽歩行用に使用します。

❸ 塗膜防水

ウレタンゴム系防水材などを塗り、防水層をつくって防水するものです。改修ではバルコニー防水の主流工法として採用されています。

---

2 シーリング防水

シーリング防水とは、コンクリートの打継ぎ部や目地部などを埋めて、線状に防水を行う工法です。

[シーリング防水の役割]

❶ **ウレタン系**

性能や価格的に最も標準的で多用されます。しかし、紫外線に弱く、劣化が早いなどの欠点があります。

❷ **シリコーン系**

高性能ですが、使用箇所が制限されるなどの欠点があります。

---

6 耐震

出題
2015 2023

1 耐震構造

建物自体の剛性を高めることで、強い揺れを受けても建物が倒壊するのを防ぐ構造です。

図解　[耐震構造]

2 免震構造

建物の基礎と上部構造との間に積層ゴムや免震装置を設置して地震力を一部吸収して揺れを減らします。新築時のみならず、既存建物での事後的な免震化も可能です。

図解　[免震構造]

積層ゴム

3 制震構造

建物骨組みに取り付けた制震ダンパーなどの制震装置で揺れを吸収します。制震構造は工事費も安く、改修に向いています。

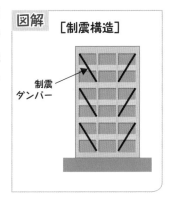

図解　[制震構造]

制震ダンパー

第4章 設備

重要度 A

学習ポイント

建物にはさまざまな設備があります。どの家にも
ある設備が多いので、ある意味では最も身近な学
習となることでしょう。ご自宅で見られるものに
ついては実物を見ながら学習するとよいと思いま
す。

1 給水設備

出題 2017 2019 2020 2021 2023

1 給水方式

　給水方式は、受水槽（貯水槽）を使わずに直接各戸に給水
する直結方式と、水をいったん受水槽に貯めてから給水する
受水槽方式の2つの方式があります。

- **直結方式**　水道本管から短時間・短距離で住居に供給するため、衛生的
- **受水槽方式**　断水時でも受水槽内の水は使用可能

　直結方式は水道管の圧力をそのまま利用して各住戸に届け
るので、高層ビルには適していません。ポンプを使用する場合、
停電時には使用することができなくなります。ちなみに、1人
当たりの1日の使用水量は、一般に200 ～ 350Lとされていま
す。

1 水道直結方式（直結直圧方式）

　水道本管から給水管を直接分岐して建物内に引き込み、各
住戸に直接給水する方式です。圧力の変化を受けやすいので、
使用量が大きい建物には適しません。

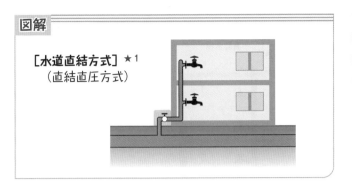

[水道直結方式] ★1
（直結直圧方式）

★1
チェック

水道直結方式では、水道本管が負圧になったときに水道本管へ建物内の水が逆流するのを防止するため、逆流防止装置を設ける必要があります。

第4章 設備

2 増圧直結方式（直結増圧方式）

　水道本管から分岐して引き込んだ水を、増圧給水ポンプを経て直接各住戸に給水する方式です。中規模までのマンションやビルに適しています。

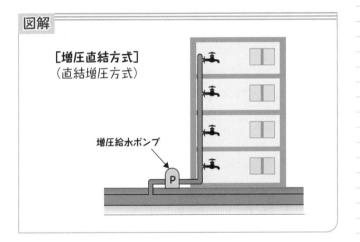

[増圧直結方式]
（直結増圧方式）

増圧給水ポンプ

3 高置水槽方式

　水道本管から分岐して引き込んだ水を受水槽へ一時的に貯水し、その後、揚水ポンプで屋上に設置されている高置水槽へ水をあげて、重力により各階の住戸に給水する方式です。ただし、上階では水圧不足、下階では水圧過大になりやすいという欠点があります。

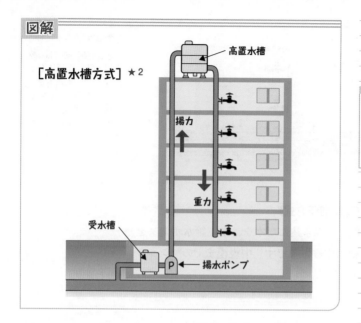

[高置水槽方式] ★2

高置水槽

揚力

重力

受水槽

揚水ポンプ

★2
講師からひと言
断水時でも受水槽と
高置水槽内の水は利
用でき、停電時でも
高置水槽の水は利用
できます。

4 圧力タンク方式

　水道本管から分岐して引き込んだ水を受水槽へ一時的に貯水し、その後、加圧ポンプで圧力タンクに給水して、圧力タンク内の空気を圧縮増圧させて各階の住戸に給水する方式です。

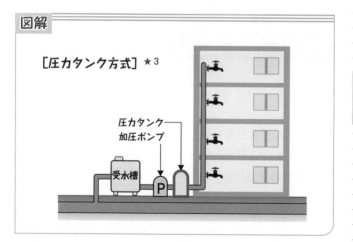

[圧力タンク方式] ★3

圧力タンク
加圧ポンプ

受水槽

★3
チェック
小規模マンションで
の採用が多く見られ
ます。

5 ポンプ直送方式（タンクレスブースター方式）

　水道本管から分岐して引き込んだ水を受水槽へ一時的に貯水し、その後、加圧ポンプで直接加圧して各住戸に給水する方式です。

図解

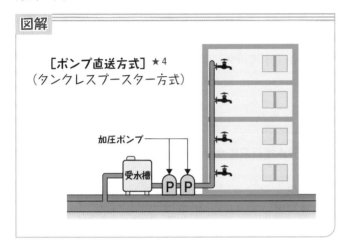

［ポンプ直送方式］★4
（タンクレスブースター方式）

加圧ポンプ

受水槽

★4
チェック

設置費は高額です。

第4章 設備

2 受水槽（じゅすいそう）

　建物内の給水設備に供給する水をいったん貯めておくために設置するタンクのことを受水槽★5といいます。受水槽の容量は、マンションの場合には1日の使用水量の1/2程度が望ましいとされています。これは、受水槽にあまりに多くの水を貯めると水が古くなってしまい、衛生的に好ましくないからです。

図解

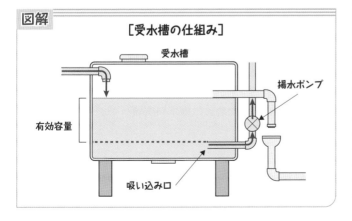

［受水槽の仕組み］

受水槽

揚水ポンプ

有効容量

吸い込み口

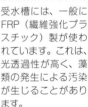

★5
チェック

受水槽には、一般にFRP（繊維強化プラスチック）製が使われています。これは、光透過性が高く、藻類の発生による汚染が生じることがあります。

断水しないで清掃や点検を行うためにも、受水槽は二層式か中間仕切りで分割していることが望ましいです。なお、保守点検を容易かつ安全に行うために、**天井は1m以上、周壁と底部は60cm以上の距離を置いて設置する必要があります。**また、内部の保守点検を容易かつ安全に行うことができる位置に直径60cm以上の円が内接できる構造としたマンホールを設ける必要があります。飲料用受水槽のマンホール面は、ほこりなどの有害なものが入らないように、受水槽の天井面より10cm以上たちあげなければなりません。

図解

［受水槽設置にかかる規定］

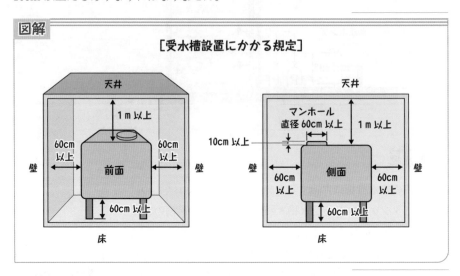

　さらに、水槽底部には1/100以上の勾配を設けて、最低部に設けたピットなどに水抜管を設置する必要があります。給水管の逆流による飲用水の汚染を防止するために、給水管の流入口端からオーバーフロー管の下端までの間に吐水口空間を設ける必要があります。また、オーバーフロー管や水抜管には、水槽への逆流による汚染を防止するために、排水口空間を設けなければなりません。

図解

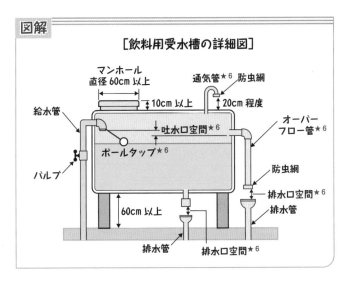

[飲料用受水槽の詳細図]

マンホール
直径 60cm 以上
通気管★6 防虫網
給水管
10cm 以上
20cm 程度
吐水口空間★6
オーバー
フロー管★6
ボールタップ★6
防虫網
バルブ
排水口空間★6
排水管
60cm 以上
排水管
排水口空間★6

飲用水用の管と、山水、井戸水、湧き水などを含むそれ以外の用途の管を直接連結させるクロスコネクションは、飲用水の衛生面において重大な影響を与える可能性があるため禁止されています。

また、給水管内のバルブを急に閉じると、水の流れが急に停止するために水音を生じ、配管自体を振動させます。こうした現象を「ウォーターハンマー（水撃）現象」と呼びます。これは不快な騒音を発生させ、時には配管を損傷することがあります。防止策として、流速をおさえる(1.5 ～ 2.0m/ 秒程度)、ウォーターハンマー防止器具を設置するなどがあります。

3 室内の配管

先分岐方式とさや管ヘッダー方式があります。

1 先分岐方式

室内に引き込んだ給水管を分岐して、キッチンやトイレ等、各室に給水する配管方式です。給水管から配管を各室に分岐するため、配管の継ぎ目が多く、2室以上で同時に水を使うと水圧が落ちる可能性があります。

第**4**章
設備

❷ さや管ヘッダー方式

　洗面所等の水回り部に設置されたヘッダーから管をタコ足状に分配し、各水栓等の器具に単独接続するものです。この方式は、配管更新の工事が容易であるという特徴があり、給水だけでなく給湯にも採用され、現在の給水・給湯配管方式として広く普及しています。なお、同時に2室以上で使用しても水量や水圧の変動が少ないという特徴があります。

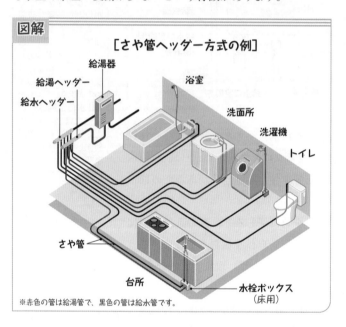

図解

[さや管ヘッダー方式の例]

給湯器
給湯ヘッダー
給水ヘッダー
浴室
洗面所
洗濯機
トイレ
さや管
台所
水栓ボックス
（床用）

※赤色の管は給湯管で、黒色の管は給水管です。

4 配管に用いられる管

　塩ビ管は、強靭性、耐衝撃性、耐火性で鋼管より劣りますが、軽量で耐食性に優れているので、専有部分や排水管などに多く使われています。

　なお、さや管ヘッダー方式における専有部分内の給水、給湯配管には、樹脂性（ポリブテン管、架橋ポリエチレン管）が用いられています。ただし、合成樹脂管には温度の変化によって伸縮するという短所があります。

2 給湯設備

出題

2017 2020 2021

1 給湯方式

1 飲用給湯方式

貯湯式給湯機を必要な箇所に個別に設置する方式です。台所の流しなどに給湯器を設置したりします。

2 局所給湯方式

給湯系統ごとに加熱装置を設けて給湯する方式です。各住戸や各室ごとに給湯器を設置して、部屋内に配管で湯を送ります。

3 中央（セントラル）給湯方式

建物の屋上や地下にボイラー室を設置して、建物内に供給する方式です。ホテルや商業ビルではこの方式を採用することが多いです。

2 給湯器の種類

1 ガス給湯器

ガス給湯器には、機器の構造から、瞬間式と貯湯式があります。なお、ガス給湯器の能力表示に用いられる単位である「号」は、**流量１ℓ／分の水の温度を 25℃上昇させる能力**をいいます。たとえば、20℃の水の温度を 45℃に上昇させ、1分間に 20 リットル供給できる給湯器の給湯能力は 20 号となります。

2 電気給湯器

電気給湯機には、ヒートポンプの原理を利用して大気から集めた熱を利用して湯をわかすヒートポンプ給湯器（**エコキュート**）や、電気と同時に発生する熱を回収し、給湯に利用する家庭用燃料電池（**エネファーム**）等の種類があります。

第4章
設備

1 排水の分類

排水は次のように分類されます。

[排水の分類]
- **汚水**　トイレの排水
- **雑排水**　台所・浴室・洗面所・洗濯機等からの排水
- **雨水**　雨水など

公共下水道は、建物外部の下水道管の設置方法により、次のように分類されます。

[公共下水道の分類]

分流式下水道	汚水・雑排水と雨水を２本の管で流す
合流式下水道	汚水・雑排水・雨水を１本の管で流す

排水管の詰まりが起きやすい所には、点検や清掃のため「ます」を設けます。次の種類があります。

[ますの種類と用途]
- **雨水ます**　150mm 以上の泥だまりを設ける
- **トラップます**　２系統以上の排水管をまとめて合流させる場所のます
- **汚水ます（インバートます）**　汚水を下水管に流入させるためのます

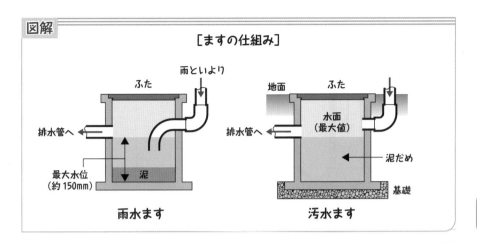

図解

[ますの仕組み]

雨水ます

汚水ます

2 排水トラップ

排水トラップとは、下水管から虫や臭いがこないように、水で封をしておくことです。また、封水深は50 ～ 100mmとされています。浅いと水がなくなってしまい、深いと自浄作用がなくなるからです。

1つの排水系統に2個以上のトラップを直列に設置したものを二重トラップといいます。排水トラップは、臭気・害虫の室内への侵入を防止するための設備ですので、一見すると、二重にすればさらに効果が上がるようにも思えます。しかし、これを二重にすると、排水管内の圧力を変化させ、かえって排水の妨げになってしまうので、**二重トラップは禁止**されています。

排水トラップには次の種類があります。

1 Sトラップ

一般によく用いられますが、サイホン作用★1を起こしやすいという欠点があります。

★1
Keyword

サイホン作用
水が吸引されて流れていく作用のこと。

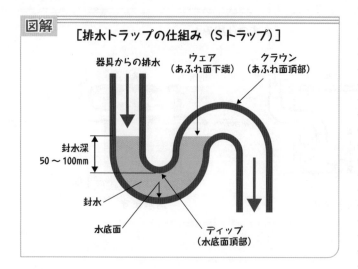

図解 [排水トラップの仕組み（Sトラップ）]

器具からの排水

ウェア（あふれ面下端）

クラウン（あふれ面頂部）

封水深 50 〜 100mm

封水

水底面

ディップ（水底面頂部）

2 Pトラップ

サイホントラップの中でも、最もよく使用されています。サイホン作用による封水破壊が少ないという特徴があります。

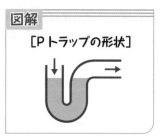

図解 [Pトラップの形状]

3 Uトラップ

SトラップやPトラップよりも封水の安定度が劣るという欠点があります。

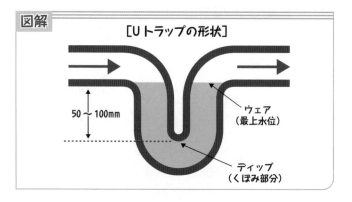

図解 [Uトラップの形状]

50 〜 100mm

ウェア（最上水位）

ディップ（くぼみ部分）

④ ドラムトラップ

台所の流しなどに使用されます。封水の安定度は高いです。

図解

[ドラムトラップの形状]

⑤ わんトラップ

床排水などに使用されます。
★2

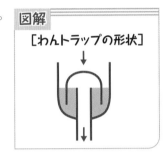

図解

[わんトラップの形状]

★2
チェック

洗濯機の防水パンには、わんトラップ（ベルトラップ）が使用されます。

第4章 設備

3 トラップの破封 (は ふう)

排水管内の圧力変動によって、トラップの封水が流出したり、水を長期間使用しなかったためトラップ内の封水が蒸発してしまうことなどをトラップの破封といいます。破封すると、悪臭などが室内に侵入し、排水トラップとしての機能を失います。

破封の原因としては、次のようなものが挙げられます。

① 自己サイホン作用

水受け容器から大量の排水が行われた場合、トラップと排水管の空気がなくなって排水が満流となり、サイホン作用を生じることによって、封水がなくなる現象です。トラップごとに各個通気管を設ければ防止できます。

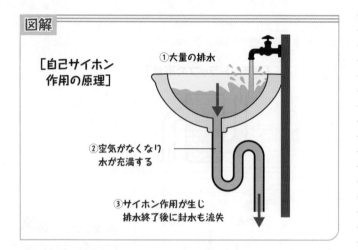

[自己サイホン
作用の原理]

①大量の排水

②空気がなくなり
水が充満する

③サイホン作用が生じ
排水終了後に封水も流失

2 誘導サイホン作用

　排水立て管の排水が瞬間的に満水状態で流れた場合、その付近の排水横管に吸引作用を生じ、封水をもち去ってしまう現象です。通気を適切に行うことで解消可能です。

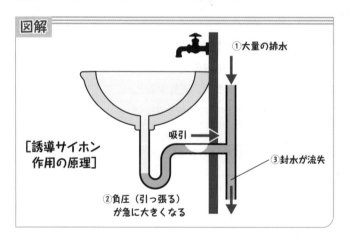

①大量の排水

[誘導サイホン
作用の原理]

吸引

③封水が流失

②負圧（引っ張る）
が急に大きくなる

3 はね出し作用

　上階と下階で同時に大量の排水があった場合に、中間階の排水立て管の圧力が高まり、中間階の排水トラップの封水が室内側に飛び出す現象です。★3

★3
チェック
はね出し作用は上階
では生じません。

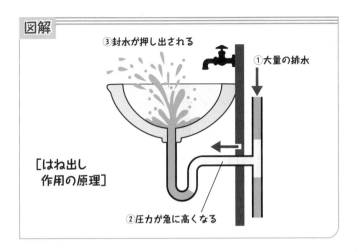

③封水が押し出される

①大量の排水

[はね出し
作用の原理]

②圧力が急に高くなる

4 毛細管現象

　トラップのウェアに毛髪などが引っかかって垂れ下がったままになった場合に、毛髪等を伝わって封水が流れていく現象です。

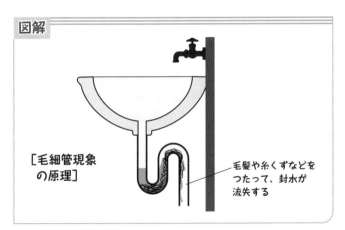

[毛細管現象
の原理]

毛髪や糸くずなどを
つたって、封水が
流失する

5 その他（蒸発等）

　長期にわたって排水をしないと、封水が蒸発することで結果的に破封することもあります。

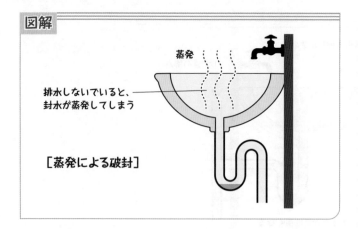

図解

蒸発

排水しないでいると、
封水が蒸発してしまう

［蒸発による破封］

4 通気設備

　排水トラップ内の破封を防ぎ、排水管内の気圧差をできる限り生じさせないようにするために、通気設備を設けることがあります。主なものは次の２種類です。

1 通気立管方式

　主に下層階で生じた正圧★4を逃がすためのものです。排水立管と通気立管の２本を設置するので「二管式」とも呼ばれます。

2 伸頂通気方式

　一番上の排水横管が排水立管に接続した部分から、さらに上に排水立管を伸ばして通気管として利用して、大気中に開放して通気する方式です。★5

図解

［伸頂通気方式］

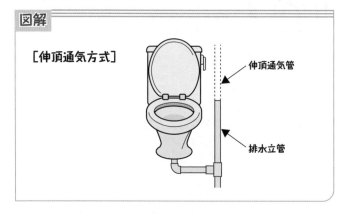

伸頂通気管

排水立管

★4
チェック

空気に２つの圧力差がある場合、圧力が高い空気の状態を正圧、低い状態を負圧といいます。

★5

講師からひと言

特殊継手排水方式（システム）は、伸頂通気方式を改良したものが多く、各階排水横枝管接続用の配水管継手が特殊な形状をしています。排水横枝管の接続器具数が比較的少ない集合住宅や、ホテルの客室系統に多く採用されています。

5 浄化槽設備

公共下水道のない地域では、汚水と雑排水を排水するためには、浄化槽を設けなければなりません。浄化槽とは、汚水や雑排水を溜めて、微生物に汚物などを分解させ、固形物を沈殿させることにより、上部のきれいな水を放流する仕組みの設備です。

1 処理法

浄化槽の処理方法には、大きく生物膜法と活性汚泥法の2種類があります。生物膜法とは、接触材等に好気性微生物を付着させて、微生物の好気性分解により汚水中の汚濁物質を除去する方法です。活性汚泥法とは、槽内に浮遊している微生物を含む活性汚泥と汚水を接触させ、汚濁物質を吸着・酸化させて活性汚泥を沈殿分離した後に上澄み水を放流する方法です。

2 水質検査

浄化槽が新設された場合や構造・規模が変更された場合には、浄化槽管理者は、水質検査を、使用開始後3カ月を経過した日から5カ月の間に受けなければなりません。また、浄化槽管理者は、毎年1回、水質検査を受けなければなりません。

3 保守点検・清掃

浄化槽管理者は、原則として毎年1回、浄化槽の保守点検および清掃を行わなければなりません。ただし、空気を供給する旧タイプの全ばっ気方式の浄化槽は6カ月に1回以上行わなければなりません。なお、固形物は汚泥となって底に堆積するため、清掃時にはこの汚泥を引き抜く必要があります。

4 報告書の提出

浄化槽管理者は、浄化槽の使用開始日から30日以内に、一定事項を記載した報告書を浄化槽を管轄する都道府県知事に提出しなければなりません。

浄化槽管理者は、浄化槽の保守点検または清掃の記録を作成し、これを３年間保存しなければなりません。

浄化槽の法定点検には、定期検査と設置後等の水質検査があります。その検査結果は、どちらも都道府県知事に報告しなければならないこととされています。

4 換気設備

換気方式は、自然換気方式と機械換気方式に大別されます。換気設備には、給気ファン、排気ファン、給排気ダクト、ルーフファン、排気塔、設備用換気扇等があります。

1 自然換気方式

自然換気方式は、室内と室外の温度差による対流や風圧等、自然の条件を利用した方式です。この方式は換気扇が不要なので、換気扇の騒音もなく、経済的ですが、自然条件が相手なので安定した換気量や換気圧力は期待できません。

2 機械換気方式

機械換気方式は、換気扇や送風機等の機械を利用して、強制的に換気する方式です。自然換気に比べ、必要なときに安定した換気ができますが、電気をエネルギー源とするので費用はかかります。機械換気設備は、次の３種類に分類されます。

1 第１種換気

給気、排気とも機械換気です。居室に用いられる熱交換型換気設備（セントラル空調方式の住宅など）、機械室、電気室等に採用されます。

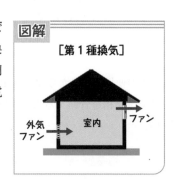

図解

［第１種換気］

外気
ファン

室内

ファン

2 第2種換気

給気のみ機械換気で、排気は自然換気です。室内へ清浄な空気を供給する場合で、製造工場など限られた建物で使用されます。★1

図解
［第2種換気］

外気ファン → 室内 正圧 → 排気口

第4章 設備

3 第3種換気

排気のみ機械換気で、給気は自然換気です。室内は、屋外より気圧が低い負圧になるため、他の部屋へ汚染空気が入りません。台所、浴室、便所、洗面所等のように、燃焼ガス、水蒸気、臭気等が発生する部屋に採用されます。多くの住宅ではこの方式が使われています。★1

図解
［第3種換気］

外気給気口 → 室内 負圧 → ファン

［換気方式の種類］

		給気の方式	排気の方式	具体例
自然換気方式 （第4種換気方式）		自然	自然	居室
機械換気方式	第1種 （機械）換気方式	機械	機械	電気室 機械室
	第2種 （機械）換気方式	機械	自然	製造工場
	第3種 （機械）換気方式	自然	機械	洗面所 便所 浴室 台所

3 24時間換気

シックハウスの原因となる揮発性有機化合物（VOC）の除去対策として、新築の建物には原則として、24時間稼働する機械換気設備の設置が義務付けられています。

5 電気設備

出題
2015 2018 2020 2022

1 受電方式

共同住宅では、電力会社の電気を共同引込線により建物内に引き込んでおり、これを受電といいます。そして、電力会社からの建物への電力供給は、供給電圧によって、低圧引込み・高圧引込み・特別高圧引込みなどの種類があります。★1高圧引込み・特別高圧引込みの場合には、建物に電力会社が使用する電気室を設け、引き込んだ電気を低圧に変圧して各住戸に電力を提供します。

★1
講師からひと言

マンションでは、ほとんどが低圧引込みか高圧引込みが採用されています。特別高圧引込みはデパート・病院・大学などで採用されています。

[電力供給の種類]

	契約電力（目安）	供給電圧	電気室
低 圧★2	50kW未満	100V・200V	原則不要
高 圧	50kW以上2000kW未満	6,000V	必要
特別高圧	2000kW以上	20,000V以上	必要

契約電流または契約容量と契約電力との合計が50 kW以上である場合は、需要者の土地または建物に変圧器等の供給施設（電気室等）を設置することがあります。

供給施設の方式は次の通りです。

1 借柱方式

電柱上に変圧器を設置して供給する方式です。

★2
チェック

低圧で、契約電力が50kW未満といっても、これはあくまでも目安で、50kW以上のものもあり、その際には電気室等も必要となります。

2 パットマウント方式 ★3

敷地内の屋外に、地上用変圧器を設置して供給する方式です。

3 借室方式 ★4

建物内の一室を変圧器室として電力会社へ無償提供（借室）する方式です。

4 借棟方式 ★4

敷地内に変圧器棟を設置する方式です。

5 キュービクル方式

敷地内の屋外に設置される方式で、パットマウントより設備が大きく、中小規模の建築物に設置されます。

2 住戸内の電気設備

各住戸に供給される電力には 2 つの方式があり、**単相三線式**（100 ボルト /200 ボルト）、または**単相二線式**（100 ボルト）で電気が供給されています。

1 単相三線式

3 本の電線のうち、真ん中の中性線と上または下の電圧線を利用すれば 100 ボルト、中性線以外の上と下の電圧線を利用すれば 200 ボルトが利用できるという方式です。

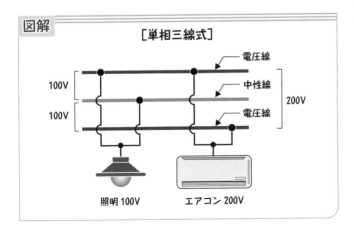

図解 ［単相三線式］

★3
チェック
パットマウント方式は受電容量（トランス容量）に制限があり、1 戸50A（アンペア）の契約で最大100戸程度まで供給可能です。

★4
チェック
借室方式、借棟方式は受電容量（トランス容量）に制限がなく、建物の規模にかかわらず採用できます。

第**4**章 設備

② 単相二線式

電圧線と中性線の2本の線を利用する方式です。そのため、「単相3線式」の方式とは異なり、**100ボルト**しか使用することができません。

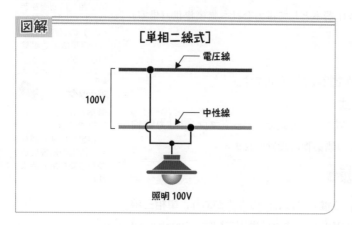

図解

[単相二線式]

電圧線

100V

中性線

照明 100V

3 省エネルギー対策

一般的に、電灯類はスイッチの入り切りにより点灯・消灯しますが、開放廊下の天井灯や階段室の照明等は、光センサー、人感センサー、照度センサーによる自動点滅器やタイマーを設置し、自動的に点灯・消灯するようにしている場合もあります。

点灯時間をタイマーで制御している場合、季節による日照時間の変化に応じてタイマーの点灯時間を調整する必要があります。電線を被覆しているビニールも熱や紫外線の影響により経年劣化して絶縁抵抗が弱まるため、定期的な抵抗測定によって、配線を交換する必要があります。

4 ブレーカー

住戸内のブレーカーが落ちる原因は、入居者が一時的に数個の家電製品を使用することや、漏電等があります。ブレーカーは次の3種類です。

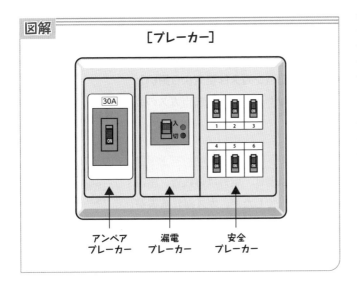

[ブレーカー]

30A

入
切

ON ON ON
1 2 3

4 5 6
ON ON ON

アンペア
ブレーカー

漏電
ブレーカー

安全
ブレーカー

◾️ アンペアブレーカー（サービスブレーカー）

　契約以上の電気が流れた場合に自動的に遮断されます。このブレーカーには、契約アンペアが示されています。なお、このアンペアブレーカーは電力会社の所有物となります。

◾️ 漏電ブレーカー（アース・リーク・ブレーカー）

　電気配線や電気製品のいたみや故障により、電気が漏れているのをすばやく察知して回路を遮断し、感電や火災を防ぐ機器です。なお、この漏電ブレーカーは消費者の所有物となります。

◾️ 安全ブレーカー（配線用遮断器）

　分電盤から各部屋へ電気を送る各分岐配線に取り付けられ、電気器具やコードの故障によって許容電流を超えた電流となった場合に自動的に遮断されます。なお、この安全ブレーカーは消費者の所有物となります。

6 ガス設備

出題
2018 2022

都市ガスとプロパンガス（LPガス）があります。**都市ガスは原則として空気より軽く、プロパンガスは空気より重い**という特徴があります。★1また、プロパンガスは都市ガスの2倍以上の火力があります。

1 ガス管

ガス管の配管材料について、以前は、屋外は鋳鉄管、屋内は配管用炭素鋼鋼管（白ガス管）でしたが、ガス漏れ被害が生ずるおそれがあるため、現在は白ガス管の新設が禁止されました。現在は、屋外はポリエチレン管やポリエチレン被覆鋼管、屋内は塩化ビニル被覆鋼管となっています。

2 ガスメーター

ガスメーター（マイコンメーター）には、ガスの使用量を計量する機能や、ガスの異常放出や震度5弱相当以上の地震等の異常を感知して、自動的にガスの供給を遮断する機能が備えられています。ガスの使用を開始する際には、住戸ごとにガス会社による開栓作業が必要です。なお、開栓作業は原則としてガス利用者（入居者）が立ち会う必要があります。

★1
講師からひと言
プロパンガスは空気よりも重いので、ガス警報器は床上30cm以内の壁などに設置する必要があります。

7 消防用設備

出題
2015 2016 2017 2018

1 建物の分類

店舗や集会施設などの特定防火対象物と、共同住宅や事務所などの非特定防火対象物に分けることができます。★1

★1
講師からひと言
不特定多数の者が出入りする建物が特定防火対象物であり、それ以外の建物が非特定防火対象物に分類されます。共同住宅は特定の者が出入りする建物であるため、非特定防火対象物に分類されるわけです。

2 消防用設備

消防用設備は、建物に火災が発生したときに、火災の感知・報知・連絡・通報・消火・避難・誘導などが安全かつ迅速にできるようにすることや、消防隊の活動を支援することを目的として設置されています。

1 消火器

居住者が初期消火に用いる消防用設備です。一度の噴射時間は約 15 秒であり、火災の種類によって消火器を使い分ける必要があります。

> [火災の種類]
> ● A 火災（普通火災）
> ● B 火災（油火災）
> ● C 火災（電気火災）

ABC 消火器はすべての火災に対応しています。なお、業務用消火器については 10 年をめどに消火剤の交換をするのが望ましいです。それに対して、**住宅用消火器の使用期限はおおむね 5 年であり、詰め替えができない構造となっています**。

2 屋内消火栓設備

消火器と同様に、初期消火に使用する消防用設備です。

[消火栓の主な種類] ★2

1 号消火栓	消火栓からの有効範囲が半径 25 m 以下 1 人での操作は難しいため、通常 2 人以上で使用
2 号消火栓	消火栓からの有効範囲が半径 15 m 以下 1 人でも操作可能

★2
チェック

その他、放水量は 1 号消火栓と同程度だが 1 人でも操作可能な「易操作性 1 号消火栓」もあります。

第4章
設備

3 スプリンクラー

　火災の熱を感知すると、自動的に水が噴出して消火する装置です。湿式（配管内に水が充填されている）と乾式（配管内に水が充填されていない）があります。一般的に用いられているのは湿式ですが、寒冷地などでは配管内の水が凍ってしまうのを防ぐために乾式が用いられます。

4 自動火災報知設備

　感知器が熱や煙を感知すると、受信機に向けて火災信号を発信します。そして、それを受信した受信機が警報ベル等で建物全域にいる人に向けて火災を知らせます。これが自動火災報知設備です。

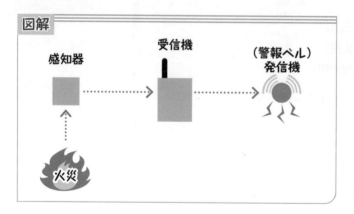

図解

感知器　　受信機　　（警報ベル）発信機　　火災

　感知器には熱式と煙式があります。煙のほうが熱よりも早く反応します。★3

★3
チェック

基本的には火災を早く感知できる煙式を用いますが、台所など火災以外の煙で警報を発するおそれがある場合には熱式を用います。

[感知器の種類]

熱感知器	定温式スポット型	一定温度で作動 （65〜75度）
	差動式スポット型	温度上昇率が一定以上に なったら作動
煙感知器	イオン化式スポット型	機器中のイオン電流が煙に よって遮断されると作動
	光電式スポット型	煙の微粒子による光の 反射を利用して作動

　停電時の非常電源として蓄電池を用いる自動火災報知設備は、有効に10分間以上作動するものでなければなりません。

5 住宅用火災警報器

　寝室等にいる人に火災を知らせる設備です。就寝の用に供する居室・階段・廊下・台所に設置が必要です。住宅の用途として使用されているものがすべて対象であり、複合用途建築物では住宅部分に設置しなければなりません。なお、スプリンクラー設備や自動火災報知設備が設置されている場合には、住宅用火災警報器の設置が免除されます。

図解

［住宅用火災警報器の例］

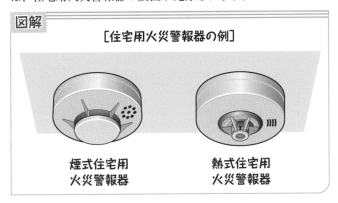

煙式住宅用　　　　　熱式住宅用
火災警報器　　　　　火災警報器

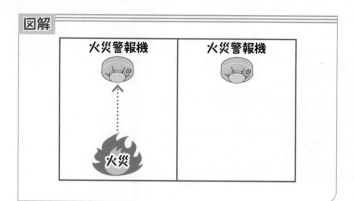

図解

火災警報機

火災警報機

火災

3 防火管理者

　共同住宅では、**収容人員50人以上の場合は、防火管理者**を定め、防火管理を行う必要があります。これは賃貸物件であっても同様です。防火管理者を定める義務を負うのは管理権原者（賃貸住宅においては所有者である**貸主**）です。管理権原者が防火管理者を選任して、防火管理業務を行わせなければなりません。なお、防火管理者を選任しても、管理権原者は防火管理責任を免れることはできません。

　管理権原者は、防火管理者を定めたときは、遅滞なくその旨を所轄消防長または消防署長に届け出なければなりません。解任したときも同様に届け出なければなりません。

1 防火管理者の義務

管理権原者は、防火管理者に対して、次のような業務を行わせなければなりません。

> ❶ 消防計画の作成と、所轄消防長または消防署長への届出
> ❷ 消防計画に基づく消火・通報および避難訓練の実施
> ❸ 消防の用に供する設備・消防用水または消火活動上必要な施設の点検および整備
> ❹ 火器の使用または取扱いに関する監督、避難または防火上必要な構造および設備の維持管理ならびに収容人員の管理
> ❺ その他防火管理上必要な業務

2 防火管理者の資格

防火管理者の資格には甲種と乙種があります。

> [甲種防火管理者の条件]
> ❶ 甲種防火管理講習の課程を修了した者
> ❷ 大学等で防災に関する学科または課程を修了した者で、1年以上の防火管理の実務経験を有する者
> ❸ 市町村の消防職員で、管理的または監督的な職に1年以上あった者

> [乙種防火管理者の条件]
> ❶ 乙種防火管理講習の課程を修了した者
> ❷ 甲種防火管理者

3 防火管理者の選任

防火管理者は、次の区分に従って選任します。

[防火対象物と防火管理者の資格区分]

	特定防火対象物		非特定防火対象物	特定防火対象物（避難困難施設が入っている建物を除く）	非特定防火対象物
	避難困難施設が入っている建物	左記以外			
建物全体の延べ面積	すべて	300㎡以上	500㎡以上	300㎡未満	500㎡未満
建物全体の収容人員	10人以上	30人以上	50人以上	30人以上	50人以上
資格区分	甲種防火管理者			甲種又は乙種防火管理者	
区分	甲種防火対象物			乙種防火対象物	

4 消防設備の点検

消防設備の点検には次の2種類があります。

機器点検	6カ月ごとに1回
総合点検	1年ごとに1回

　点検の結果は、特定防火対象物は1年に1回、非特定防火対象物は3年に1回、まとめて消防長または消防署長に報告します。

5 避難設備

　避難設備には、避難器具と誘導灯および誘導標識があります。

8 昇降機設備等

1 昇降機の種類

ロープ式と油圧式に分類されます。

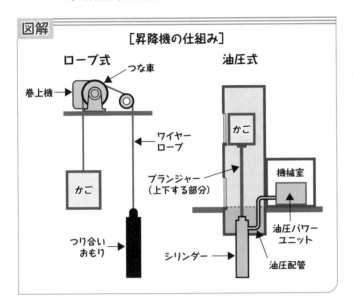

図解

[昇降機の仕組み]

ロープ式は昇降路上部に機械室を設け、油圧式は昇降路下部に機械室を設けます。ロープ式の場合、近年では、機械室を設けないマシンルームレスエレベーターが主流となっています。乗用エレベーターには、1人当たりの体重を 65kg として計算した定員を明示した標識を、かご内の見やすい場所に掲示しなければなりません。

2 保守契約

保守契約にはフルメンテナンス契約と POG 契約★1の2種類があります。

★1
Keyword

POG 契約
パーツ (Parts)、オイル (Oil)、グリース (Grease) の略です。

［保守契約の特徴］

	フルメンテナンス契約	POG契約
長　所	部品の交換等が保守料金に含まれるため、年度予算の立案や管理が容易	月々の保守料金を安く設定でき、発注側のコスト意識も高まる
短　所	保守料金が割高	費用見積もりと確認に時間がかかり、経年劣化により費用が増加する

　定期点検や消耗品の交換については、どちらの契約も含まれています。しかし、部品交換や修理に関してPOG契約には含まれていません。なお、本体の交換は、フルメンテナンス契約にもPOG契約にも含まれていません。

［保守契約の適用事項］

	フルメンテナンス契約	POG契約
定期点検（法定点検）	●	●
消耗品交換	●	●
部品交換・修理	●	×
本体（扉・かご）の交換	×	×

3　昇降機の法定点検

　建物の所有者は年1回、昇降機定期点検報告書を特定行政庁に提出しなければなりません。

4　機械式立体駐車場

　駐車場の規模や構造により、不活性ガス消火設備、泡消火設備、ハロゲン化物消火設備などの消火設備の設置が義務付けられています。

　また、機械式立体駐車場の管理者は、装置が正常で安全な状態を維持できるよう、機種、使用頻度等に応じて、１～３カ月以内に１度を目安として、専門技術者による点検を受け、必要な措置を講じる必要があります。

第5章　維持・点検

<ruby>維持<rt>いじ</rt></ruby>・<ruby>点検<rt>てんけん</rt></ruby>

重要度 **A**

学習ポイント

建物は劣化してしまうことがあります。そのため日々の点検を欠かすことはできません。どのように建物のメンテナンスを行えばよいでしょうか。

1 点検

出題　2015　2016　2018　2022

建物の保全・維持管理は、問題が起きてから行うのではなく、問題が起きないように、あらかじめ適切な処置を施すことが必要です。これを**予防保全**といいます。それに対して、事故や不具合が生じてから修繕を行うことを**事後保全**といいます。賃貸物件の維持・保全管理においては、事後的な対応ではなく予防保全が重要です。法定耐用年数通りに機器を交換することにとらわれることなく、現場の劣化状況と収支状況を考えあわせることも大切です。

応急処置の積み重ねは、全体的・根本的な修繕を先送りすることになり、長期的に見れば、予防保全のほうが経済的となります。

1 日常点検

日常点検業務は、建物だけでなく外溝や植栽等の清掃状況も常に対象とし、点検項目は多岐にわたります。

巡回点検は、周期を決めて継続的に行う業務であり、管理業者が受け持つ大切な役割です。また、その際、結果を整理して保管し、時間経過と状態変化を把握できるようにすることが重要です。現場で管理業務に携わる管理業者は、入居者からの情報を積極的に活用すべきです。そのため、入居者と巡

回者とのコミュニケーションや、巡回者と管理業者とのコミュニケーションが大事となってきます。

2 法定点検と報告

　法定点検は資格者による点検作業と所轄官庁への報告義務もあり、★1費用がかかること、建物は時間とともに劣化すること、耐用年数がきた設備は交換しなくてはならないこと、製造品メーカーの製造品保管義務は10年で、それ以降修理する場合は部品がないこともあり得ることなどを、あらかじめ貸主に理解してもらわなければなりません。そのためにも、費用の見積りと結果報告は必ず行わなければなりません。

★1
講師からひと言

報告が義務付けられているのは、原則として所有者です。しかし、所有者と管理者が異なる場合には管理者となります。

第5章 維持・点検

[建築関連の資格名称とその調査の検査対象]

	特定建築物	防火設備	建築設備	昇降機等
1・2級建築士	●	●	●	●
特定建築物調査員	●			
防火設備検査員		●		
建築設備検査員			●	
昇降機等検査員				●

	調査・検査対象	報告頻度
特定建築物定期検査	敷地・構造・防火・避難	6カ月～3年に1回 (特定行政庁が定める時期)
防火設備定期検査	防火設備（防火戸・防火シャッター等）	6カ月～1年に1回 (特定行政庁が定める時期)
建築設備定期検査	換気設備・排煙設備・非常用照明設備・給排水設備等	
昇降機等定期検査	エレベーター・機械式駐車場等	

出題
2017 2021 2023

建築基準法の耐震基準の目標は、①中規模の地震（震度5強程度）ではほとんど損傷を生じない、②大規模の地震（震度6強〜7程度）では、構造体は損傷するが、倒壊せず人命を守る、ということを目安にしています。

耐震診断とは、建物に必要とされる耐力と現に必要とされている耐力を比較し、評価するものです。

1 耐震改修促進法による規定

一定規模以上の建築物で、建築基準法の耐震規定に適合しない建築物（**特定既存耐震不適格建築物**）は、診断の結果、安全性の向上を図る必要があるときは耐震改修を行うよう努めなければなりません。

なお、賃貸住宅（共同住宅に限る）については、以下の基準に該当するものは、特定既存耐震不適格建築物となります。

[特定既存耐震不適格建築物となる賃貸住宅の要件]
- **3階以上かつ床面積1,000㎡以上である場合**
- **建築基準法の耐震規定に適合しない場合**

  （不明な場合は現行の耐震基準の導入以前、すなわち1981〔昭和56〕年5月31日以前に新築工事に着手したことが目安となる）

所管行政庁は、特定既存耐震不適格建築物の耐震診断および耐震改修の適確な実施を確保するため必要があるときは、所有者に対し、必要な指導、助言をすることができます。

2 木造の耐震診断

木造の場合、耐震診断は以下の3段階で行われます。

[木造の耐震診断の流れ]

❶ 予備診断	目視や設計図書等の書類から、専門家に依頼して、簡易診断や精密診断を受けるか否かを判定する

↓

❷ 簡易診断	設計図書等の図面や管理記録を基に耐震診断を行う

↓

精密診断	図面や管理記録のみならず、構造材の現地調査を行って診断する

3 鉄筋コンクリート造の耐震診断

鉄筋コンクリート造の場合、構造部材の強度・断面寸法、建物の形状、建物の老朽度を診断します。まずは目視による予備調査を行い、耐震診断の必要があると判断された場合は、次の3つの診断方法から適切なものを選択して診断を行います。

[鉄筋コンクリート造の耐震診断の流れ]

1次診断	各階の柱と梁のコンクリート断面積と、その階が支えている建物の重量から計算する簡易な方法
2次診断	柱や壁の強度を計算して、強固さや粘り強さを判断する方法 （鉄筋コンクリート造では通常実施されている）
3次診断	柱や壁だけでなく梁も判断要素とし、さらに建物全体の総合的な耐力も加味する方法

第5章 維持・点検

耐震改修の方法には、次のような方法があります。

1 木造・軽量鉄骨造

❶ 壁を構造パネル等で補強します

❷ 開口部を筋交いで補強します

❸ 基礎と土台、柱と梁を金物で緊結して補強します

❹ 地震力を吸収するダンパーを取り付けます

2 鉄筋コンクリート造

❶ 柱の鋼板巻き・炭素繊維シート巻き★1

❷ 袖壁の増設

❸ 耐力壁や鉄骨ブレース（筋交い）設置

★1
講師からひと言

柱や梁に鋼板や炭素繊維シートなどを巻くことによって、柱や梁のじん性（粘り強さ）を向上させます。

3 塀

　都道府県および市町村が定める耐震改修計画に記載された道路にある1981年（昭和56年）以前に設置された塀のうち、高さが前面道路中心線からの距離の1/2.5倍を超えるもので、長さが25mを超える塀の所有者は、耐震診断結果を各自治体が計画で定める期間内に報告しなければなりません。

　なお、避難道路（通学路を含む）沿道のブロック塀などの除去・改修等に対しては、各地方公共団体による支援制度が創設されて、ブロック塀などの所有者等に対して、当該ブロック塀などの耐震診断や除去・改修等を行う場合、防災・安全のための助成金が設定されています。

4 応急危険度判定

出題
2019

応急危険度判定は、大地震により被災した建物について、その後の余震等での倒壊等の可能性などの危険性を判定し、人命にかかわる二次的被害を防止するためのものです。通常、地方自治体の依頼によって行われます。

応急危険度判定は、地震後速やかに行われるものであり、外観調査を中心に行われます。

判定結果は赤（危険）・黄（要注意）・緑（調査済）の三段階で区分し、建物の見やすい場所に設置することで、当該建物の利用者のみならず、付近を通行する者等に対しても安全性の識別ができるようにしています。

5 長期修繕計画

出題
2021

建物も時間が経過すれば劣化しますから、修繕をして建物を長持ちさせる必要があります。修繕にはコストがかかりますが、中長期的に見れば、修繕計画による的確な修繕の実施によって、賃貸経営の収支上プラスに働くこともあります。修繕計画を立てて、計画的に修繕を行うことが求められます。計画修繕を実施していくためには、長期修繕計画を策定する必要があり、修繕管理の費用を賃貸不動産経営の中に見込む必要があります。計画修繕の実施にあたっては、計画された修繕部位を点検、調査した上で状況を把握することが重要です。また、長期修繕計画は、数年に1度は見直しを行い、適切な実施時期を確定することが必要です。★1

修繕工事は、日常生活の中で行われる工事であるため、騒音や振動により居住者等に迷惑をかける問題があり、配慮しなければなりません。

第5章 維持・点検

★1

講師からひと言

長期修繕計画の対象となる期間は、最も修繕周期の長いものを念頭におき、一般的に30年間程度とされています。

6 図面・届出書類の管理

<ruby>図<rt>ず</rt></ruby><ruby>面<rt>めん</rt></ruby>・<ruby>届<rt>とどけ</rt></ruby><ruby>出<rt>で</rt></ruby><ruby>書<rt>しょ</rt></ruby><ruby>類<rt>るい</rt></ruby>の<ruby>管<rt>かん</rt></ruby><ruby>理<rt>り</rt></ruby>

出題
2020 2021 2022

　修繕計画に基づき、適切に修繕が行われているかの検証をする必要があります。そのために、修繕履歴を作成します。この修繕履歴は、次の修繕を計画する際に重要な情報となるものです。

　長期にわたり建物の収益性を保持するためには、日常の点検管理と、適切な修繕が不可欠です。その一方で、無駄な出費を抑える意味でも、合理的な修繕の実施が求められます。建物の劣化状況を適切に把握し、効果的な修繕計画を立案しなければなりません。★1

　部屋等については、退去時の敷金精算等も視野に入れて、賃貸時の原状等について履歴情報として保存することが重要です。

★1
講師からひと言

建物の劣化状態について外観調査を手掛かりに、見えない部分も含めて修繕の必要性を判断し、効果的な修繕計画を立案することが求められます。

図解

［賃貸住宅経営における投資判断フロー］

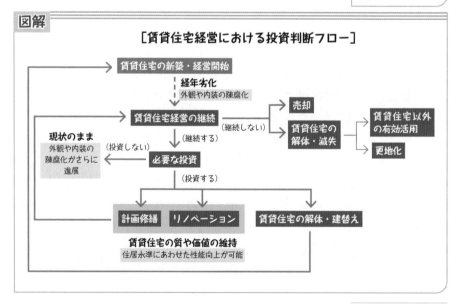

第**5**編

維持保全

一問一答

一問一答

1 ☑☑☑

原状回復の取扱いについて、ガイドラインの内容と異なる特約を定めても無効である。(2016-24-3)

2 ☑☑☑

ガイドラインでは、エアコンの内部洗浄について、喫煙等による臭い等が付着していない限り、貸主負担とすることが妥当とされている。(2019-21-エ)

3 ☑☑☑

原状回復ガイドラインによれば、賃借人が設置した家具によるカーペットのへこみや設置跡の原状回復費用は、賃借人の負担とはならない。(2023-9-ウ)

4 ☑☑☑

ガイドラインによれば、ポスターやカレンダー等の掲示のための壁等の画鋲の穴は、壁等の釘穴、ねじ穴と同視され、借主の負担による修繕に該当する。(2016-24-2)

5 ☑☑☑

ガイドラインによれば、借主の過失によって必要となったフローリングの部分補修は、経過年数を考慮することなく借主の負担となる。(2019-22-イ)

最低3回は
チャレンジしましょう！

一問一答

▶ テキスト 第1章 **1**

原状回復ガイドラインは、あくまで指針であって、当事者に対して**法的な拘束力を有しません**。したがって、原状回復の取扱いについて、ガイドラインの考え方と異なる内容を契約で取り決めることは可能です。

▶ テキスト 第1章 **2**

原状回復ガイドラインでは、エアコンの内部洗浄は、喫煙等による臭い等が付着していない限り、通常の生活においては必ず行うとまでは言い切れず**借主の管理の範囲を超えている**ので、貸主負担とすることか妥当とされています。

▶ テキスト 第1章 **2**

家具の設置による床、カーペットのへこみ、設置跡は、**賃貸人の負担**となるものです。これは、家具保有数が多いという我が国の実状に鑑みその設置は必然的なものであり、設置したことだけによるへこみ、跡は通常の使用による損耗ととらえるのが妥当と考えられるからです（原状回復ガイドライン別表1「床（畳、フローリング、カーペットなど）」）。

▶ テキスト 第1章 **2**

ポスターやカレンダー等の掲示は、通常の生活において行われる範囲のものであり、そのために使用した画鋲、ピン等の穴は、**通常の損耗**と考えられます。すなわち、これらは貸主の負担による修繕に該当します。他方、釘穴、ねじ穴は借主の負担とされます。

▶ テキスト 第1章 **3**

原状回復ガイドラインでは、賃借人の過失によって必要となったフローリング等の部分補修については、**経過年数を考慮することなく**、借主の負担となります。

6 ☑ ☑ ☑

壁クロスの毀損箇所が一部分であっても、他の面と色や模様を合わせないと商品価値が維持できない場合には、居室全体の張り替え費用は借主負担となる。(2021-10-1)

7 ☑ ☑ ☑

アスベストが含まれる建築材料を使用することは、すべて禁止されている。(2018-28-3)

8 ☑ ☑ ☑

建築基準法上のシックハウス対策の規定により、居室を有する建築物を建築する場合には、クロルピリホス及びホルムアルデヒドを含む建築材料の使用制限を受ける。(2015-29-3)

9 ☑ ☑ ☑

共同住宅の6階以上の階には、居室の床面積にかかわらず直通階段を2つ以上設置する必要がある。(2022-13-イ)

▶ テキスト 第1章 **4**

賃借人の負担単位等については、可能な限り毀損部分の補修費用相当分となるよう限定的なものとします。この場合、補修工事が**最低限可能な施工単位を基本とします**。いわゆる模様あわせ、色あわせについては、賃借人の負担とはしません（原状回復ガイドライン別表2「基本的な考え方」）。したがって、壁クロスの毀損箇所が一部分であって、他の面と色や模様を合わせないと商品価値が維持できない場合でも、居室全体の張り替え費用は賃借人負担となるわけではありません。

▶ テキスト 第2章 **2**

建築物には、石綿等をあらかじめ添加した建築材料（石綿等を飛散又は発散させるおそれがないものとして国土交通大臣が定めたもの又は国土交通大臣の認定を受けたものを除く。）を使用してはなりません（建築基準法28条の2第2号）。したがって、石綿等を飛散又は発散させるおそれがないものとして国土交通大臣が定めたもの又は国土交通大臣の認定を受けたものは、使用することが可能であり、**すべてが禁止されているわけではありません。**

▶ テキスト 第2章 **2**

居室を有する建築物の建築材料には、**クロルピリホス**を添加してはなりません（建築基準法施行令20条の6第1号）。また、居室の内装の仕上げには、第一種**ホルムアルデヒド**発散建築材料、第二種**ホルムアルデヒド**発散建築材料及び第三種**ホルムアルデヒド**発散建築材料の使用が制限されます（同法施行令20条の7）。

▶ テキスト 第2章 **2**

共同住宅では、**6階以上の階**には、居室の床面積にかかわらず**直通階段を2つ以上設置**する必要があります（建築基準法施行令121条1項6号イ）。

10 ☑☑☑

共同住宅では、その階における居室の床面積の合計が100平方メートル（耐火、準耐火構造の場合は200平方メートル）を超える場合は、避難するための直通階段を2つ以上設けなければならない。（2021-12-4）

11 ☑☑☑

住戸の床面積の合計が100㎡を超える階では、両側に居室のある場合には、1.2m以上の廊下の幅が必要とされる。（2017-28-1）

12 ☑☑☑

襖等常に解放できるもので間仕切られた2つの居室は、換気に関し、1室とみなすことはできない。（2021-12-3）

13 ☑☑☑

一室の中で天井の高さが異なったり、傾斜天井がある場合は、平均天井高が2.1m必要である。（2020-48-2）

14 ☑☑☑

ラーメン構造は、柱と梁を一体化した骨組構造である。（2015-38-1）

▶ テキスト 第2章 **2**

建築物の避難階以外の階が、共同住宅の用途に供する階でその階における居室の床面積の合計が100㎡（主要構造部が準耐火構造であるか、又は不燃材料で造られている建築物の場合は200㎡）を超えるものである場合、その階から避難階又は地上に通ずる**2以上の直通階段**を設けなければなりません（建築基準法施行令121条1項5号、2項）。

▶ テキスト 第2章 **2**

共同住宅の住戸又は住室の床面積の合計が100㎡を超える階における共用の廊下の幅は、その廊下の両側に居室がある場合には**1.6m以上**とし、その他の場合には**1.2m以上**としなければなりません（建築基準法施行令119条）。

▶ テキスト 第2章 **2**

ふすま、障子その他随時開放することができるもので仕切られた2室は、換気に関し、**1室とみなされます**（建築基準法28条4項）。

▶ テキスト 第2章 **2**

居室の天井の高さは、**2.1m以上**でなければなりません。この高さは、室の床面から測り、一室で天井の高さの異なる部分がある場合には、その**平均の高さ**によります（建築基準法施行令21条2項、1項）。

▶ テキスト 第3章 **2**

ラーメン構造とは、柱と梁を一体化した骨組構造であり、主に中高層マンションで採用される構造方式です。

15 ☑☑☑

壁式構造は、壁体や床板で構成する構造方式である。(2015-38-2)

16 ☑☑☑

傾斜屋根には、金属屋根、スレート屋根などがあり、経年劣化により屋根表面にコケ・カビ等が発生したり、塗膜の劣化による色あせ等が起きたりするので、概ね3年前後での表面塗装の補修が必要である。(2023-16-1)

17 ☑☑☑

陸屋根では、風で運ばれた土砂が堆積したり、落ち葉やゴミが排水口等をふさぐことがあるが、それが原因で屋上の防水機能が低下することはない。(2023-16-2)

18 ☑☑☑

コンクリート打ち放しの外壁は、鉄筋発錆に伴う爆裂を点検する必要はない。(2021-16-3)

19 ☑☑☑

モルタルやコンクリート中に含まれる石灰分が水に溶けて外壁表面に流れ出し、白く結晶化する現象は、内部に雨水等が浸入することにより発生し、目視によって確認することができる。(2022-17-ウ)

▶ テキスト 第3章 **2**

壁式構造とは、壁体や床板で構成する構造方式であり、主に中低層マンションで採用される構造方式です。

▶ テキスト 第3章 **2**

傾斜屋根とは、傾斜をもたせることで雨水等を排水させる形状をした屋根のことで、金属屋根、スレート屋根、瓦屋根の種類があります。この屋根表面には、コケ・カビ等が発生したり、塗膜の劣化による色あせ・錆など美観の低下、さらに夏場日差しによる表面温度の上昇、冬場の気温低下による表面温度の低下などを繰り返すことにより、素地自体が変形、ゆがみなどを起こし、割れや雨漏りなどが発生する場合があります。そのため、概ね**10年前後**での表面塗装の補修が必要です。

▶ テキスト 第3章 **2**

陸屋根とは、平坦な躯体部（スラブ）に防水を施して水勾配、排水溝、排水管を設けて雨水を排水する屋根のことです。陸屋根では、風で運ばれた土砂が堆積したり、落ち葉やゴミが樋や排水口（ルーフドレイン）をふさいだりします。それが原因で、屋上の防水面を破損し、漏水の原因となり、**防水機能が低下することがあります。**

▶ テキスト 第3章 **3**

コンクリート打ち放しの外壁では、コンクリート自体の**塩害・中性化・凍害・鉄筋発錆に伴う爆裂**などを点検します。

▶ テキスト 第3章 **3**

モルタルやコンクリート中に含まれる石灰分が水に溶けて外壁表面に流れ出し、白く結晶化する現象は、**白華現象（エフロレッセンス）**です。内部に雨水等が浸入することにより発生し、目視によって確認することができます。

20 ☑☑☑

外壁面の塗膜及びシーリング材の劣化により表面が粉末状になる現象は、手で外壁などの塗装表面を擦ると白く粉が付着することによって確認できる。(2022-17-イ)

21 ☑☑☑

制震構造は、基礎と建物本体との間にクッションを設け、地震による揺れを低減させる構造である。(2015-38-3)

22 ☑☑☑

高置水槽方式は、受水槽と高置水槽を利用するため、水道本管の断水時や、停電時でも一定の時間なら給水することが可能である。(2019-30-4)

23 ☑☑☑

給水圧力が高い場合などにおいて、給水管内の水流を急に締め切ったときに、水の慣性で管内に衝撃と高水圧が発生するウォーターハンマー現象は、器具の破損や漏水の原因となる。(2023-47-1)

24 ☑☑☑

クロスコネクションとは、飲料水の給水・給湯系統の配管が飲料水以外の系統の配管と接続されていることである。(2023-47-3)

▶ テキスト 第3章 ❸

外壁面の塗膜及びシーリング材の劣化により表面が粉末状になる現象は、**チョーキング（白亜化）**です。これは、手で外壁などの塗装表面を擦ると白く粉が付着することによって確認することができます。

▶ テキスト 第3章 ❻

制震構造は、建物に入った地震力を吸収するダンパー等を設置することにより、振動を低減させる構造です。本肢の記述は免震構造の記述です。

▶ テキスト 第4章 ❶

高置（高架）水槽方式は、水道本管から分岐して引き込んだ上水をいったん受水槽に蓄え、揚水ポンプによって屋上に設置された高置水槽に送水し、重力により各住戸へ給水する方式です。この方式は、2つの水槽に水を蓄えてあるので、水道本管が**断水した場合や停電した場合もすぐには断水しません**。

▶ テキスト 第4章 ❶

ウォーターハンマー現象とは、給水管内の水流を急に締め切ったときに、水の慣性で管内に衝撃と高水圧が発生する現象をいいます。水圧が高すぎると、機器や配管に過剰な負担がかかり、ウォーターハンマー現象を起こし、**メーターの故障やバルブの破損等を引き起こし、漏水の原因にもなります**。

▶ テキスト 第4章 ❶

クロスコネクションとは、**飲料水の給水・給湯系統の配管とその他の系統の配管が配管・装置により直接接続されていること**をいいます。これにより、一度吐水した水や飲料水以外の水が飲料水配管へ逆流することになります。

25 ☑☑☑

直結直圧方式は、水道水をいったん受水槽に貯め、これをポンプで屋上や塔屋等に設置した高置水槽に汲み上げて給水する方式であり、給水本管の断水や停電時にも短時間ならば給水が可能である。(2023-47-4)

26 ☑☑☑

さや管ヘッダー方式は、台所と浴室等、同時に2か所以上で使用しても水量や水圧の変動が少ない。(2021-18-2)

27 ☑☑☑

受水槽の天井、底又は周壁は、建物の躯体と兼用することができる。(2021-18-3)

28 ☑☑☑

ガス給湯機に表示される号数は、1分間に現状の水温＋25℃のお湯をどれだけの量（リットル）を出すことができるかを表した数値である。(2021-18-4)

29 ☑☑☑

公共下水道は、建物外部の下水道管の設置方法により、汚水、雑排水と雨水を同じ下水道管に合流して排水する合流式と、雨水用の下水道管を別に設けて排水する分流式がある。(2022-18-ア)

▶ テキスト 第4章 **1**

直結直圧方式は、水道本管から分岐された給水管から各住戸へ直接給水する方式で、**水槽やポンプを介さない**給水方式です。本肢は、高置（高架）水槽方式の記述です。

▶ テキスト 第4章 **1**

さや管ヘッダー方式は、洗面所等の水回り部に設置されたヘッダーから管をタコ足状に分配し、各水栓等の器具に単独接続するもので、ガイドとなる樹脂製のさや管内に同じく樹脂製の内管（架橋ポリエチレン管またはポリブテン管）を挿入するものです。この方式は、台所と浴室等、同時に2か所以上で使用しても、**水量や水圧の変動が少ない**という特徴があります。

▶ テキスト 第4章 **1**

受水槽（給水タンク等）の天井、底または周壁は、**建物の躯体と兼用してはなりません。**

▶ テキスト 第4章 **2**

ガス給湯機の供給出湯能力は、号数で表されます。この表示される号数は、現状の水温を**25℃**温かくしたお湯を給湯するときに、1分間に何リットルを出湯できるかを示しています。

▶ テキスト 第4章 **3**

公共下水道は、建物外部の下水道管の設置方法により、汚水、雑排水と雨水を同じ下水道管に合流して排水する**合流式**と、雨水用の下水道管を別に設けて排水する**分流式**があります。

30 ☑☑☑

排水トラップの封水深は、深いと破封しやすく、浅いと自浄作用がなくなる。
(2019-31-1)

31 ☑☑☑

１系統の排水管に対し、２つ以上の排水トラップを直列に設置することは、排水の
流れを良くする効果がある。(2022-18-イ)

32 ☑☑☑

伸頂通気方式は、排水立て管の先端を延長した通気管を、屋上等で大気に向けて開
口する方式である。(2019-31-3)

33 ☑☑☑

浄化槽では、微生物によって分解された汚物等が汚泥となり、槽の底部に堆積する。
(2019-31-4)

34 ☑☑☑

自然換気方式は、室内外の温度差による対流や風圧等の自然条件を利用している
ため、換気扇の騒音もなく経済的であり、いつでも安定した換気量が確保できる。
(2023-14-1)

35 ☑☑☑

住宅では、台所、浴室、便所等からの排気は機械換気とし、給気は給気口から取り
入れる第３種換気を採用することが多い。(2023-14-3)

▶ テキスト 第4章 **3**

排水トラップの封水の深さを封水深といい、この封水深は通常**50mm以上100mm以下**が必要であり、封水深が浅いと破封しやすく、深いと自浄作用がなくなります。

▶ テキスト 第4章 **3**

1系統の排水管に対し、2つ以上の排水トラップを直列に設置することを二重トラップといいます。そして、二重トラップとすることは、排水の流れが悪くなるため**禁止**されています。

▶ テキスト 第4章 **3**

通気設備の方式のうち、**伸頂通気方式**は、排水立て管の先端（頂部）を延長した伸頂通気管を屋上または最上階の外壁等の部分で大気に開口する方式です。

▶ テキスト 第4章 **3**

浄化槽は、汚水や雑排水を溜めて、微生物に汚物等を分解させ、固形物を沈殿させることにより、上澄みのきれいになった水を放流する仕組みであり、固形物が汚泥となって、底部に堆積します。浄化槽の清掃の際には、この汚泥を引き抜くことが必要です。

▶ テキスト 第4章 **4**

自然換気方式は、室内と室外の温度差による対流や風圧等、自然の条件を利用した換気方式です。この方式は換気扇が不要なので、換気扇の騒音もなく、**経済的**ですが、自然条件が相手なので**安定した換気量や換気圧力は期待できません。**

▶ テキスト 第4章 **4**

住宅では、台所、浴室、便所等からの**排気のみを機械換気**とし、**給気は給気口から取り入れる第3種換気**を採用することが多いです。

36 ☑☑☑

機械換気の第1種換気は、居室に設けられる熱交換型換気設備等に採用される。（2015-39-2）

37 ☑☑☑

機械換気の第2種換気は、室内が負圧になるため、他の部屋へ汚染空気が入らない。（2015-39-3）

38 ☑☑☑

各住戸に供給される電力の供給方式のうち単相2線式では、3本の電線のうち、中性線以外の上と下の電圧線を利用すれば200ボルトが利用できる。（2018-31-1）

39 ☑☑☑

漏電遮断機（漏電ブレーカー）は、電気配線や電気製品のいたみや故障により、電気が漏れているのをすばやく察知して回路を遮断し、感電や火災を防ぐ機器である。（2018-31-3）

40 ☑☑☑

ほとんどの都市ガスは空気より軽いのに対し、プロパンガス（LPガス）は空気より重い。（2018-30-4）

41 ☑☑☑

ガス管の配管材料として、近年は、屋外埋設管にはポリエチレン管やポリエチレン被覆鋼管が、屋内配管には塩化ビニル被覆鋼管が多く使われている。（2018-30-2）

▶ テキスト 第4章 **4**

第1種換気とは、給気機と排気機を用いて、給気、排気とも機械換気を行う換気方式です。これは、居室に用いられる熱交換型換気設備（セントラル空調方式の住宅など）、機械室、電気室等に採用されます。

▶ テキスト 第4章 **4**

第2種換気とは、給気機と排気口を用いて、給気のみ機械換気を行う換気方式です。排気口が小さい場合には正圧となります。

▶ テキスト 第4章 **5**

単相2線式は、電圧線と中性線の2本の線を利用する方式です。そのため、単相3線式の方式とは異なり、**100ボルトしか使用することができません。**

▶ テキスト 第4章 **5**

漏電遮断器（漏電ブレーカー） は、電気配線や電気製品のいたみや故障により、電気が漏れているのをすばやく察知して回路を遮断し、感電や火災を防ぐものです。

▶ テキスト 第4章 **6**

都市ガスは、一部を除き、空気より**軽い**という性質を有しています。他方、プロパンガスは、空気より**重い**という性質を有しています。

▶ テキスト 第4章 **6**

ガス管の配管材料として、近年では、屋外埋設管には**ポリエチレン管**や**ポリエチレン被覆鋼管**、屋内配管には**塩化ビニル被覆鋼管**が多く使われています。

42 ☑☑☑

共同住宅は、消防法上「特定用途防火対象物」に分類される。(2015-32-1)

43 ☑☑☑

共同住宅は、賃貸物件であっても、収容人員が50人以上の場合は防火管理者を定め、防火管理を行う必要がある。(2017-31-ウ)

44 ☑☑☑

賃貸住宅における管理権原者は、貸主(所有者)等である。(2018-32-2)

45 ☑☑☑

管理権原者は、管理業者を防火管理者として選任することで、防火管理責任を免れることができる。(2018-32-3)

46 ☑☑☑

エレベーターの保守契約におけるフルメンテナンス契約は、部品の取替えや機器の修理を状況に合わせて行う内容で、月々の契約は割高となる。(2016-32-2)

▶ テキスト 第4章 7

消防法上、防火対象物は、特定防火対象物と非特定防火対象物に分けられます。**共同住宅は、非特定防火対象物**に分類されます。

▶ テキスト 第4章 7

共同住宅で、収容人員が**50人以上**のものの管理について権原を有するものは、政令で定める資格を有する者のうちから防火管理者を定め、防火管理上必要な業務を行わせなければなりません（消防法8条1項、同法施行令1条の2第3項1号ハ）。

▶ テキスト 第4章 7

賃貸住宅の場合は、**貸主（所有者）等**が管理権原者に該当します。

▶ テキスト 第4章 7

管理権原者は、**防火管理の最終責任者**です。したがって、防火管理者を選任したとしても、**防火管理責任を免責されるものではありません。**

▶ テキスト 第4章 8

フルメンテナンス契約は、部品取替えや機器の修理を状況にあわせて行う契約です。大規模な修繕まで契約内容に含めるため、月々の契約金は割高となります。

47 ☑☑☑

共同住宅である賃貸住宅においても、耐震診断と耐震改修を行うことが義務付けられている。(2023-12-4)

48 ☑☑☑

応急危険度判定は、建物の人命に及ぼす危険の度合いを「危険」「要注意」「調査済」の3ランクに区分している。(2019-29-2)

49 ☑☑☑

長期修繕計画は、数年に一度は見直しを行うことにより、適切な実施時期を確定することが必要である。(2021-17-2)

50 ☑☑☑

賃貸管理では、建物の劣化状態について外観調査を手掛かりに修繕の必要性を判断し、効果的な修繕計画を立案することが求められるが、見えない部分は考慮しなくてよい。(2020-37-3)

▶ テキスト 第5章 **2**

特定既存耐震不適格建築物の所有者は、当該特定既存耐震不適格建築物について耐震診断を行い、その結果、地震に対する安全性の向上を図る必要があると認められるときは、当該特定既存耐震不適格建築物について**耐震改修を行うよう努めなければなりません**（建築物の耐震改修の促進に関する法律14条1項）。**共同住宅である賃貸住宅は**、3階以上かつ床面積1,000㎡以上である場合がこれに該当し、建築基準法の耐震規定に適合しない場合（不明な場合は1981（昭和56）年5月31日以前に新築の工事に着手していること）は、当該特定既存耐震不適格建築物にあたります（同法施行令6条1項7号、2項3号）が、耐震診断を行い耐震改修することが**義務付けられているわけではありません**。

▶ テキスト 第5章 **4**

建物の構造躯体の破壊及び建物の部分等（非構造部材）の落下・転倒が人命に及ぼす危険の度合い（危険度）を**「危険」「要注意」「調査済」の3ランク**に区分します。

▶ テキスト 第5章 **5**

長期修繕計画は、将来の修繕を計画するものであるから、**数年に1度**は修繕計画内容を見直すことで適切な修繕時期等を確定する必要があります。

▶ テキスト 第5章 **6**

賃貸管理では、建物の劣化状態について外観調査を手掛かりに、「**見えない部分も含めて**」修繕の必要性を判断し、効果的な修繕計画を立案することが求められます。

索　引

MEMO

MEMO

〈執筆者〉

友次 正浩（ともつぐ まさひろ）

國學院大學文学部日本文学科卒業・國學院大學大学院文学研究科修了（修士）。
大学受験予備校講師として教壇に立ち、複数の予備校で講義を行うなど異色の経歴を持つ。
現在はLEC東京リーガルマインド専任講師として、その経歴を活かした過去問分析力と講義テクニックを武器に、初心者からリベンジを目指す人まで、幅広い層の受講生を合格に導き、『講義のスペシャリスト』として受講生の絶大な支持を受け、圧倒的な実績を作り続けている。
（講師ブログ）「TOM★CAT〜友次正浩の合格ブログ〜」
https://ameblo.jp/tomotsugu331/

2024年版
賃貸不動産経営管理士 合格のトリセツ テキスト&一問一答

2020年 7 月30日　第 1 版　第 1 刷発行
2024年 5 月30日　第 5 版　第 1 刷発行
　　　執　　筆●友次 正浩
　　　編著者●株式会社　東京リーガルマインド
　　　　　　　LEC総合研究所　賃貸不動産経営管理士試験部

　　　発行所●株式会社　東京リーガルマインド
　　　　　　　〒164-0001　東京都中野区中野4-11-10
　　　　　　　　　　　　　アーバンネット中野ビル
　　　　　　　LECコールセンター　　0570-064-464
　　　　　　　　　受付時間　平日9：30〜20：00/土・祝10：00〜19：00/日10：00〜18：00
　　　　　　　　　※このナビダイヤルは通話料お客様ご負担となります。
　　　　　　　書店様専用受注センター　　TEL 048-999-7581 / FAX 048-999-7591
　　　　　　　　　受付時間　平日9：00〜17：00/土・日・祝休み
　　　　　　　www.lec-jp.com/

　　　カバーイラスト●矢寿ひろお
　　　本文デザイン●株式会社 桂樹社グループ
　　　本文イラスト●矢寿ひろお・千葉 艦
　　　印刷・製本●情報印刷株式会社

©2024 TOKYO LEGAL MIND K.K., Printed in Japan　　　　ISBN978-4-8449-7417-8

2024年合格目標　賃貸不動産経営管理士

対象者
- ☑ 早く始めてしっかり学習し、余裕で合格を目指す方
- ☑ 試験の全体構造を把握したい方

2024年5月 ・・・・・・ 6月 ・・・・・・ 7月 ・・・・・・ 8月　| 受験申込8月〜9月下旬

入門講座
賃貸借契約の流れ、試験の全体構造を把握します。
■全範囲
全3回

合格スタンダード講座　全13回
「合格のトリセツ テキスト＆一問一答」で試験に出る知識を効率的に学びます
- ■賃貸借関係　5回
- ■管理受託・サブリース　2回
- ■管理業務・金銭管理等　3回
- ■維持保全　3回

特　長　インプット・アウトプットともに回数を増量リニューアル！

知識がゼロから始めて無理なく賃貸不動産経営管理士試験合格を目指すためのパックです。まず「入門講座」で賃貸借の流れ、賃貸住宅管理業法の概要、試験の全体構造を把握します。次に試験対策の軸となるインプット講義「合格スタンダード講座」では出題範囲の科目を効率よく丁寧に学習をすすめていきます。続く「過去問徹底分析講座」では過去8年分の過去問から出題予想を踏まえた重要過去問で知識の習得・確認を行います。「チャレンジ答練」「全国公開模擬試験」で実力を養成し合格レベルへ引き上げます。最後に「予想論点総まとめ講座」で重要ポイントを最終確認・総仕上げをしましょう！

お得な割引制度！

合格フルコース 〔全27回〕

収録担当：本書執筆者
友次 正浩
LEC専任講師

- 入門講座から予想論点総まとめ講座まで揃ったフルコース！
- 「合格のトリセツ」の執筆者自ら講義を行い合格へ導く！

9月　　　10月　　　11月　　　12月

過去問徹底分析講座 ■全範囲
■使用テキスト「合格のトリセツ過去問題集」
全6回

予想論点 総まとめ講座
■全範囲
全2回

11/17（日）
賃貸不動産経営管理士試験

合格発表

チャレンジ答練
全1回 成績処理有

全国公開模擬試験 第1回
全1回 成績処理有

全国公開模擬試験 第2回
全1回 成績処理有

スケジュール〔Web/音声DL配信/DVD・教材発送日〕

入門講座	配信・発送中	チャレンジ答練	9/5（木）～
合格スタンダード講座	5/16（木）～	全国公開模擬試験	9/26（木）～
過去問徹底分析講座	8/1（木）～	予想論点総まとめ講座	10/17（木）～

受講料 （合格のトリセツ テキスト&一問一答、合格のトリセツ過去問題集 受講料込み）

受講形態		一般価格（税込）	対象者別割引価格					講座コード
			賃貸再受講割引 30%OFF	LEC受講生割引 25%OFF	5問免除者割引 25%OFF	宅管マ賃FP受験者割引 20%OFF	宅建従業者割引 15%OFF	
通学	Webフォロー（模試会場受験）	88,000円	61,600円	66,000円	66,000円	70,400円	74,800円	VA24601
	DVDフォロー（模試会場受験）	99,000円	69,300円	74,250円	74,250円	79,200円	84,150円	VA24602
通信	Web（模試会場/模試自宅）	82,500円	57,750円	61,880円	61,880円	66,000円	70,130円	VB24601/VB24603
	DVD（模試会場/模試自宅）	93,500円	65,450円	70,130円	70,130円	74,800円	79,480円	VB24602/VB24604
	提携校通学Web	88,000円	61,600円	66,000円	66,000円	70,400円	74,800円	VB24603
	提携校通学DVD	99,000円	69,300円	74,250円	74,250円	79,200円	84,150円	VB24604

充実した割引制度でこんなにお得！割引制度の詳細はこちら　　LEC賃貸不動産経営管理士 🔍

2024賃貸管理士　合格スタンダードコース　全24回

対象者
- ☑ 法律学習経験と知識を活かして必勝合格を目指す方
- ☑ 試験団体実施の5問免除講習と併行して試験対策をすすめたい方

2024年 6月〜 ● ● ● ● ● ● ● 8月 ● ● ● ● 10月 ● ● ● ● 11月 ● ● ● ● 12月

受験申込8月〜9月下旬

11/17(日)

| 合格スタンダード講座 13回 | 過去問徹底分析講座 6回 | チャレンジ答練 公開模試第1回 公開模試第2回 各1回 | 予想論点 総まとめ講座 2回 | 本試験 | 合格発表 |

特長　インプット・アウトプットともに回数を増量リニューアル！

宅建士他資格学習経験者、5問免除講習受講者が無理なく、賃貸管理士試験合格を目指すためのコースです。
インプット講義「合格スタンダード講座」では出題範囲の科目を効率よく丁寧に学習をすすめていきます。賃貸住宅管理業法の中で特に狙われるポイントは周辺知識もしっかりインプットします。続く「過去問徹底分析講座」では過去8年分の過去問から出題予想を踏まえた重要過去問で知識の習得・確認を行います。「チャレンジ答練」「全国公開模擬試験」で実力を養成し合格レベルへ引き上げます。
最後に「予想論点総まとめ講座」で重要ポイントを最終確認・総仕上げをしましょう！

スケジュール〔Web/音声DL配信/DVD・教材発送日〕

| 合格スタンダード講座 | 5/16（木）〜 | チャレンジ答練・全国公開模擬試験 | 9/5（木）〜 |
| 過去問徹底分析講座 | 8/1（木）〜 | 予想論点総まとめ講座 | 10/17（木）〜 |

受講料 （合格のトリセツ テキスト&一問一答、合格のトリセツ過去問題集　受講料込み）

	受講形態	一般価格（税込）	講座コード		受講形態	一般価格（税込）	講座コード
通学	Webフォロー（模試会場受験）	77,000円	VA24605	通信	Web（模試会場受験）	71,500円	VB24605
					Web（模試自宅受験）	71,500円	VB24607
					DVD（模試会場受験）	82,500円	VB24606
	DVDフォロー（模試会場受験）	88,000円	VA24606		DVD（模試自宅受験）	82,500円	VB24608
					提携校通学Web	77,000円	VB24607
					提携校通学DVD	88,000円	VB24608

充実した割引制度でこんなにお得！割引制度の詳細はこちら　 LEC賃貸不動産経営管理士

2024賃貸管理士　合格プライムコース 〔全16回〕

対象者
- ☑ 23年度宅建士試験後から学習開始してW合格を目指す方
- ☑ 宅建知識を活かして超短期合格を目指す方

2024年
8月 ••••••••••••••• 10/20⊙ 宅建試験 ••• ••••••••••••• 11月 •••••••••••••••• 12月

受験申込 8月〜9月下旬

11/17
(日)

| 合格プライム講座 7回 | RENEW | 過去問徹底分析講座 6回 | 全国公開模擬模試第2回 1回 | 予想論点総まとめ講座 2回 | 本試験 | 合格発表 |

特　長　アウトプットの回数を増量リニューアル！

宅建士試験の勉強をベースに最短ルートで賃貸管理士試験合格を目指すためのコースです。
インプット講義「合格プライム講座」では宅建知識をそのまま活かせる出題範囲の把握と復習、さらに賃貸住宅管理業法や賃貸管理士特有分野を宅建知識との親和性を加味しながらわかりやすく丁寧に学習をすすめます。続く「過去問徹底分析講座」では過去8年分の過去問から出題予想を踏まえた重要過去問で知識の習得・確認を行います。最後に「全国公開模擬試験」で知識の習熟度を測り、「予想論点総まとめ講座」で重要ポイントを最終確認・総仕上げをしましょう！

スケジュール 〔Web/音声DL配信/DVD・教材発送日〕

合格プライム講座	8/1（木）〜	全国公開模擬試験	10/17（木）〜
過去問徹底分析講座	8/1（木）〜	予想論点総まとめ講座	10/17（木）〜

受講料 （合格のトリセツ テキスト&一問一答、合格のトリセツ過去問題集　受講料込み）

	受講形態	一般価格（税込）	講座コード	受講形態	一般価格（税込）	講座コード
通学	Webフォロー（模試会場受験）	52,800円	VA24609	Web（模試会場受験）	52,800円	VB24609
				Web（模試自宅受験）	52,800円	VB24611
				DVD（模試会場受験）	63,800円	VB24610
	DVDフォロー（模試会場受験）	63,800円	VA24610	DVD（模試自宅受験）	63,800円	VB24612
				提携校通学Web	55,000円	VB24611
				提携校通学DVD	66,000円	VB24612

LEC Webサイト ▷▷▷ **www.lec-jp.com/**

📀 情報盛りだくさん！

 資格を選ぶときも，
講座を選ぶときも，
最新情報でサポートします！

≫最新情報
各試験の試験日程や法改正情報，対策講座，模擬試験の最新情報を日々更新しています。

≫資料請求
講座案内など無料でお届けいたします。

≫受講・受験相談
メールでのご質問を随時受付けております。

≫よくある質問
LECのシステムから，資格試験についてまで，よくある質問をまとめました。疑問を今すぐ解決したいなら，まずチェック！

≫書籍・問題集（LEC書籍部）
LECが出版している書籍・問題集・レジュメをこちらで紹介しています。

📀 充実の動画コンテンツ！

 ガイダンスや講演会動画，
講義の無料試聴まで
Webで今すぐCheck！

≫動画視聴OK
パンフレットやWebサイトを見てもわかりづらいところを動画で説明。いつでもすぐに問題解決！

≫Web無料試聴
講座の第1回目を動画で無料試聴！気になる講義内容をすぐに確認できます。

LEC 全国学校案内

*講座のお問合せ，受講相談は最寄りのLEC各校へ

LEC本校

北海道・東北

札　幌本校　☎011(210)5002
〒060-0004 北海道札幌市中央区北4条西5-1　アスティ45ビル

仙　台本校　☎022(380)7001
〒980-0022 宮城県仙台市青葉区五橋1-1-10　第二河北ビル

関東

渋谷駅前本校　☎03(3464)5001
〒150-0043 東京都渋谷区道玄坂2-6-17　渋東シネタワー

池　袋本校　☎03(3984)5001
〒171-0022 東京都豊島区南池袋1-25-11　第15野萩ビル

水道橋本校　☎03(3265)5001
〒101-0061 東京都千代田区神田三崎町2-2-15　Daiwa三崎町ビル

新宿エルタワー本校　☎03(5325)6001
〒163-1518 東京都新宿区西新宿1-6-1　新宿エルタワー

早稲田本校　☎03(5155)5501
〒162-0045 東京都新宿区馬場下町62　三朝庵ビル

中　野本校　☎03(5913)6005
〒164-0001 東京都中野区中野4-11-10　アーバンネット中野ビル

立　川本校　☎042(524)5001
〒190-0012 東京都立川市曙町1-14-13　立川MKビル

町　田本校　☎042(709)0581
〒194-0013 東京都町田市原町田4-5-8　MIキューブ町田イースト

横　浜本校　☎045(311)5001
〒220-0004 神奈川県横浜市西区北幸2-4-3　北幸GM21ビル

千　葉本校　☎043(222)5009
〒260-0015 千葉県千葉市中央区富士見2-3-1　塚本大千葉ビル

大　宮本校　☎048(740)5501
〒330-0802 埼玉県さいたま市大宮区宮町1-24　大宮GSビル

東海

名古屋駅前本校　☎052(586)5001
〒450-0002 愛知県名古屋市中村区名駅4-6-23　第三堀内ビル

静　岡本校　☎054(255)5001
〒420-0857 静岡県静岡市葵区御幸町3-21　ペガサート

北陸

富　山本校　☎076(443)5810
〒930-0002 富山県富山市新富町2-4-25　カーニープレイス富山

関西

梅田駅前本校　☎06(6374)5001
〒530-0013 大阪府大阪市北区茶屋町1-27　ABC-MART梅田ビル

難波駅前本校　☎06(6646)6911
〒556-0017 大阪府大阪市浪速区湊町1-4-1
大阪シティエアターミナルビル

京都駅前本校　☎075(353)9531
〒600-8216 京都府京都市下京区東洞院通七条下ル2丁目
東塩小路町680-2　木村食品ビル

四条烏丸本校　☎075(353)2531
〒600-8413　京都府京都市下京区烏丸通仏光寺下ル
大政所町680-1　第八長谷ビル

神　戸本校　☎078(325)0511
〒650-0021 兵庫県神戸市中央区三宮町1-1-2　三宮セントラルビル

中国・四国

岡　山本校　☎086(227)5001
〒700-0901 岡山県岡山市北区本町10-22　本町ビル

広　島本校　☎082(511)7001
〒730-0011 広島県広島市中区基町11-13　合人社広島紙屋町アネクス

山　口本校　☎083(921)8911
〒753-0814 山口県山口市吉敷下東 3-4-7　リアライズⅢ

高　松本校　☎087(851)3411
〒760-0023 香川県高松市寿町2-4-20　高松センタービル

松　山本校　☎089(961)1333
〒790-0003 愛媛県松山市三番町7-13-13　ミツネビルディング

九州・沖縄

福　岡本校　☎092(715)5001
〒810-0001 福岡県福岡市中央区天神4-4-11　天神ショッパーズ福岡

那　覇本校　☎098(867)5001
〒902-0067 沖縄県那覇市安里2-9-10　丸姫産業第2ビル

EYE関西

EYE 大阪本校　☎06(7222)3655
〒530-0013　大阪府大阪市北区茶屋町1-27　ABC-MART梅田ビル

EYE 京都本校　☎075(353)2531
〒600-8413　京都府京都市下京区烏丸通仏光寺下ル
大政所町680-1　第八長谷ビル

LEC提携校

＊提携校はLECとは別の経営母体が運営をしております。
＊提携校は実施講座およびサービスにおいてLECと異なる部分がございます。

■ 北海道・東北

八戸中央校【提携校】　☎0178(47)5011
〒031-0035　青森県八戸市寺横町13　第1朋友ビル　新教育センター内

弘前校【提携校】　☎0172(55)8831
〒036-8093　青森県弘前市城東中央1-5-2
まなびの森　弘前城東予備校内

秋田校【提携校】　☎018(863)9341
〒010-0964　秋田県秋田市八橋鯲沼町1-60
株式会社アキタシステムマネジメント内

■ 関東

水戸校【提携校】　☎029(297)6611
〒310-0912　茨城県水戸市見川2-3092-3

所沢校【提携校】　☎050(6865)6996
〒359-0037　埼玉県所沢市くすのき台3-18-4　所沢K・Sビル
合同会社LPエデュケーション内

東京駅八重洲口校【提携校】　☎03(3527)9304
〒103-0027　東京都中央区日本橋3-7-7　日本橋アーバンビル
グランデスク内

日本橋校【提携校】　☎03(6661)1188
〒103-0025　東京都中央区日本橋茅場町2-5-6　日本橋大江戸ビル
株式会社大江戸コンサルタント内

■ 東海

沼津校【提携校】　☎055(928)4621
〒410-0048　静岡県沼津市新宿町3-15　萩原ビル
M-netパソコンスクール沼津校内

■ 北陸

新潟校【提携校】　☎025(240)7781
〒950-0901　新潟県新潟市中央区弁天3-2-20　弁天501ビル
株式会社大江戸コンサルタント内

金沢校【提携校】　☎076(237)3925
〒920-8217　石川県金沢市近岡町845-1　株式会社アイ・アイ・ピー金沢内

福井南校【提携校】　☎0776(35)8230
〒918-8114　福井県福井市羽水2-701　株式会社ヒューマン・デザイン内

■ 関西

和歌山駅前校【提携校】　☎073(402)2888
〒640-8342　和歌山県和歌山市友田町2-145
KEG教育センタービル　株式会社KEGキャリア・アカデミー内

■ 中国・四国

松江殿町校【提携校】　☎0852(31)1661
〒690-0887　島根県松江市殿町517　アルファステイツ殿町
山路イングリッシュスクール内

岩国駅前校【提携校】　☎0827(23)7424
〒740-0018　山口県岩国市麻里布町1-3-3　岡村ビル　英光学院内

新居浜駅前校【提携校】　☎0897(32)5356
〒792-0812　愛媛県新居浜市坂井町2-3-8　パルティフジ新居浜駅前店内

■ 九州・沖縄

佐世保駅前校【提携校】　☎0956(22)8623
〒857-0862　長崎県佐世保市白南風町5-15　智翔館内

日野校【提携校】　☎0956(48)2239
〒858-0925　長崎県佐世保市椎木町336-1　智翔館日野校内

長崎駅前校【提携校】　☎095(895)5917
〒850-0057　長崎県長崎市大黒町10-10　KoKoRoビル
minatoコワーキングスペース内

高原校【提携校】　☎098(989)8009
〒904-2163　沖縄県沖縄市大里2-24-1
有限会社スキップヒューマンワーク内

※上記は2024年4月1日現在のものです。

書籍の訂正情報について

このたびは，弊社発行書籍をご購入いただき，誠にありがとうございます。
万が一誤りの箇所がございましたら，以下の方法にてご確認ください。

1 訂正情報の確認方法

書籍発行後に判明した訂正情報を順次掲載しております。
下記Webサイトよりご確認ください。

www.lec-jp.com/system/correct/

2 ご連絡方法

上記Webサイトに訂正情報の掲載がない場合は，下記Webサイトの
入力フォームよりご連絡ください。

lec.jp/system/soudan/web.html

フォームのご入力にあたりましては，「Web教材・サービスのご利用について」の
最下部の「ご質問内容」に下記事項をご記載ください。

- ・対象書籍名（○○年版，第○版の記載がある書籍は併せてご記載ください）
- ・ご指摘箇所（具体的にページ数と内容の記載をお願いいたします）

ご連絡期限は，次の改訂版の発行日までとさせていただきます。
また，改訂版を発行しない書籍は，販売終了日までとさせていただきます。

※上記「2ご連絡方法」のフォームをご利用になれない場合は，①書籍名，②発行年月日，③ご指摘箇所，を記載の上，郵送
にて下記送付先にご送付ください。確認した上で，内容理解の妨げとなる誤りについては，訂正情報として掲載させてい
ただきます。なお，郵送でご連絡いただいた場合は個別に返信しておりません。

送付先：〒164-0001 東京都中野区中野4-11-10 アーバンネット中野ビル
株式会社東京リーガルマインド 出版部 訂正情報係

- ・誤りの箇所のご連絡以外の書籍の内容に関する質問は受け付けておりません。
  また，書籍の内容に関する解説，受験指導等は一切行っておりませんので，あらかじめ
  ご了承ください。
- ・お電話でのお問合せは受け付けておりません。

講座・資料のお問合せ・お申込み

LECコールセンター 📞 0570-064-464

受付時間：平日9：30～20：00/土・祝10：00～19：00/日10：00～18：00

※このナビダイヤルの通話料はお客様のご負担となります。

※このナビダイヤルは講座のお申込みや資料のご請求に関するお問合せ専用ですので，書籍の正誤に関
するご質問をいただいた場合，上記「2ご連絡方法」のフォームをご案内させていただきます。